MANUEL CLÉMENT

DICTIONNAIRE DE POLICE

JUDICIAIRE, ADMINISTRATIVE, MUNICIPALE ET RURALE

PRÉCÉDÉ D'UN

TRAITÉ DE DROIT PÉNAL

CODE PÉNAL & CODE D'INSTRUCTION CRIMINELLE

ET SUIVI D'UN

FORMULAIRE THÉORIQUE ET PRATIQUE

DE PROCÈS-VERBAUX, D'ENQUÊTES ET DE PROCÉDURES

EN USAGE

DANS LES COMMISSARIATS DE POLICE DE PARIS

ALENÇON

TYPOGRAPHIE & LITHOGRAPHIE A. HERPIN

9, RUE DU CYGNE 9,

1902

MANUEL CLÉMENT

ABRÉVIATIONS

C.	Arrêt de la Cour de Cassation.
C. P.	Code Pénal
C. I. C	Code Instruction criminelle.
C. C.	Code civil.
C. F.	Code forestier.
C. de Com.	Code de commerce.
L.	Loi.
D. ou Déc.	Décret.
D.	Demande.
R.	Réponse.
R.	Rapport.

MANUEL CLÉMENT

—

DICTIONNAIRE DE POLICE

JUDICIAIRE, ADMINISTRATIVE, MUNICIPALE ET RURALE

PRÉCÉDÉ D'UN

TRAITÉ DE DROIT PÉNAL

CODE PÉNAL & CODE D'INSTRUCTION CRIMINELLE

ET SUIVI D'UN

FORMULAIRE THÉORIQUE ET PRATIQUE

DE PROCÈS-VERBAUX, D'ENQUÊTES ET DE PROCÉDURES

EN USAGE

DANS LES COMMISSARIATS DE POLICE DE PARIS

ALENÇON

TYPOGRAPHIE & LITHOGRAPHIE A. HERPIN

9, RUE DU CYGNE 9,

—

1902

PRÉFACE

En écrivant ce Manuel, nous n'avons été inspiré que par le désir d'être utile aux gardiens de la sécurité publique.

En 1897, une Commission extra-parlementaire fut instituée pour rechercher le moyen de surveiller avec plus d'efficacité les vagabonds, mendiants et gens sans aveu qui sillonnent les campagnes.

Préoccupé déjà à ce moment par cette intéressante question, nous avons fourni à ladite Commission un rapport dans lequel nous donnions des indications au double point de vue de la surveillance et de la recherche des malfaiteurs ; et nous disions notamment, que si les gardes champêtres ne rendaient pas les services qu'on était en droit d'attendre de leur part, c'est que, ne recevant d'instructions ni administratives ni judiciaires, n'étant en rapport avec aucun fonctionnaire susceptible de les guider et leur éducation professionnelle faisant complètement défaut, il s'ensuivait que, dans la crainte de commettre des irrégularités et de faire paraître leur insuffisance, ils fermaient les yeux devant le défilé croissant de cette tourbe malfaisante qui terrorise les populations rurales.

Quel était le remède à signaler?

Comme il ne s'agissait pas d'une réorganisation générale de la police en France, mais seulement d'une utilisation mieux comprise des éléments dont se compose notre force publique, nous avons fait ressortir, entre autres choses, la nécessité de munir les gardes champêtres d'un Manuel de police.

C'est ce Manuel que nous venons d'élaborer.

Mais en nous mettant à l'œuvre, nous avons pensé aussi aux jeunes commissaires de police, aux candidats et à tous ceux qui, à un titre quelconque, sont dépositaires d'une portion de l'autorité publique. C'est ainsi que nous avons été amené à faire un ouvrage plus étendu sur le droit pénal, sur la police en général et nous l'avons fait suivre d'un recueil de formules employées par les commissaires de Paris, dont nous avons été le collaborateur.

Nous n'avons pas la prétention de nous croire au-dessus de nos collègues plus autorisés que nous à traiter ces questions, ni de vouloir faire mieux que ceux qui ont fourni des ouvrages d'une incontestable utilité et où nous avons si largement puisé pour la rédaction de notre livre; mais nos longues années d'expérience et nos observations personnelles, nous ont démontré qu'il n'existait aucun ouvrage à la fois théorique et pratique à la portée de ceux auxquels nous nous adressons.

C'est ce vide que nous avons cherché à combler.

Maurice CLÉMENT,

COMMISSAIRE DE POLICE.

Flers, mai 1902.

PREMIÈRE PARTIE

TRAITÉ DE DROIT PÉNAL

Du Délit en général

Du mot délit. — Dans le sens le plus étendu, le délit désigne toute violation quelconque du droit.

En droit civil, on entend par *délit* tout fait préjudiciable commis par dol ou malignité, par opposition au *quasi-délit*, qui est un fait dommageable causé par imprudence ou négligence. (Il n'y a point de quasi-délit criminel.)

Ce qui constitue le quasi-délit, en droit civil, c'est le préjudice causé injustement à autrui. Si c'est à la suite d'une faute intentionnelle, il y a délit ; si c'est à la suite d'une faute non intentionnelle, il y a quasi-délit.

Dans un sens général, le mot délit désigne toute infraction à la loi pénale. C'est en ce sens qu'il est employé le plus souvent dans les écrits des jurisconsultes et qu'il est entendu dans plusieurs articles de notre droit pénal (corps du délit, flagrant délit, délits connexes).

Dans un sens plus étroit, le délit, pris par opposition à *contravention* signifie le fait puni pour une faute intentionnelle, et la contravention désigne le fait puni même pour une faute non intentionnelle. Enfin, dans un sens plus positif, qui est celui adopté par l'article 1er du Code pénal, le délit est l'infraction punie de peines correctionnelles, tandis que la contravention est l'infraction punie de peines de simple police.

Il peut y avoir délit, en droit pénal, dans la première acceptation où il signifie une infraction à la loi pénale, sans qu'il y ait délit ni même quasi-délit en droit civil.

Une multitude de faits donnent lieu, d'autre part, à des réparations civiles et ne tombent pas sous l'application du droit pénal. C'est ainsi qu'il arrive souvent qu'un homme est déclaré non coupable pénalement, et qu'il est néanmoins déclaré civilement responsable et condamné à des dommages-intérêts.

Diverses Classifications des Délits

La division la plus importante des délits, celle qui domine tout notre droit pénal, est celle des *crimes*, des *délits* et des *contraventions*.

L'article premier du Code pénal définit ainsi chacun d'eux :

« Le *crime* est l'infraction que les lois punissent d'une peine afflictive ou infamante;

« Le *délit* est l'infraction que les lois punissent de peines correctionnelles;

« La *contravention* est l'infraction que les lois punissent des peines de police. »

Cette division des infractions à la loi pénale a un grand avantage pratique; elle est faite au point de vue de la gravité des fautes et correspond aux trois classes de peines et aux trois ordres de tribunaux chargés de les appliquer.

Les *crimes* sont punis de peines *criminelles* et jugés par les cours d'assises. Les *délits* sont punis de peines *correctionnelles* et jugés par les tribunaux de police correctionnelle. Les *contraventions* sont punies de peines de *police* et jugées par les tribunaux de simple police.

Indépendamment de cette division fondamentale de notre Code pénal, plusieurs autres divisions et classifications peuvent être faites des délits. Voici celles qu'il est le plus important de connaître :

Délits d'action ou d'inaction. — La loi pénale défend ou ordonne; elle empêche de faire certaines choses et commande d'en faire certaines autres. Ainsi Pierre commettra un délit d'action, s'il fait ce qu'elle défend, et Paul commettra un délit d'inaction, s'il ne fait pas ce qu'elle ordonne. La plupart des délits, sont des délits d'action : le meurtre, les coups et blessures, le vol, l'incendie, etc. Le refus de remplir la mission de juré, ou l'omission de déclarer un accouchement, etc., sont des délits d'inaction.

Délits instantanés et délits continus. — Le délit instantané est celui qui, une fois commis, se termine aussitôt sans pouvoir se prolonger. L'expression *instantanée* ne signifie pas qu'un seul instant suffise pour commettre le délit; elle signifie que le délit lui-même ne dure qu'un instant, qu'au moment même où il est commis et achevé, il prend fin sans pouvoir se continuer. L'homicide, l'incendie, les coups et blessures, le vol, etc., sont des délits instantanés.

Le délit continu est celui qui, après avoir été commis, peut se prolonger et durer un temps plus ou moins long. Nous donnerons pour exemple : le port d'arme contre la patrie, la détention de faux poids ou de fausses mesures, les séquestrations illégales, le fait de tenir une maison de jeu, etc...

Il est quelquefois difficile de distinguer les délits instantanés des délits continus.

Ainsi, le recel et le complot, sont par eux-mêmes des délits instantanés; mais les actes qui les font naître peuvent être renouvelés de manière à les continuer et à les prolonger, et à leur donner ainsi le caractère de délits continus.

Délits simples et délits d'habitude. — Le délit simple est celui pour lequel un fait unique, isolé, suffit pour qu'il soit punissable; le délit d'habitude est celui qui exige la réunion de plusieurs faits du même genre pour tomber sous l'application de la loi pénale.

La pluralité des faits est alors une condition indispensable du délit. Exemple : le délit d'usure, le délit d'excitation de mineurs à la débauche et celui des mendiants d'habitude, valides, etc...

Délits flagrants ou non flagrants. — Le délit est flagrant au moment même où il se commet, à l'instant où le coupable l'exécute.

L'article 41 du Code d'instruction criminelle définit ainsi le délit flagrant et les divers cas qui doivent y être assimilés : « Le délit qui se commet actuellement, ou qui vient de se commettre, est un flagrant délit ; — seront aussi réputés flagrants délits, le cas où le prévenu est poursuivi par la clameur publique, et celui où le prévenu est trouvé saisi d'effets, armes, instruments ou papiers faisant présumer qu'il est auteur ou complice, pourvu que ce soit dans un temps voisin du délit. »

Cette distinction des délits flagrants ou non flagrants, est d'un grand intérêt pratique, surtout au point de vue de la compétence, de la procédure et de l'action judiciaire.

En cas de simple délit de police correctionnelle flagrant, la loi du 20 mai 1863 permet d'arrêter et de conduire immédiatement l'inculpé devant le procureur de la République, qui l'interroge et le traduit, au besoin, sur-le-champ, devant le tribunal correctionnel.

De la Tentative.

Art. 2 du C. P. — « Toute tentative de crime qui aura été manifestée par un commencement d'exécution, si elle n'a été suspendue ou si elle n'a manqué son effet que par des circonstances indépendantes de la volonté de son auteur, est considérée comme le crime même. »

La seule pensée criminelle, les seuls actes de la vie interne (pensée, désir, projet, résolution), quelque coupables et immoraux qu'ils puissent être, ne suffisent pas pour constituer un délit.

Mais, entre la pensée d'un délit et la réalisation de ce délit, il y a une série d'actes intermédiaires qui, dans certains cas, peuvent constituer la tentative.

Trois conditions sont exigées pour que la tentative de crime soit punissable :

1° Commencement d'exécution ;

2° Exécution suspendue en ayant manqué son effet indépendamment de la volonté de l'auteur;

3° Crime possible.

Le commencement d'exécution, implique forcément un acte extérieur, mais un acte extérieur ne suppose pas toujours un commencement d'exécution. Ainsi il y a un acte extérieur, mais qui ne constitue pas le commencement d'exécution requis pour la tentative de vol, dans le fait d'un individu qui pénètre dans une maison et s'y tient caché avec intention de voler, mais qui est surpris sans qu'il ait encore pratiqué aucun agissement ayant trait directement au vol. De même, l'introduction à l'aide d'escalade dans une maison, même la nuit, ne peut être considérée comme le commencement d'exécution, qui doit caractériser la tentative criminelle de vol; mais si l'intention délictueuse est manifeste, qu'elle résulte soit des circonstances, soit de l'aveu du prévenu, ces actes extérieurs : escalades, effractions, constituent le commencement d'exécution de la tentative de vol.

Par exception, la loi du 2 avril 1892, assimile à la tentative de meurtre prémédité, le dépôt sur une voie publique ou privée d'un engin explosible dans une intention criminelle.

La tentative n'est assimilée au crime lui même qu'autant que l'exécution commencée a été interrompue ou a manqué son effet par des circonstances indépendantes de la volonté de son auteur. Si donc l'auteur d'un projet criminel l'a volontairement abandonné, même après un commencement d'exécution, il n'est passible d'aucune peine; spécialement, on ne saurait poursuivre pour tentative d'incendie, des détenus qui auraient eux-mêmes et spontanément éteint le feu.

Le motif de cette impunité, c'est qu'on a voulu donner à l'auteur d'une tentative un immense intérêt de s'arrêter.

L'impossibilité de commettre une infraction peut être soit absolue, soit relative :

Elle est absolue là où se rencontre une impossibilité matérielle à la perpétration du crime même, soit que l'objet du délit n'existe pas, soit que le moyen employé ne puisse réaliser l'infraction résolue; en matière d'avortement, par exemple, il n'y a pas d'avortement possible, sans grossesse antérieure.

L'impossibilité est relative, si l'objet du délit existe, mais n'existe pas ou n'existe plus là où le coupable croyait le trouver. Tel est le fait de tirer, avec intention de donner la mort, un coup de pistolet sur un lit où l'on sait qu'une personne doit être couchée, alors que cette personne, en fait, ne se trouve pas dans le lit, ni même dans la chambre, et par suite n'est pas atteinte. Cette sorte d'impossibilité toute relative, ne fait pas obstacle à la répression, le coup de pistolet doit être considéré comme une tentative d'homicide, commise volontairement, manifestée par un commencement d'exécution, et qui n'a manqué son effet que par des circonstances indépendantes de la volonté de l'auteur. On doit également voir le caractère de la tentative de soustraction frauduleuse dans le fait du malfaiteur essayant de soustraire l'argent que renferme un tronc des pauvres placé dans une église, bien que le tronc se trouve vide au moment de l'effraction.

Tentative de délits. — Art. 3 du C. P. — « Les tentatives de *délits* ne sont considérées comme *délits* que dans les cas déterminés par une disposition de la loi. »

C'est par exception et lorsque la loi, qu'il s'agisse d'ailleurs du Code pénal ou de lois spéciales, contient une disposition expresse à cet égard, que la tentative de délit est punissable.

Tentative de contraventions. — Le Code pénal étant muet sur la tentative de contravention de simple police, il en résulte qu'aucune peine ne peut être appliquée dans l'espèce.

Rétroactivité. — Art. 4 du C. P. — « Nulle contravention, nul délit, nul crime ne peuvent être punis de peines qui n'étaient pas prononcées par la loi avant qu'ils fussent commis. »

Cette règle est la consécration du principe formulé dans l'article 2 du Code civil : « La loi ne dispose que pour l'avenir ; elle n'a pas d'effet rétroactif. »

Mais si la loi nouvelle est plus douce, si elle a supprimé ou diminué la peine de la législation antérieure, des raisons de logique et de textes exigent que, dans ce cas, la rétroactivité ait lieu en faveur de l'accusé ou du prévenu.

De la Peine.

La peine est une punition infligée par la société à l'auteur d'un délit et en punition de ce délit.

Elle n'est pas seulement un moyen de sanction du délit, elle doit avoir pour but l'amendement moral du coupable, et surtout l'exemple.

Les peines criminelles, *afflictives* et *infamantes*, sont :
La mort ;
Les travaux forcés à perpétuité ;
La déportation ;
Les travaux forcés à temps ;
La détention ;
La réclusion.
Les peines criminelles *infamantes* seulement sont :
Le bannissement ;
La dégradation civique.

Les peines correctionnelles sont :
L'emprisonnement de six jours à cinq ans dans un lieu de correction avec soumission au travail ;
L'interdiction à temps de l'exercice de certains droits civiques, civils et de famille.

Les peines communes aux matières criminelles et correctionnelles, sont :
L'interdiction de séjour ;
L'amende ;
La relégation ;
La publicité de la condamnation.

Les peines de simple police sont :
L'emprisonnement de un à cinq jours, sans obligation de travail ;
L'amende de 1 à 15 francs.

De la Culpabilité.

Dire qu'un homme est coupable c'est dire : 1° qu'un fait lui est imputable et qu'il doit en répondre ; 2° que ce fait constitue de sa part un manquement à un devoir.

Pour qu'un homme puisse être tenu de rendre compte d'un acte, afin d'en subir les conséquences, il faut qu'il ait été libre de le faire ou de s'en abstenir, et qu'en outre il ait eu la connaissance du mal moral et de l'injuste de cet acte.

La culpabilité pénale exige donc chez l'agent : 1° la liberté ; 2° la raison morale ; 3° l'existence d'une faute érigée en délit par la loi pénale.

De la Non-Culpabilité.

Puisque les conditions de la culpabilité chez l'agent sont : la raison morale, la liberté et l'existence d'une faute, les cas de non-culpabilité se déduisent nécessairement de l'absence d'une de ces conditions.

En effet, les cas de non-culpabilité sont :

1° Le non-discernement, chez le mineur de seize ans ;

2° La démence ;

3° La contrainte ;

4° La légitime défense ;

5° L'ordre de la loi avec commandement de l'autorité légitime.

Mineur. — Lorsque le délinquant a moins de seize ans et qu'il est déclaré avoir agi *sans discernement,* il est *non coupable* et il est acquitté ; mais il peut être, selon les circonstances, remis à ses parents ou conduit dans une maison de correction.

Non seulement le mineur acquitté peut être remis à ses parents, mais à toute personne qui présenterait des garanties de moralité et qui s'offrirait à diriger son instruction et son éducation.

Démence. — Art. 64 du C. P. § 1er. — « Il n'y a ni crime, ni délit lorsque le prévenu était en état de démence au moment de l'action. »

Par démence, il faut entendre toutes les maladies de l'intelligence, l'idiotisme, la manie délirante et la manie sans délire même partielle. Celui qui n'a pas l'intelligence de ce qu'il fait ne saurait être pénalement responsable. Mais sous ce nom de démence on ne peut faire rentrer certaines situations, telles que celles de l'ivresse, du somnambulisme et du surdimutisme.

Contrainte. — Art. 64 du C. P. § 2. — « Il n'y a ni crime, ni délit lorsque le prévenu a été contraint par une force à laquelle il n'a pu résister. »

La contrainte consiste dans tout fait physique ou moral ayant forcé l'agent, par une oppression de sa volonté, à commettre un délit.

La contrainte résultant *du fait de l'homme* sera *physique* ou *matérielle,* par exemple, si quelqu'un, prenant violemment la main d'un individu, lui fait, contre sa volonté, signer un écrit injurieux ou diffamatoire, ou mettre le feu à une maison, ou s'il le séquestre et le retient violemment pour l'empêcher de remplir un service public, tel que celui de juré.

La contrainte morale est celle qui s'exerce sur l'intelligence ; elle peut résulter soit du commandement d'une personne ayant autorité sur l'agent, soit de la menace d'un mal plus ou moins grave en cas de refus d'exécuter l'acte que la loi punit.

Légitime défense. — Art. 328 du C. P. — « Il n'y a ni crime, ni délit lorsque l'homicide, les blessures et les coups étaient commandés par la nécessité actuelle de la légitime défense de soi-même ou d'autrui. »

Art. 329. — « Sont compris dans les cas de nécessité actuelle de défense les deux cas suivants : 1° si l'homicide a été commis, si les blessures ont été faites ou si les coups ont été portés en repoussant pendant la nuit l'escalade ou l'effraction des clôtures, murs ou entrée d'une maison ou d'un appartement habité ou de leurs dépendances ; 2° si le fait a eu lieu en se défendant contre les auteurs de vols ou de pillages exécutés avec violence. »

Pour que la défense soit légitime, il faut : 1° que l'agression soit injuste : ainsi le malfaiteur que l'on veut arrêter n'est pas dans un état de légitime défense ; 2° qu'elle soit violente, c'est-à-dire procédant par l'emploi de la force ; 3° présente, c'est-à-dire qu'elle fasse courir un péril imminent ; 4° que la personne attaquée n'ait d'autre moyen de se protéger que de recourir à ses forces individuelles.

Obéissance à la Loi. — ART. 327 du C. P. — « Il n'y a ni crime, ni délit lorsque l'homicide, les blessures et les coups étaient ordonnés par la loi et commandés par l'autorité légitime. »

Pour qu'un acte soit justifié, par application de l'article qui précède, il faut qu'il soit ordonné ou permis par la loi, commandé par l'autorité compétente et régulièrement exécuté. C'est ainsi que le bourreau qui exécute une condamnation capitale, l'officier public qui arrête un prévenu ou un condamné, le geôlier qui l'écroue, l'huissier qui procède à une saisie mobilière ou immobilière, ne se rendent pas coupables de crimes ou de délits.

Éléments constitutifs du Délit.

Les faits constitutifs sont ceux qui sont nécessaires à la formation et à la génération du délit, de telle sorte qu'ils forment des conditions essentielles à son existence même.

Ainsi, dans le meurtre, sont constitutifs les deux faits : 1° d'avoir donné la mort à un homme ; 2° d'avoir donné la mort avec intention ; dans le vol, les trois faits suivants : 1° la soustraction d'une chose ; 2° l'intention de fraude ; 3° le fait que la chose était à autrui ; dans l'adultère du mari, les deux faits : 1° d'avoir entretenu une concubine ; 2° de l'avoir entretenue dans la maison conjugale. Dans l'empoisonnement, sont considérés comme constitutifs : 1º l'attentat, le commencement d'exécution contre la vie d'une personne ; 2º l'intention homicide ; 3º le fait que la tentative a eu lieu par l'effet de substances propres à donner la mort.

Circonstances qui modifient l'Infraction et la Peine.

Circonstances aggravantes. — Les circonstances aggravantes sont des faits accessoires qui viennent se joindre au délit pour en augmenter la criminalité.

Les unes influent sur la culpabilité absolue ; alors elles doivent être formellement prévues par le législateur. D'autres n'ont d'influence que sur la culpabilité relative, individuelle ; elles sont indéterminées et abandonnées, dans chaque cause, à l'appréciation des juges, qui peuvent en tenir compte dans la limite du minimum et du maximum qu'établirait le texte à appliquer.

Les circonstances aggravantes sont *générales* ou *spéciales*.

Les circonstances aggravantes *générales* sont :

1º *La récidive*, dont nous étudions plus loin les principes et les effets ;

2º La qualité de fonctionnaire ou officier public, lorsque le fonctionnaire ou officier public a participé aux crimes ou aux délits de police correctionnelle qu'il était chargé de surveiller ou de réprimer (Art. 198 du C. P.).

Les circonstances aggravantes *spéciales*, c'est-à-dire relatives à tel ou tel délit, sont nombreuses et variées.

Les unes sont antérieures au délit ; telles sont la préméditation ou le guet-apens, qui font donner au meurtre la qualification d'assassinat, puni de mort. (Art. 296 du C. P.)

D'autres sont concomitantes au délit, telles sont, dans le vol, les circonstances : de nuit, de pluralité d'agents, de port d'armes, d'effraction, d'escalade, de fausses clés, de maison habitée, de violence, de chemins publics, ou la circonstance que le délinquant était un domestique, un homme de services à gages ou un hôtelier. Elles ont pour effet, dans le vol, de transformer le vol simple, qui est un délit de police correctionnelle, en vol qualifié, qui est un crime soumis à la juridiction de la Cour d'assises.

Il est quelquefois difficile de distinguer un fait constitutif d'une circonstance aggravante. Les incertitudes, à cet égard, se présentent surtout pour l'assassinat, l'infanticide, le parricide, l'empoisonnement et l'incendie.

Récidive.

La récidive est le fait de celui qui, après une condamnation devenue inattaquable, exécutoire, a commis une nouvelle infraction à la loi pénale. La récidive est une cause d'aggravation de la peine fondée sur l'impuissance d'une précédente condamnation, qui a été une épreuve insuffisante pour l'amendement du coupable.

Lorsque le condamné a résisté aux mesures de clémence dont il a été l'objet, lorsqu'il est retombé dans ses fautes, il est nécessaire d'apporter à la répression du nouveau fait une sévérité plus grande, non pas que la récidive change la criminalité de cette infraction, qu'elle en soit une circonstance aggravante, la récidive ne saurait constituer par elle-même un délit, mais c'est un état de la personne, un antécédent judiciaire, un fait moral dont la loi déduit la preuve d'une perversité à raison de laquelle elle aggrave la peine du fait de la nouvelle accusation lorsqu'il réunit certaines conditions. Cette aggravation est obligatoire pour le juge qui ne peut se dispenser de l'appliquer.

Le Code pénal recourt dans certains cas à la récidive générale et dans d'autres à la récidive spéciale.

Récidive générale. — Récidive de peine criminelle à peine criminelle. — L'article 56 prévoit la récidive de peine criminelle à peine correctionnelle.

L'aggravation résultant de cette récidive se produit, quelque soit le *temps écoulé* entre l'expiration de la première peine et le nouveau crime ; en outre cette récidive est générale, d'un crime quelconque à un crime quelconque.

Récidive en matière correctionnelle. — Les règles sur l'aggravation d'une peine pour cause de récidive, ont été considérablement modifiées par la loi du 26 mars 1891. (Loi Bérenger.)

Depuis cette loi, les articles 57 et 58 du Code pénal sont ainsi conçus :

« Quiconque ayant été condamné pour crime à une peine supérieure à une année d'emprisonnement aura, dans un délai de cinq années après l'expiration de cette peine ou sa prescription, commis un délit ou un crime qui devra être puni de la peine de l'emprisonnement, sera condamné au maximum de la peine portée par la loi et cette peine pourra être élevée jusqu'au double.

« Défense pourra être faite, en outre, au condamné de paraître, pendant cinq ans au moins et dix au plus, dans les lieux dont l'interdiction lui sera signifiée par le Gouvernement avant sa libération.

« Il en sera de même pour les condamnés à un emprisonnement de plus d'un an pour délit qui, dans le même délai, seraient reconnus coupables du même délit ou d'un crime devant être puni de l'emprisonnement.

« Ceux qui ayant été antérieurement condamnés à une peine d'emprisonnement de moindre durée, commettraient le même délit dans les mêmes conditions de temps, seront condamnés à une peine d'emprisonnement qui ne pourra être inférieure au double de celle précédemment prononcée, sans toutefois qu'elle puisse dépasser le double du maximum de la peine encourue.

« Les délits de vol, escroquerie et abus de confiance seront considérés comme étant, au point de vue de la récidive, un même délit.

« Il en sera de même des délits de vagabondage et de mendicité. »

Récidive spéciale. — Les lois suivantes édictent une récidive spéciale de telle sorte qu'il n'y a pas récidive des infractions ordinaires aux infractions prévues par ces lois, ou des infractions prévues par ces lois aux infractions ordinaires :

Lois sur la police de la chasse, sur la pêche fluviale, sur la contrefaçon industrielle, sur les falsifications de denrées alimentaires, sur les appareils des bateaux à vapeur, sur les débits de boissons, sur la police sanitaire des animaux, sur la fabrication et le commerce des armes, du 2 novembre 1892 sur le travail des enfants, filles mineures et femmes dans les manufactures ; du 30 novembre 1892 sur l'exercice de la médecine ; du 13 juin 1893 sur l'hygiène et la sécurité des travailleurs.

De la récidive en matière de contravention de police. — Art. 483 du C. P. — « Il y a récidive lorsqu'il a été rendu contre le contrevenant dans les douze mois précédents, un premier jugement pour contravention de police commise dans le ressort du même tribunal. »

Quatre conditions sont donc nécessaires pour qu'il y ait récidive en matière de contraventions :

1° La contravention à l'occasion de laquelle s'élève la question de récidive, c'est-à-dire la deuxième, doit rentrer dans les cas prévus par le livre IV du Code pénal, mais il n'est pas nécessaire que les deux infractions soient de même nature ;

2° Le premier terme doit être une contravention et non un délit ou un crime ; il n'y a récidive que de contravention à contravention ;

3° Le premier jugement doit avoir été rendu dans les douze mois précédents et avoir acquis l'autorité de la chose jugée au moment où se commet la contravention qui donne lieu à la seconde poursuite ;

4° Les contraventions doivent avoir été commises dans le ressort du même tribunal de police.

Ivresse publique. — En matière d'ivresse publique, la deuxième récidive transforme la contravention en délit correctionnel, la troisième récidive aggrave de nouveau la peine.

Excuses légales.

ART. 65 du C. P. — « Nul crime ou délit ne peut être excusé, ni la peine mitigée, que dans les cas et les circonstances où la loi déclare le fait excusable, ou permet de lui appliquer une peine moins rigoureuse. »

Les excuses légales sont des faits précis, déterminés par le législateur, qui, tout en laissant subsister la culpabilité, entraînent une exemption ou une atténuation de la peine.

Elles sont de deux sortes : absolutoires ou atténuantes.

Les excuses absolutoires sont :

1° Le vol entre époux ou entre parents ou alliés en ligne directe (C. P., art. 380).

2° Recel d'un criminel par l'époux ou l'épouse, les ascendants ou descendants, frères et sœurs ou alliés au même degré ;

3° Evasion de détenus ; la peine prononcée contre les gardiens négligents cesse si les évadés sont repris dans les quatre mois sans avoir commis d'autre délit (C. P., art. 247).

4° Enlèvement de mineure suivi de mariage non annulé.

Quelquefois les excuses absolutoires, tout en dispensant de la peine principale, donnent lieu soit d'une manière obligatoire, soit d'une manière facultative, à l'interdiction de certains séjours.

C'est ainsi que les coupables de sédition ou rébellion (s'ils se sont retirés au premier avertissement de l'autorité), de complots politiques (prime d'impunité donnée à la dénonciation), d'émission de fausse monnaie (prime d'impunité donnée également à la dénonciation), sont exempts de peine.

Ne pas confondre les excuses absolutoires, qui laissent subsister la culpabilité, avec les cas de non-culpabilité.

Les *excuses atténuantes* sont générales ou spéciales.

Les excuses atténuantes générales sont :

1° La minorité de seize ans, quand le mineur est déclaré avoir agi avec discernement (art. 67, 68 et 69 du C. P.);

2° La provocation.

Minorité de seize ans. — Nous avons vu qu'à l'égard du mineur de seize ans, les juges avaient à décider la question de savoir s'il avait ou non agi *avec discernement;* quand il est reconnu avoir agi sans discernement, nous avons dit qu'il n'y avait pas d'imputabilité, pas de culpabilité, et que le mineur était acquitté, sauf à être renvoyé dans une maison de correction ou remis à ses parents. — Dans ce cas, il n'est pas coupable et il ne peut être question d'excuse, puisque l'excuse suppose la culpabilité.

Mais si le mineur de seize ans est reconnu avoir agi *avec discernement*, il est coupable ; seulement il n'est pas traité comme s'il avait eu la majorité pénale ; la loi le considère comme étant moins coupable qu'un majeur de seize ans ; elle veut que son âge lui serve d'excuse et soit une cause d'atténuation de la peine (art. 67 du C. P.).

Provocation. — Il y a provocation lorsqu'un délit n'a été commis qu'à la suite et sous l'influence d'une agression ou d'un acte offensant.

Il ne faut pas confondre celui qui agit sous l'empire d'une provocation et celui qui est en état de légitime défense.

Le premier agit par ressentiment, par esprit de vengeance, sous l'impression du mal reçu ; l'autre agit uniquement pour se défendre et en vue d'éviter le mal. Le premier est coupable, quoique excusable ; l'autre n'est pas coupable, car il n'a fait qu'exercer un droit.

La provocation n'excuse que le meurtre, les blessures et les coups. En effet, ces divers crimes ou délits sont excusés par le Code pénal dans les circonstances suivantes :

1° S'ils ont été provoqués par des coups et violences graves envers les personnes (art. 321), soit envers le délinquant soit envers d'autres personnes qui lui sont chères ;

2° S'ils ont été commis en repoussant, pendant le jour, l'escalade ou l'effraction des clôtures, murs ou entrées de maison ou d'un appartement habité ou de leurs dépendances (art. 322).

3° S'ils ont été commis par l'époux sur son épouse, ainsi que sur le complice, à l'instant où il les surprend en flagrant délit d'adultère dans la maison conjugale (art. 324).

4° Si le meurtre et les blessures résultant de la castration ont été provoqués immédiatement par un outrage violent à la pudeur (art. 325).

Circonstances atténuantes.

Les circonstances atténuantes sont des faits indéterminés, complétement abandonnés à l'appréciation des juges et des jurés, et qui, variables dans chaque cause, ont pour effet de modifier la culpabilité individuelle, et de diminuer en conséquence la peine à appliquer.

La diminution de peine résultant d'une déclaration de circonstances atténuantes est réglée par l'article 463 du Code pénal.

Cet article est applicable à toutes les contraventions de police (art. 483 du C. P.).

Différence entre les Excuses et les Circonstances atténuantes.

Les excuses sont des faits précis, limitativement déterminés par la loi, et qui ont pour effet de modifier la culpabilité absolue. — Les circonstances atténuantes sont des faits illimités, complètement abandonnés à la conscience des juges ou des jurés, et qui ont pour effet de modifier la culpabilité individuelle.

Les excuses ont pour effet : soit d'exempter de la peine (excuses absolutoires), soit de la diminuer (excuses atténuantes). — Les circonstances atténuantes n'ont jamais pour effet que de réduire la peine, et, en général, elles la réduisent moins que les excuses atténuantes.

Les excuses sont l'objet de questions *spéciales* et distinctes posées au jury. — Les circonstances atténuantes, au contraire, ne sont pas l'objet d'une question spéciale soumise par écrit au jury. Le président de la Cour d'assises avertit seulement le jury que, s'il reconnaît des circonstances atténuantes, il devra le déclarer.

Complicité.

Art. 60 du C. P. — « Seront punis comme complices d'une action qualifiée crime ou délit ceux qui, par dons, promesses, menaces, abus d'autorité ou de pouvoir, machinations ou artifices coupables, auront provoqué à cette action ou donné des instructions pour la commettre ; ceux qui auront procuré des armes, des instruments ou tout autre moyen qui aura servi à l'action sachant qu'ils devaient y servir ; ceux qui auront, avec connaissance, aidé ou assisté l'auteur ou les auteurs de l'action dans les faits qui l'auront préparée ou facilitée, ou dans ceux qui l'auront consommée, sans préjudice des peines qui seront spécialement portées par le présent Code contre les auteurs de complots ou de provocations attentatoires à la sûreté intérieure ou extérieure de l'État, même dans le cas où le crime qui était l'objet des conspirateurs ou des provocateurs n'aurait pas été commis. »

Art. 61. — « Ceux qui connaissent la conduite criminelle des malfaiteurs exerçant des brigandages ou des violences contre la sûreté de l'État, la paix publique, les personnes ou les propriétés, leur fournissent habituellement logement, lieu de retraite ou de réunion, seront punis comme leurs complices. »

Art. 62. — « Ceux qui sciemment, auront recélé, en tout ou en partie, des choses enlevées, détournées ou obtenues à l'aide d'un crime ou d'un délit, seront aussi punis comme complices de ce crime ou délit. »

Le Code distingue les divers participants à un même délit en deux classes : les *auteurs* et les *complices*.

Par *auteurs*, il entend ceux qui ont exécuté physiquement

les actes constitutifs du crime ou du délit. Par exemple, ceux qui, en cas d'homicide ou de coups et blessures, ont frappé la victime, ou ceux qui, en cas d'incendie, ont mis le feu aux objets à brûler, ou, en cas de vol, ont porté la main sur les objets à soustraire ; ou bien encore ceux qui ont tenu la victime pour l'empêcher de se défendre, ceux qui ont placé les matières inflammables destinées à l'incendie.

Par *complices*, le Code désigne tous les participants, autres que les auteurs, qui ont joué dans le délit un certain rôle, sans avoir été les agents matériels et directement producteurs du délit.

On trouve dans l'article 60 dont nous venons de donner le texte des complices :

Soit dans la *résolution ;* tels sont les provocateurs qui par un des moyens d'influence indiqués : *dons, promesses, menaces*, etc., ont été véritablement la cause génératrice, la cause première du délit. Il ne suffit pas d'un simple conseil, d'une simple exhortation ou d'un mandat; il faut que la provocation résulte d'un des moyens d'influence indiqués par l'article.

Soit dans la *préparation ;* par exemple, ceux qui ont procuré des armes, des instruments ou tout autre moyen, notamment des vêtements dans un but de déguisement, ayant servi à commettre le délit; ceux qui ont donné des instructions pour commettre le délit.

Soit dans l'*exécution ;* par exemple, ceux qui ont tenu l'échelle, ou gardé les issues, ou fait le guet; les imprimeurs d'un écrit délictueux, les témoins d'un duel, etc.

Une remarque importante à faire, c'est que la complicité n'est incriminée qu'autant que les actes qui la constituent ont été faits *sciemment*.

De ce qui précède, il résulte qu'il faut soigneusement distinguer si deux individus ayant pris part à un délit sont des *coauteurs* ou *codélinquants*, ou si, au contraire, l'un d'eux seulement est *auteur* et l'autre *complice*.

En effet, s'il s'agit de deux coauteurs, il n'y a pas à s'inquiéter, à l'égard de l'un ou de l'autre, des caractères exigés par la loi pour la complicité ; chacun des coauteurs est un coupable principal, chacun d'eux a une situation spéciale et indépendante. Au contraire, s'il s'agit d'un auteur et d'un complice, la nature, la criminalité même du fait se détermine en la personne de l'auteur ; le complice est vis-à-vis de l'auteur dans une situation de subordination et de dépendance, et l'on examine simplement, pour lui, s'il est dans un des cas déterminés de complicité prévus par la loi. En un mot, l'acte d'un coauteur est punissable par lui-même ; l'acte d'un complice n'est punissable qu'autant qu'il se réfère à un acte principal coupable ; la criminalité d'un complice est une criminalité d'emprunt. En outre, en cas de vol, la circonstance qu'il y a eu plusieurs coauteurs est une circonstance aggravante qui, réunie à une autre circonstance, notamment à celle de chemins publics ou de lieu habité, fait dégénérer le vol en un crime. Enfin en matière de contraventions de simple police, le coauteur est punissable ; au contraire, le complice, en général, n'est pas punissable.

La question de savoir si, dans le cas du dernier paragraphe de l'article 60, il y a des coauteurs ou seulement un auteur et un complice sera souvent délicate. C'est ainsi que la jurisprudence a quelquefois reconnu que celui qui faisait le guet pour faciliter un vol, était un coauteur et non un complice.

Le coauteur d'un suicide est punissable, parce qu'ayant été un agent direct dans l'exécution de l'homicide, il a commis un acte qui s'est trouvé délictueux dans sa personne. — Le complice d'un suicide, qui n'a fait que provoquer, procurer ou faciliter l'exécution de l'homicide, n'est pas punissable, car le fait de l'auteur, d'où dépend le caractère de l'acte du complice, n'est pas puni par la loi.

Cas assimilés par la loi à la complicité. — Le premier cas prévu par l'article 61, est relatif à ceux qui, *connaissant* la conduite criminelle de malfaiteurs, leur fournissent habituellement logement, lieu de retraite ou de réunion.

Ce cas ressemble à la complicité, en ce que les personnes qui donnent un asile habituel à des malfaiteurs dont ils connaissent la conduite criminelle sont considérées comme leur ayant fourni les moyens de commettre leurs brigandages.

Il s'éloigne de la véritable complicité, en ce que ces personnes sont punies comme complices de crimes ou de délits même ignorés d'elles. Il n'est pas nécessaire, en effet, qu'elles aient fourni un lieu de retraite en vue de tel ou tel crime ou délit préalablement indiqué. Leur responsabilité n'est pas subordonnée à la connaissance d'un délit déterminé, mais à la conduite, en général, des malfaiteurs. Il faudra donc pour qu'il y ait lieu à l'application des règles de la complicité : 1° qu'il y ait connaissance de la part des logeurs de la conduite criminelle des malfaiteurs ; 2° que ceux-ci se rendent coupables de brigandages ou de violences, ce qui exclut ceux qui se rendent coupables de filouteries, d'escroqueries, de vols simples, etc.; 3° que le fait de donner asile ait été *habituel*.

Le second cas que l'article 62 assimile à la complicité est celui du recel.

Comme le précédent, il n'est pas un véritable cas de complicité. Le recel, en effet, suppose que le premier crime ou délit a été achevé; il devait constituer, dès lors, un délit distinct et connexe, puni de peines spéciales. Le Code en a fait un cas de complicité, parce que le recéleur est considéré comme ayant été le provocateur du délit; la loi d'accord avec ce dicton : « S'il n'y avait pas de recéleur, il n'y aurait pas de voleur, » regarde le recéleur comme l'auteur intellectuel du délit; elle suppose chez le recéleur qui agit sciemment une promesse tacite faite à l'avance de prêter aide et secours au délinquant.

L'assimilation du recel à la complicité ne s'applique pas seulement au cas de recel des choses volées, comme le disait le Code pénal de 1791, mais au recel de choses soit *enlevées* soit *détournées*, soit *obtenues* à l'aide d'un crime ou d'un délit. Ces diverses expressions ont en vue soit les soustractions, par fraude ou violence, soit les abus de confiance ou détournements, soit les escroqueries ou les fabrications en fraude, en un mot tous les crimes ou délits dont les bénéfices illicites peuvent être mis à couvert par le recéleur. Peu importe à quel titre le recel a eu lieu : soit à titre de dépôt, soit à titre d'achat, soit à titre onéreux, soit même à titre gratuit; mais il faut, comme le dit le Code, et conformément aux principes, que le recel ait eu lieu sciemment.

Connexité. — Il ne faut pas confondre la *complicité*, dont nous venons de parler, avec la *connexité*. La complicité suppose un seul délit et plusieurs agents; la connexité n'existe qu'autant qu'il y a plusieurs délits, soit à la charge d'un seul agent, soit à la charge de plusieurs agents.

Les principaux cas de connexité sont indiqués, à titre énonciatif, dans l'article 227 du Code d'instruction criminelle ainsi conçu : « Les délits sont connexes, soit lorsqu'ils ont été commis par différentes personnes, même en différents temps ou divers lieux, mais par suite d'un concert formé à l'avance entre elles; soit lorsque les coupables ont commis les uns pour se procurer les moyens de commettre, les autres, pour en faciliter, pour en consommer l'exécution ou pour en assurer l'impunité. »

Un cas remarquable de connexité produisant une aggravation qui entraîne la peine de mort, c'est celui du meurtre ayant pour objet de préparer, faciliter ou exécuter un délit, ou de favoriser la fuite ou d'assurer l'impunité des auteurs ou complices de ce délit.

CODE D'INSTRUCTION CRIMINELLE

De l'Action publique et de l'Action civile.

L'infraction peut engendrer deux droits : 1° celui d'infliger une punition au coupable, 2° celui d'obtenir réparation du préjudice causé.

Le premier appartient à la société; il fait l'objet de l'action publique, qui est exercée par le ministère public et par certaines administrations. — Le second appartient à la partie lésée; il fait l'objet de l'action civile, qui est exercée par la personne qui a souffert un dommage par suite du délit.

L'action publique est déléguée par la société au pouvoir exécutif et doit être *exercée* en son nom et sous la direction de ce pouvoir par les agents qu'il institue. Ce corps judiciaire est désigné collectivement sous le nom de *ministère public.*

Les administrations publiques qui ont le droit de poursuivre, directement et en leur nom, devant les tribunaux de répression, les infractions qui lèsent les intérêts qu'elles sont chargées de sauvegarder, sont : les contributions indirectes, les douanes, les eaux et forêts.

Organisation du Ministère public
ou des Parquets.

Près les tribunaux de police. — L'article 144 du Code d'Instruction criminelle, modifié par la loi du 27 janvier 1873, est ainsi conçu : « Les fonctions du ministère public, pour les faits de police, seront remplies par le commissaire du lieu où siégera le tribunal.

« S'il y a plusieurs commissaires de police au lieu où siège le tribunal, le procureur général près la cour d'appel nommera celui ou ceux d'entre eux qui feront le service.

« En cas d'empêchement du commissaire de police du chef-lieu, ou s'il n'en existe point, les fonctions du ministère public seront remplies, soit par un commissaire résidant ailleurs qu'au chef-lieu, soit par un suppléant du juge de paix, soit par le maire ou l'adjoint du chef-lieu, soit par un des maires ou adjoints d'une autre commune du canton, lequel sera désigné à cet effet par le procureur général pour une année entière, et sera, en cas d'empêchement, remplacé par le maire, par l'adjoint ou par un conseiller municipal du chef-lieu de canton. »

Près les tribunaux de première instance. — Le parquet d'un *tribunal de première instance* se compose du *procureur de la République* et de son ou de ses *substituts*.

Près les cours d'appel. — Le parquet de la *cour d'appel* se compose du *procureur général de la République*, près la cour d'appel, des *avocats généraux* et *substituts* du *procureur général*.

Le procureur général a la plénitude de l'action publique; il en dirige l'exercice et a la surveillance de tous les officiers de police judiciaire du ressort.

Près la cour de cassation. — Le parquet de la *cour de cassation* se compose du *procureur général de la République*, et des *avocats généraux* au nombre de six, deux attachés à chaque chambre.

Le procureur général près la cour de cassation n'a pas la direction de l'action publique; il y participe seulement dans quelques cas déterminés et n'exerce qu'un droit de surveillance sur les procureurs généraux près les cours d'appel; hors certains cas exceptionnels, il n'est entendu dans les affaires que comme partie jointe; il estime, il conclut, mais il ne requiert pas.

Mise en mouvement de l'Action publique.

Par le ministère public. — La mise en mouvement de l'action publique appartient, dans la plupart des cas, au ministère public. C'est lui, en effet, qui non seulement entame la poursuite, fait l'acte initial de la procédure, mais qui la conduit à son terme en exerçant l'action devant la juridiction compétente jusqu'à la fin du procès pénal. Mais le ministère public n'a pas le monopole de l'action publique. S'il s'abstient de mettre celle-ci en mouvement, les particuliers, les tribunaux peuvent, dans certains cas et sous certaines conditions qui vont être examinées, saisir eux-mêmes les juridictions compétentes de l'action qui tend à l'application de la peine.

Par la partie lésée. — La partie lésée participe incontestablement au droit de mettre l'action publique en mouvement par l'exercice du droit de *citation directe en police correctionnelle et en simple police* qui lui est donné par les articles 145 et 182 du Code d'instruction criminelle.

Lorsque l'action publique a été mise en mouvement par la citation de la partie lésée, le ministère public est tenu de donner ses conclusions, soit devant les tribunaux de simple police, soit devant les tribunaux correctionnels.

Il n'est d'ailleurs pas nécessaire que les conclusions du ministère public tendent à l'application de la peine, et le tribunal saisi par la citation directe de la partie civile, pourrait appliquer la peine encourue, alors même que le ministère public aurait conclu à l'acquittement.

Par les tribunaux. — L'article 11 de la loi de 1810, donne à toute cour d'appel, *chambres réunies*, le droit d'entendre les dénonciations de crimes ou de délits qui lui seraient faites par un de ses membres, d'enjoindre au procureur général de poursuivre et de se faire rendre compte des poursuites commencées *en exécution de cet ordre.*

L'article 235 du Code d'instruction criminelle décide que les chambres d'accusation peuvent d'office, qu'il y ait ou non une instruction commencée par les premiers juges, ordonner des poursuites, se faire apporter des pièces, informer ou faire informer, et statuer ensuite ce qu'il appartiendra.

Enfin, toutes les juridictions pénales peuvent se saisir elles-mêmes lorsqu'un crime ou un délit a été commis à l'audience.

Indépendance du Ministère public.

Par rapport aux tribunaux. — Les magistrats du parquet sont indépendants des juges comme ceux-ci d'ailleurs le sont des membres du parquet.

Le président ne peut à l'audience ni refuser la parole au ministère public ni la lui retirer.

Par rapport au ministère de la justice. — En ce qui concerne les droits du *ministère de la justice* sur l'action publique, un premier point certain, c'est que le ministre *n'exerce* pas cette action; elle ne lui a été déléguée par aucune loi, et il ne peut, dès lors, procéder par lui-même à aucun acte de poursuite. Mais si le ministre de la justice n'exerce pas l'action publique, il conserve néanmoins, comme représentant du pouvoir et comme chef hiérarchique, une certaine autorité sur son exercice. Comme représentant du pouvoir exécutif, il sur-veille son application; il ne l'exerce pas, mais il donne des ordres pour qu'elle soit exercée; il ne saisit pas les tribunaux, mais il oblige les tribunaux à se saisir. Comme supérieur hiérarchique, il transmet ses instructions à tous les officiers du ministère public et ces magistrats sont tenus de s'y con-former. Il peut donc prescrire, soit à un procureur général, soit à un procureur de la République, de former un appel ou un pourvoi, de prendre telle autre mesure que le bien de l'administration de la justice lui paraît exiger.

Indépendance de l'Action publique par rapport à l'Action civile.

L'action publique est indépendante de l'action civile. Ces deux actions ont, il est vrai, dans le délit une source commune, mais elles diffèrent à de nombreux points de vue :

1° L'*objet* n'est pas le même, puisque la première tend à l'application de la peine, c'est-à-dire à la réparation du tort fait à la société, tandis que la seconde, se propose la réparation du préjudice privé qui a été causé à un particulier;

2° Elles appartiennent à des personnes différentes : l'action publique, à la société qui ne pouvant l'exercer elle-même, en *délègue l'exercice* à des fonctionnaires spéciaux; l'action civile, à la partie lésée qui en est vraiment propriétaire et peut l'exercer comme elle l'entend;

3° Elles diffèrent enfin quant aux personnes contre lesquelles elles peuvent être exercées; l'action publique peut être exercée seulement contre les auteurs ou complices de l'infraction; l'action civile peut l'être, en outre, contre leurs héritiers et les personnes que la loi déclare civilement responsables du fait d'autrui.

Etendue de l'Action publique.

Français. — L'action publique s'étend à tous les Français indistinctement, quels que soient leurs titres et leur rang; c'est une conséquence du principe que tous les Français sont égaux devant la loi.

Il existe quelques exceptions à cette règle; elles se rapportent au Président de la République, aux ministres, aux membres du Parlement, aux magistrats et à certains hauts fonctionnaires.

Le Président de la République est irresponsable, sauf pour crime de haute trahison, et, dans ce cas même, il ne peut être mis en accusation que par la Chambre des députés et jugé que par le Sénat.

Les ministres ne peuvent être mis en accusation, quant aux crimes commis dans l'exercice de leurs fonctions, que par la Chambre des députés et jugés que par le Sénat constitué en haute cour de justice.

En ce qui concerne les crimes et délits ordinaires que les ministres peuvent commettre hors de l'exercice de leurs fonctions et les contraventions, la poursuite de ces infractions n'appartient à la Chambre des députés, ni en vertu des lois constitutionnelles, ni en vertu des principes généraux : elle doit être exercée conformément au droit commun.

L'article 14 de la loi du 25 février 1875, dispose qu'aucun membre de l'une ou l'autre Chambre ne peut, pendant la session, être poursuivi ou arrêté en matière criminelle ou correctionnelle qu'avec l'autorisation de la Chambre dont il fait partie, sauf le cas de flagrant délit.

Etrangers. — Aux termes de l'article 3 du Code civil, les lois de police et de sûreté obligent tous ceux qui habitent le territoire français; par suite, il n'y a pas à se préoccuper de la question de savoir si l'auteur de l'infraction est français ou étranger.

Une exception doit cependant être apportée à ce principe en faveur des ambassadeurs. Les autorités locales ne peuvent s'introduire dans leurs palais, même en cas de crime; elles doivent s'il y échet, en référer au Gouvernement.

Les consuls ne bénéficient pas de cette immunité.

Infractions commises en France.

Les actes auxquels il faut s'attacher pour savoir si le délit a été commis en France sont les actes *d'exécution*. Dans le cas où il y aurait eu plusieurs actes d'exécution, il suffira qu'un seul de ces actes ait eu lieu sur notre territoire pour qu'on puisse dire que le délit a été commis en France. Ainsi le meurtre résultant d'un coup de feu tiré en pays étranger sur une personne en France ou, à l'inverse, d'un coup de feu parti de notre territoire et ayant atteint la victime en pays étranger pourra être considéré comme un crime commis en France.

On doit comprendre au nombre des délits commis sur le territoire, au point de vue de l'application de notre droit pénal et de la puissance de nos juridictions :

1° Les délits commis dans nos ports, rades, golfes ou baies, et dans cette partie de la mer qui baigne nos côtes jusqu'à la plus longue portée des armes de guerre, excepté, toutefois d'après les usages internationaux, les délits commis à bord des vaisseaux de guerre étrangers; il y a même quelques restrictions pour les délits commis sur les navires de commerce étrangers;

2º Les délits commis en pleine mer, à bord de nos navires de guerre ou de commerce et aussi, d'après les pratiques du droit international, les délits commis sur nos navires de guerre, même dans les ports en les eaux territoriales d'un pays étranger;

3º Les délits des militaires de nos armées stationnant en pays étranger, et même ceux des habitants contre quelqu'un de notre armée, lorsque celle-ci occupe un territoire ennemi. (*Là où est le drapeau, là est la France.*)

Infractions commises l'Etranger.

ART. 5, § 1, 2 et 4 du C. I. C. — « Tout Français qui, hors du territoire de la France, s'est rendu coupable d'un *crime* puni par la loi française, peut être poursuivi et jugé en France. — Tout Français qui, hors du territoire de la France, s'est rendu coupable d'un fait qualifié délit par la loi française, peut être poursuivi et jugé en France, si le fait est puni par la législation du pays où il a été commis. En cas de délit commis contre un particulier français ou étranger, la poursuite ne peut être intentée qu'à la requête du ministère public; elle doit être précédée d'une plainte de la partie offensée ou d'une dénonciation officielle à l'autorité française par l'autorité du pays où le délit a été commis. »

La loi ne permet toutefois les poursuites, même quand il s'agit d'un *crime*, que lorsque deux autres conditions sont remplies :

1º Il faut que l'inculpé n'ait pas été jugé définitivement à l'étranger. Si le jugement intervenu à l'étranger était encore susceptible d'opposition ou d'appel, il ne ferait pas obstacle à ce qu'une nouvelle poursuite fût exercée en France;

2º Il faut, en outre, que l'inculpé soit de retour en France.

Un passage fortuit, la présence accidentelle en France ne saurait constituer un véritable retour et permettre d'exercer des poursuites.

Dans le but d'arrêter les déprédations et les dommages qui ont lieu journellement sur nos frontières, et y entretiennent des habitudes de rapines et de violences, des conventions avec diverses puissances étrangères permettent de punir en France les délits de chasse, la contrebande et les délits forestiers.

Suspension de l'Action publique.

L'action publique, lorsqu'elle a pris naissance, peut se trouver paralysée dans sa marche, arrêtée dans son exercice par deux causes : la démence et la qualité de membre de nos assemblées législatives.

Il est bien entendu qu'il s'agit d'une démence survenue après le délit ; car s'il y avait eu démence au moment même de l'action, il ne serait pas même question de l'action publique, puisqu'il n'y aurait pas d'imputabilité.

On a vu plus loin que, sauf le cas de flagrant délit, aucun membre de l'une ou l'autre Chambre, ne peut, *pendant la durée de la session*, être poursuivi ou arrêté en matière criminelle ou correctionnelle.

Suspension de l'Action civile.

Si l'action civile a été portée devant les mêmes juges que l'action publique, la démence et la qualité de membre de l'une ou de l'autre Chambre, qui suspendront l'action publique, suspendront également l'action civile ; celle-ci se rattache à celle-là et doit marcher avec elle. Si l'action civile a été portée devant le tribunal civil sans que l'action publique soit elle-même intentée, le tribunal civil pourra statuer parfaitement malgré la démence ou la qualité de député ou de sénateur du défendeur.

Extinction de l'Action publique.

Les causes générales qui éteignent l'action publique sont : le décès du prévenu, la prescription, le principe de la chose jugée, l'amnistie.

Décès du prévenu ou accusé. — Quel que soit le crime ou le délit, l'action publique s'éteint par le décès du prévenu.

Prescription. — L'action publique s'éteint en second lieu par la prescription. Il s'agit ici non de la prescription des peines, mais d'une prescription spéciale à l'action publique et qui, par voie de conséquence, éteint aussi l'action civile.

Chose jugée. — C'est une maxime incontestable de notre droit criminel, qu'un individu qui a été légalement et souverainement jugé ne peut plus être poursuivi à raison du même fait, la société étant réputée avoir obtenu la réparation qui lui est due.

Y a-t-il eu acquittement ? On ne peut provoquer à raison du même fait une condamnation. Y a-t-il eu condamnation ? On ne peut pas provoquer une condamnation à une peine plus forte, et cela alors même qu'il y aurait omission dans l'application de la peine.

De l'Action civile.

Pour être recevable à intenter l'action civile il faut justifier d'un préjudice, mais il n'est nullement nécessaire que ce préjudice soit matériel, il suffit d'avoir souffert un dommage moral.

Nous pouvons être lésés, en effet, non seulement dans les biens qui, faisant partie de notre patrimoine, ont un équivalent dans une somme d'argent, mais encore dans des biens d'une telle nature qu'on ne saurait les payer : tels sont la vie, la liberté, l'honneur.

L'action civile peut être intentée, soit contre les auteurs et complices de l'infraction ou contre leurs héritiers et représentants, soit contre les personnes civilement responsables.

Des effets de l'action civile. — Les effets de l'action civile sont relatifs aux restitutions, aux dommages-intérêts et aux frais.

Et, sous ce rapport, il y a lieu de distinguer les deux hypothèses suivantes : ou la partie civile triomphe, ou bien elle succombe dans l'action qu'elle a intentée.

Dans la première hypothèse, le prévenu est condamné *envers la partie civile* aux restitutions, aux dommages-intérêts et aux frais; dans la seconde, c'est, au contraire, la partie civile, qui peut être condamnée, *envers le prévenu*, à payer une certaine somme à titre de dommages-intérêts, ainsi que les frais de l'instance.

Les restitutions s'effectuent par le rétablissement de l'état de choses antérieur au délit : par exemple, par la remise au propriétaire de la chose qui a été volée ou détournée à son préjudice; par l'annulation des actes surpris ou extorqués, etc.

Les restitutions constituent la réparation directe et régulière du délit.

Les dommages-intérêts consistent dans les indemnités allouées à la personne lésée, à raison de la perte qu'elle a faite et du gain dont elle a été privée par suite de l'infraction.

L'appréciation des dommages-intérêts est abandonnée à la prudence des magistrats et leur décision à cet égard, quels qu'en soient les motifs, échappe à la censure de la Cour de cassation.

De la Police judiciaire et des Officiers qui l'exercent.

On distingue la police *administrative* ou *préventive* et la police *judiciaire* ou *répressive*. La première a pour but de prévenir, c'est-à-dire d'empêcher les délits ; la seconde a pour but lorsqu'un délit a été commis malgré la vigilance de la première, de rechercher ce délit, de le constater, afin qu'il puisse être soumis aux tribunaux chargés de le réprimer, en prononçant la peine qui doit en être la conséquence et la sanction.

La police judiciaire sert ainsi à mettre la justice en état de se prononcer sur le délit reproché au coupable.

Le but en est parfaitement défini dans l'article 8 du Code d'instruction criminelle. « *La police judiciaire recherche les crimes, les délits et les contraventions, en rassemble les preuves et en livre les auteurs aux tribunaux chargés de les punir.* »

D'après les articles 9 et 10 du Code d'instruction criminelle, les officiers de police judiciaire comprennent :

Les gardes champêtres et les gardes forestiers ;

Les commissaires de police, les maires et les adjoints des maires ;

Les procureurs de la République et leurs substituts ;

Les juges de paix et les officiers de gendarmerie ;

Les juges d'instruction ;

Les préfets des départements et le préfet de police à Paris.

Compétence.

Gardes champêtres. — Les gardes champêtres *communaux* exercent leurs fonctions dans tout le territoire communal pour lequel ils ont été assermentés ; les gardes champêtres *particuliers* n'exercent les leurs que dans les limites des propriétés confiées à leur surveillance.

D'après l'article 20 de la loi du 24 juillet 1867, les gardes champêtres ont qualité pour constater les contraventions aux règlements et arrêtés de police municipale. Cette disposition a été reproduite par le dernier paragraphe de l'article 102 de la loi municipale du 5 avril 1884. Les solutions données sous l'empire de la loi de 1867 doivent donc être tenues pour exactes encore aujourd'hui. (V. Police municipale.)

Or, il a été jugé que cette compétence exceptionnelle doit être restreinte à la constatation des contraventions aux arrêtés des maires et des préfets, *réprimés par l'article 471, § 15, du*

Code pénal et que les gardes champêtres sont sans qualité en ce qui concerne toutes les autres *contraventions urbaines* prévues soit par le Code pénal soit par des lois spéciales.

On s'est demandé si les gardes champêtres avaient qualité pour dresser procès-verbal des contraventions et délits forestiers. L'affirmative ne saurait être douteuse en ce qui concerne les bois non soumis au régime forestier. La loi du 18 juin 1859 a, en effet, introduit dans l'article 188 du Code forestier une disposition donnant aux gardes champêtres qualité pour constater les délits et contraventions commis dans les bois non soumis au régime forestier; mais la question est plus délicate en ce qui regarde les bois de l'État, des communes et des établissements publics et autres bois énumérés en l'article 1er du Code forestier. La jurisprudence est en général pour l'incompétence du garde champêtre.

En dehors des infractions rurales et forestières, les gardes champêtres ont reçu de diverses lois spéciales le droit de verbaliser en diverses matières : 1º de chasse; 2º de pêche fluviale; 3º d'ivresse publique; 4º de contraventions aux lois sur la circulation des boissons; 5º de colportage frauduleux de tabac; 6º d'infractions relatives aux cartes à jouer; 7º de fabrication illicite de poudre; 8º de fabrication illicite de sel; 9º de police du roulage; 10º de dommages aux plantations des routes.

Mais aux termes de l'article 16 du Code d'instruction criminelle ils ne peuvent s'introduire dans les maisons, ateliers, bâtiments, cours adjacentes et enclos, si ce n'est en présence soit du juge de paix, soit de son suppléant, soit du commissaire de police ou du maire du lieu.

Ce qui veut dire que les gardes ne peuvent s'introduire seuls dans le *domicile* ou dans les *dépendances de celui-ci*, mais qu'il leur est permis de se transporter et de faire librement des perquisitions dans tous les lieux autres que les maisons, ateliers, bâtiments, cours adjacentes et enclos. Les gardes champêtres peuvent d'ailleurs requérir indifféremment l'assistance de l'un quelconque des magistrats désignés par l'article 16.

Aux termes du même article 16, les gardes champêtres doivent arrêter et conduire devant le juge de paix ou devant le maire tout individu qu'ils ont surpris en flagrant délit ou qui est dénoncé par la clameur publique, lorsque ce délit emporte la peine d'emprisonnement ou une peine plus grave.

Enfin, en tant qu'officiers de police judiciaire, les gardes champêtres peuvent verbaliser en matière d'infractions à la police des chemins de fer (loi du 15 juillet 1845, art. 23) et d'infractions au décret du 27 décembre 1851 sur les lignes télégraphiques, ces deux textes législatifs accordant à tout officier de police judiciaire le droit de constater les infractions qu'ils prévoient.

Gardes forestiers. — Les gardes forestiers de l'administration et des communes ont, aux termes de l'article 160 du Code forestier, compétence dans l'arrondissement du tribunal près duquel ils ont été assermentés, et cette compétence s'étend à tous les bois et forêts qui sont situés dans cet arrondissement, soit qu'ils soient soumis au régime forestier, soit qu'ils appartiennent à des particuliers. L'administration forestière, il est vrai, ne s'occupe que des bois et forêts qui sont soumis au régime forestier, mais les gardes forestiers ne sont pas seulement les agents de l'administration forestière, ils sont officiers de police judiciaire ; ils puisent leur pouvoir non seulement dans les articles 159 et 160 du Code forestier, mais dans l'article 16 du Code d'instruction criminelle ; or, ce dernier article, en les chargeant de rechercher les délits et contraventions qui ont porté atteinte aux propriétés forestières, ne distingue point entre les propriétés soumises au régime forestier et celles des particuliers. D'où il suit que les gardes forestiers ont compétence pour constater les délits et contraventions commis soit dans les bois soumis au régime forestier, soit même dans les bois des particuliers, dans toute l'étendue de l'arrondissement du tribunal près duquel ils sont assermentés.

Les gardes forestiers, outre leurs fonctions habituelles, sont chargés, comme les gardes champêtres, de constater les délits de chasse et de pêche, les contraventions à la vente, colportage et circulation illégale des tabacs et cartes à jouer, et les infractions à la police des chemins de fer et des lignes télégraphiques, et à la loi sur l'ivresse.

Les gardes forestiers bien que spécialement chargés de constater les délits portant atteinte aux propriétés forestières, concourent évidemment avec les gardes champêtres à constater les infractions aux lois protectrices des propriétés rurales. Le législateur a, en effet, pensé que, par la nature même de leurs services, les gardes forestiers pouvaient être à même de découvrir, dans leurs tournées, les infractions qui intéressent la propriété rurale et il leur a donné une compétence nécessaire pour les constater.

Comme les gardes champêtres, les gardes forestiers doivent, aux termes de l'article 16 du Code d'instruction criminelle, arrêter et conduire devant le juge de paix ou devant le maire tout individu qu'ils ont surpris en flagrant délit, lorsque ce délit emporte la peine de l'emprisonnement ou une peine plus grave.

Hors le cas de reconnaissance d'un délit forestier, les gardes sont sans qualité pour faire une visite domiciliaire. Il est, en effet, certain que le droit de suite ne leur est accordé que parce qu'il devient une conséquence et une annexe de l'opération en forêt et ne forme avec elle qu'un seul tout ; dès lors, lorsque les gardes procèdent à une visite domiciliaire qui n'est pas la suite et le complément d'une opération forestière, ils sont sans droit et sans qualité pour pénétrer dans le domicile, y faire des recherches et verbaliser.

Dispositions communes aux gardes champêtres et forestiers. — Les gardes champêtres et les gardes forestiers ont le droit de suivre les choses enlevées par les délinquants dans les lieux où elles ont été transportées et de les mettre sous séquestre. Ce droit leur est conféré par le troisième paragraphe de l'article 16 du Code d'instruction criminelle dont la disposition est reproduite, en ce qui concerne les gardes de l'administration forestière par l'article 161 du Code forestier.

Mais si les gardes ont le droit de suivre les objets enlevés, ce droit s'arrête nécessairement, en ce qui concerne chaque garde, aux limites du territoire qui lui est assigné par sa commission et sa prestation de serment.

Pour faire leurs perquisitions, les gardes-champêtres et forestiers doivent être assistés de l'un des fonctionnaires désignés dans l'article 16 (juge de paix ou son suppléant, commissaire de police ou maire du lieu).

Dès lors, tout garde qui, n'étant pas accompagné d'un des officiers spécifiés par l'article 16, s'introduirait dans le domicile d'un citoyen contre le gré ou malgré l'opposition de celui-ci, encourrait les peines portées par l'article 184 du Code pénal.

Il résulte des termes de l'article 16 que les gardes ne peuvent arrêter un délinquant que lorsque le délit est passible d'emprisonnement et qu'il est flagrant ; qu'ils ne peuvent l'arrêter que pour le conduire immédiatement devant le juge de paix ou le maire, sans pouvoir le retenir provisoirement dans un lieu quelconque ; enfin que le juge de paix ou le maire doit se borner, s'il y a crime, à mettre l'inculpé sous mandat d'amener et, si le fait est purement correctionnel, à interroger le délinqnant, constater son individualité et, cette constatation faite, à le mettre en liberté.

Commissaires de police. — Les commissaires de police, institués par la loi des 21-29 septembre 1791, ont été organisés, en ce qui touche la police judiciaire, par les articles 23, 28, 36 du code du 3 brumaire an IV, par la loi du 28 pluviôse an VIII, par les articles 11 et suivants, 48 et suivants du Code d'instruction criminelle et les décrets des 28 mars 1852 et 5 mars 1853. Ils exercent leurs fonctions dans toute l'étendue de la commune où ils sont établis, lors même que cette commune est divisée en plusieurs arrondissements (art. 12).

Les commissaires de police ont une triple attribution judiciaire : ils sont à la fois officiers de police judiciaire, officiers auxiliaires du procureur de la République et chargés du ministère public près les tribunaux de police.

Nous ne parlerons ici que du commissaire de police, officier de police judiciaire et auxiliaire du procureur de la République. Nous avons déjà dit d'ailleurs comment l'article 144 du Code d'instruction criminelle, règle son rôle comme ministère public.

Les attributions ordinaires des commissaires de police consistent : 1° à donner avis au procureur de la République de tout crime ou délit dont ils acquièrent la connaissance (C. I. C., art. 29) ; 2° à recevoir les rapports, dénonciations et plaintes relatifs aux contraventions de police (art. 11) ; 3° à rechercher ces contraventions et à consigner dans des procès-verbaux qu'ils rédigent à cet effet leur nature et les circonstances de leur perpétration (art. 11); 4° à rechercher et constater également les contraventions qui sont sous la surveillance spéciale des gardes forestiers et champêtres, à l'égard desquels ils ont concurrence et même prévention.

Une controverse très vive existe sur le point de savoir si les commissaires de police peuvent constater non pas seulement les contraventions, mais les crimes et les délits. La plupart des auteurs regardent la négative comme certaine. Aucun texte ne donne, en effet, un pareil pouvoir aux commissaires de police. Ces fonctionnaires sont, il est vrai, auxiliaires du procureur de la République, et, à ce titre, ils ont qualité pour faire des constatations dans le cas de *flagrant délit* ou dans le *cas de réquisition de la part d'un chef de maison* (art. 49); mais, en dehors de ces deux hypothèses, ils sont sans pouvoir. (*En ce sens :* Faustin Hélie, t. III, n° 1166.)

En fait, les commissaires de police constatent journellement des crimes ou des délits *non flagrants*. Une circulaire du ministre de l'intérieur en date du 21 juillet 1878, leur a même prescrit de procéder (en dehors du cas de flagrant délit et du cas de réquisition du chef de maison) à la constatation des délits et des crimes.

Les commissaires, étant officiers de police judiciaire au même titre que les juges de paix et les officiers de gendarmerie, ne tiennent leurs pouvoirs que de la loi directement (C. I. C., art. 11, 48, 49), ou de la délégation qui peut leur être faite par le procureur, aux termes de l'article 52. Dans aucun cas, ils ne sauraient être considérés comme les auxiliaires des juges de paix.

Il résulte de là qu'ils ne peuvent en recevoir de délégation pour un acte d'information judiciaire.

Ils n'ont pas non plus, en cas de flagrant délit, à prendre leur avis avant de procéder à une arrestation ou à toute autre opération de leur compétence.

Le juge de paix qui reçoit une délégation n'a pas la faculté de transmettre ses pouvoirs à un commissaire de police ; mais il peut s'adresser officieusement à lui pour obtenir sa collaboration. (Circulaire, intérieur, 21 juin 1854.)

Indépendamment de leurs attributions générales, un certain nombre de lois spéciales donnent aux commissaires de police compétence pour rechercher et constater les délits correctionnels, même hors le cas de flagrant délit.

Telles sont les contraventions : aux lois sur les poids et mesures ; sur la grande voirie ; sur les voitures publiques.

Telles sont encore : les contraventions à la police de la pharmacie ; les délits de pêche, de chasse ; les infractions relatives à la circulation et à la vente illicite du tabac et des cartes à jouer ; les contraventions aux lois de douane ; les contraventions à l'arrêté du 27 floréal an X sur les bourses de commerce, etc.

Les commissaires de police n'ont pas qualité pour constater des contraventions spéciales, telles que les contraventions à la garantie des matières d'or et d'argent, à l'exception toutefois de celles qui seraient commises par des marchands ambulants venant s'établir en foire (C., 15 avril 1826) ; de même, on doit décider, sous l'empire de la loi du 2 novembre 1892 qui n'a, sur ce point, apporté à la loi de 1874 aucune dérogation, que les commissaires de police ne peuvent pénétrer dans les établissements de travail, en vue de constater les contraventions, qu'autant que celles-ci leur ont été dénoncées ou sont venues à leur connaissance, dans le cas de flagrant délit ou de mandat décerné par le juge d'instruction.

Dans le cas de flagrant délit les commissaires dressent les

procès-verbaux, reçoivent les déclarations des témoins, font les visites domiciliaires et les autres actes qui, en pareille circonstance, sont de la compétence du procureur de la République ; en un mot ils exercent les attributions exceptionnelles d'instruction qui ont été confiées, dans ces cas, aux procureurs de la République, et que nous indiquons plus loin.

Dans le cas de délit non flagrant, les commissaires de police reçoivent les dénonciations des crimes ou délits commis dans les lieux où ils exercent leurs fonctions habituelles et les transmettent sans délai au procureur de la République.

Ils lui donnent, en outre, avis de tous les crimes et délits dont ils acquièrent la connaissance dans l'exercice de leurs fonctions et ils lui transmettent tous les renseignements, procès-verbaux et actes qui y sont relatifs (C. I. C., 29).

Les officiers auxiliaires, lorsqu'il n'y a pas flagrant délit, ne font donc, aucun acte d'instruction, à moins qu'ils n'en aient reçu une délégation spéciale de la loi ou du juge ; ils ne font aucun acte de poursuite. Ils sont comme des sentinelles avancées de la justice, avec l'unique mission de recueillir les rumeurs, les informations, les plaintes qui signalent des délits ou des crimes et de les lui faire passer immédiatement.

Plus spécialement qu'aucun autre fonctionnaire, les commissaires de police sont investis par la loi de la mission de protéger les citoyens, et nul ne peut pénétrer chez eux contre leur gré sans leur assistance. Le procureur de la République lui-même, quand il agit en cas de flagrant délit, doit requérir leur présence, ainsi que le juge d'instruction quand, dans le même cas, il agit directement et par lui-même sans la présence du procureur de la République (art. 42, C. I. C.).

Maires et adjoints. — De même que les commissaires de police, les maires et adjoints sont officiers de police judiciaire et auxiliaires du procureur de la République.

Ils exercent les mêmes attributions de police judiciaire que les commissaires de police. Ils ne les exercent en général qu'à défaut de ceux-ci. Cependant, en ce qui concerne la police municipale, le droit des commissaires de police n'exclut pas celui des maires et des adjoints qui sont investis par des lois spéciales.

L'adjoint ayant par lui-même, d'après la loi, la qualité d'officier de police, n'a pas, comme pour l'exercice de ses fonctions administratives, besoin de délégation pour remplacer le maire.

Les attributions des maires et des adjoints, comme auxiliaires du procureur de la République, étant identiques à celles des commissaires de police, on voudra se référer à ce que nous avons dit plus haut à ce sujet.

Juges de paix. — Le juge de paix est officier de police judiciaire ; il est aussi auxiliaire du ministère public.

Les fonctions des juges de paix comme officiers de police judiciaire consistent uniquement à donner avis au procureur de la République de tous les crimes ou délits dont ils ont acquis la connaissance dans l'exercice de leurs fonctions (C. I. C., art. 9 et 29). Ils n'ont aucunement, comme les maires, les adjoints, et les commissaires de police, le droit de constater les simples contraventions de police. Aucun texte ne leur confère ce droit et, d'ailleurs, il est clair qu'étant chargés, comme tribunaux de police, de statuer sur ces contraventions, ils ne peuvent ni les rechercher, ni les constater par des procès-verbaux. (Faustin HÉLIE, t. III, nº 1168.)

En tant qu'auxiliaires du ministère public, les juges de paix ont un double pouvoir : pouvoir de recevoir les dénonciations (C. I. C., art. 48) ; et, dans le cas où le fait est flagrant, pouvoir de procéder aux actes préliminaires de l'information dans les limites imposées au ministère public lui-même (C. I. C., art. 49).

Officiers de gendarmerie. — Les officiers de gendarmerie, comme les commissaires de police et les maires, sont officiers de police judiciaire et auxiliaires du procureur de la République (C. I. C., art. 9 et 48). Les fonctions qu'ils exercent à ce double titre ont été spécialement définies par l'article 141 de la loi du 28 germinal an VI, les articles 66 et 175 de l'ordonnance du 29 octobre 1820 et les articles 243 et 268 du décret du 1er mars 1854.

Procureur de la République. — *Attributions*. — Si le délit est flagrant, le procureur de la République, qui, en principe, n'est qu'une partie poursuivante, réunit temporairement, dans une certaine mesure, aux pouvoirs de la poursuite les pouvoirs de l'instruction.

Transport sur les lieux. — Il se transporte sur les lieux du délit pour dresser les procès-verbaux relatifs au corps du délit lorsque le fait est de nature à entraîner une peine afflictive ou infamante.

Information. — Il dresse les procès-verbaux nécessaires à l'effet de constater le corps du délit, son état, l'état des lieux ; il reçoit les déclarations des personnes présentes, des parents et voisins ou domestiques présumés en état de donner des renseignements sur le fait.

Afin que le procureur de la République puisse procéder avec soin à l'information et qu'il ait à sa disposition les témoins nécessaires, l'article 38 lui permet de défendre que qui que ce soit sorte de la maison ou s'éloigne du lieu jusqu'après la clôture de son procès-verbal. Tout contrevenant à cette défense est déposé à la maison d'arrêt.

Les procès-verbaux du procureur de la République doivent être faits et rédigés en la présence du commissaire de police de la commune dans laquelle le crime ou le délit a été commis, ou du maire, ou d'un adjoint, ou, à leur défaut, de deux citoyens domiciliés dans la commune (C. I. C., art. 42, § 1 et 3).

Mais l'inobservation de ces formalités n'entraîne d'ailleurs aucune nullité (Cass., 30 janvier 1818).

Assistance d'experts. — Le procureur de la République peut se faire accompagner d'une ou de deux personnes présumées, par leur art ou par leur profession, capables d'apprécier la nature et les circonstances du crime ou du délit (C. I. C., art. 43). S'il s'agit d'une mort violente ou d'une mort dont la cause soit inconnue ou suspecte, il doit se faire assister d'un ou de deux médecins qui font leur rapport sur les causes de la mort et sur l'état du cadavre (art. 44).

Visites domiciliaires. — Si, en raison de la nature et des circonstances du crime, la preuve peut vraisemblablement être acquise par les papiers ou autres pièces et effets en la possession du prévenu, le procureur de la République se transporte de suite à son domicile pour y faire la perquisition des objets qu'il juge utiles à la manifestation de la vérité (art. 36).

Bien que l'article 36 porte que le magistrat doit se transporter *de suite*, il n'a cependant pas dérogé aux principes généraux qui règlent les visites domiciliaires.

Or, aux termes de l'article 76 de la Constitution du 22 frimaire an VIII : « La maison de toute personne habitant le territoire français est un asile inviolable. Pendant la nuit, nul n'a le droit d'y entrer que dans les cas d'incendie, d'inondation ou de réclamation faite de l'intérieur de la maison. »

Comme les autres visites domiciliaires, celles dont s'agit ne peuvent donc être faites que de jour, c'est-à-dire du 1er octobre au 31 mars, entre six heures du matin et six heures du soir, et, du 1er avril au 30 septembre, entre quatre heures du matin et neuf heures du soir.

Saisies. — Le procureur de la République doit saisir les effets, les papiers, les armes et tout ce qui peut servir à la manifestation de la vérité. Le prévenu est interrogé sur les choses saisies qui lui sont représentées, sur les circonstances qui les ont mises en sa possession, sur l'usage qu'il en a fait, sur les marques particulières et les traces quelconques qu'elles présentent. Procès-verbal est dressé de ces opérations; le prévenu le signe et, s'il s'y refuse, mention en est faite (C. I. C., art. 35).

Les objets saisis sont clos et cachetés si faire se peut ; s'ils ne sont pas susceptibles de recevoir des caractères d'écriture, ils sont mis dans un vase ou dans un sac sur lequel le procureur de la République attache une bande de papier qu'il scelle de son sceau (art. 38).

Il est très important de se conformer exactement à ces prescriptions, car le prévenu pourrait tirer de leur inobservation des arguments sérieux pour sa défense.

Ces opérations doivent être faites en présence du prévenu s'il a été arrêté ; et s'il ne veut ou ne peut y assister, en présence d'un fondé de pouvoir qu'il peut nommer. Les objets lui sont représentés à l'effet de les reconnaître et de les parapher, s'il y a lieu ; et au cas de refus, il en est fait mention au procès-verbal (art. 39).

La saisie des lettres, même à la poste, est autorisée par la généralité des termes des articles 35, 87 et 88 du Code d'instruction criminelle.

En cas de flagrant délit, le pouvoir du procureur de la République est, à cet égard, absolu et illimité, et il lui appartient de saisir toutes les correspondances qu'il croit être de nature à éclairer ses recherches, quels qu'en soient les propriétaires (C., 25 juillet 1873).

Le cabinet de l'avocat, de l'avoué, du notaire n'est pas plus que tout autre lieu, à l'abri des recherches de la justice. « Il ne peut y avoir, dit Faustin Hélie (t. IV, n° 1818), de privilège en faveur d'une profession, quelque élevée qu'elle soit, quand il n'en existe pour aucune fonction ; l'intérêt de la justice domine tous les intérêts particuliers. »

Si donc la prévention est dirigée contre l'avocat lui-même, l'avoué ou le notaire, ou si elle a pour objet des faits étrangers à l'exercice de sa profession, le magistrat a le droit de procéder à toutes les perquisitions, à toutes les saisies qu'il croit utiles ; il n'y a point de raison de le lui contester.

Mais il est interdit de saisir dans le cabinet de *l'avocat ou de l'avoué* les pièces déposées chez celui-ci, en sa qualité, par une partie qui lui a confié sa défense (C., 12 mars 1886).

Quant aux *notaires,* la justice ne peut saisir que les actes reçus par eux et non les papiers par eux conservés à titre confidentiel (F. Hélie, t. IV, n° 1817).

Arrestation de l'inculpé. — Le procureur de la République, agissant en matière de flagrant délit, peut faire saisir les prévenus présents contre lesquels il existe des indices graves (C. I. C., art. 40).

Si le prévenu n'est pas présent on décerne contre lui un mandat d'amener.

Le procureur de la République doit interroger sur-le-champ le prévenu amené devant lui (C. I. C., art. 40, § 4).

Il n'y a pas à se préoccuper ici des privilèges de juridiction qui pourraient réclamer les prévenus; l'information doit suivre son cours, l'arrestation doit être opérée, encore bien que les auteurs du crime soient des militaires ou des marins justiciables des conseils de guerre ou de tribunaux maritimes. Puis, quand tous les renseignements essentiels sont réunis, on renvoie les pièces à l'autorité compétente et on lui remet en même temps les individus capturés.

Juge d'instruction. — Le juge d'instruction, en matière de crimes et délits, est l'officier de police judiciaire par excellence.

Il a pour fonction l'instruction des affaires criminelles. Il y a lieu de distinguer les actes de poursuite et les actes d'instruction. La poursuite appartient au ministère public qui l'exerce par ses réquisitions; l'instruction appartient au juge qui l'accomplit en statuant sur les réquisitions.

En principe, sauf le cas de flagrant délit où il agit d'office, le juge d'instruction n'est saisi que par les réquisitions du ministère public (C. I. C., art, 47, 61, 63, 70). Le procureur de la République transmet au juge d'instruction, avec son réquisitoire écrit, les dénonciations, plaintes, procès-verbaux, renseignements, pièces à convictions, etc., d'où naissent des présomptions de crime ou de délit.

Des préfets. — Aux termes de la jurisprudence interprétant les articles 8 et 10 du Code d'instruction criminelle, les préfets des départements et le préfet de police à Paris sont investis, quant à l'exercice de la police judiciaire, de toutes les attributions du juge d'instruction, notamment du droit d'ordonner des perquisitions et du droit de faire procéder à l'arrestation des personnes inculpées de crimes ou de délits.

Agents spéciaux adjoints à la Police judiciaire.

Il existe de nombreux agents auxquels des lois spéciales ont attribué la mission de rechercher et de constater diverses catégories d'infractions, ce sont :

Les ingénieurs des ponts et chaussées ;

Les commissaires de surveillance administrative des chemins de fer ;

Les conducteurs des ponts et chaussées et contrôleurs des mines ;

Les agents forestiers (conservateurs, inspecteurs, sous-inspecteurs et gardes généraux ;

Les agents des contributions indirectes et des octrois ;

Les agents des douanes ;

Les agents des postes ;

Les agents de l'enregistrement ;

Les agents de la police sanitaire ;

Les vérificateurs des poids et mesures ;

Les inspecteurs du travail des enfants ;

Les agents voyers ;

Les agents de police.

Nous ne parlerons ici que de ces derniers.

Ces agents subalternes, désignés successivement sous les noms d'appariteurs, inspecteurs, sergents de ville, gardiens de la paix, sont à la fois agents de la force publique (décret du 18 juin 1811, art. 77) et agents de la police municipale. Dans leurs fonctions de police, ils ont un pouvoir de surveillance, mais ils ne sont pas officiers de police judiciaire, d'où il suit que leurs rapports n'ont par eux-mêmes aucune force probante et ne valent que comme simples renseignements.

Il en est de même des officiers de paix de la ville de Paris.

Il est d'ailleurs hors de doute que les procès-verbaux de ces agents peuvent servir de base à une condamnation lorsque les faits qu'ils relatent ne sont pas contestés (C., 7 décembre 1872).

Agents de la Force publique.

La force publique est instituée pour assurer le maintien de l'ordre et l'exécution des lois. Elle se compose : 1º de l'armée (const. 1848, art. 101); 2º de la gendarmerie (décr. 1er mars 1854, art. 1er); 3º des gardes champêtres et forestiers (C. I. C., art 16); 4º des préposés du service actif des douanes; 5º des agents de police (décr: 18 juin 1811, art 77).

Leurs fonctions sont de prêter main-forte aux officiers et agents de la police judiciaire toutes les fois qu'ils en sont légalement requis.

Moyens à l'aide desquels l'Autorité est informée.

Bruit public. — Nous n'avons rien à dire du bruit public. C'est un devoir pour les officiers de police judiciaire de rechercher les différentes infractions à la loi pénale qui peuvent mettre en alarme la population. Leur empressement à s'enquérir des faits qui préoccupent le public est un moyen de ramener le calme dans l'esprit des habitants, et de leur donner de la sécurité.

Procès-verbaux. — **Rapports.** — Quant aux rapports et procès-verbaux des officiers de police ou agents, ils sont transmis à l'autorité chargée de faire des actes d'instruction ou de poursuite.

Dénonciation. — La dénonciation est la déclaration faite à l'autorité compétente d'une infraction à la loi pénale. On distingue conformément au Code du 3 brumaire an IV, la dénonciation officielle et la dénonciation privée ou civique :

La dénonciation officielle est imposée à toute autorité constituée, à tout fonctionnaire ou officier public qui, dans l'exercice de ses fonctions, acquiert la connaissance d'un crime ou d'un délit (art. 29, C. I. C.). La dénonciation privée est imposée à toute personne qui a été témoin d'un attentat soit contre la sûreté publique, soit contre la vie ou la propriété d'un individu (art. 30).

Dans tout autre cas, la dénonciation est spontanée et facultative.

La dénonciation officielle n'a d'autre sanction pour les fonctionnaires que la responsabilité disciplinaire de leur charge. La dénonciation privée n'a aucune espèce de sanction depuis l'abrogation, en 1832, des articles 103 et suivants du Code pénal.

Plainte. — La plainte est la dénonciation qui émane de la partie lésée. Par elle-même, elle n'est, comme la dénonciation, qu'un moyen de porter un fait délictueux à la connaissance de l'autorité.

On s'est demandé si le procureur de la République, ses auxiliaires et le juge d'instruction, qui ont qualité pour recevoir les plaintes, peuvent refuser de les recevoir. Les officiers dont il s'agit n'ont ce droit que dans le cas où le fait dénoncé ne constitue *très évidemment* ni crime, ni délit, ni contravention. Mais dès qu'il peut s'élever un doute, il faut l'interpréter en faveur du droit de plainte, en faveur des parties lésées et la plainte doit être reçue, sauf à être ultérieurement appréciée.

Constitution de partie civile. — La constitution de partie civile est l'acte par lequel le plaignant demande une restitution ou des dommages-intérêts.

De l'Instruction préparatoire dans les cas ordinaires.

Dans les cas ordinaires, les rôles du juge d'instruction et du procureur de la République sont parfaitement distincts. Le juge d'instruction, est seul chargé de faire les actes consistant à réunir les éléments de preuve et à les constater; mais il ne peut faire, en principe, aucun acte d'instruction ou de poursuite sans avoir communiqué la procédure au procureur de la République. Il peut seulement délivrer des mandats d'amener et de dépôt.

Le Code d'instruction criminelle a fait une attribution de compétence à trois autorités :

1° A l'autorité du lieu du délit;

2° A celle de la résidence du prévenu;

3° A celle du lieu où le prévenu pourra être trouvé, c'est-à-dire capturé.

De ces trois autorités, la première saisie par la délivrance d'un mandat d'amener, garde la compétence; et si elles ont été saisies le même jour, il faut, leur attribuer compétence dans l'ordre donné ci-dessus.

D'après la définition de l'article 8, l'instruction préparatoire a pour objet :

De constater le délit, de connaître ceux qui en sont les auteurs;

De saisir et de réunir les indices ou les preuves qui se rapportent soit au fait physique, soit à la culpabilité ou à la non-culpabilité morale des délinquants.

L'instruction doit se faire tant à charge qu'à décharge.

Ces divers objets de l'instruction préparatoire peuvent se constater de deux manières.

Par les vestiges matériels, par les éléments physiques qui restent du corps du délit, dont la description est faite dans des procès-verbaux appelés *procès-verbaux de constat;*

Par les témoignages oraux, soit des inculpés, soit des témoins. C'est ce qu'on appelle, par souvenir de l'ancien régime, *l'information.*

Devant le jury, ces deux espèces d'actes de l'instruction doivent être soigneusement distinguées. En effet, au moment où le jury va se retirer pour délibérer, il lui est remis, avec l'acte d'accusation, les procès-verbaux et les autres pièces du procès, mais non les déclarations écrites des témoins.

Des Mandats.

Le mandat est un ordre délivré habituellement par le juge d'instruction, contre un individu soupçonné d'un crime ou d'un délit.

Quelquefois, par exception, le procureur de la République et ses auxiliaires peuvent délivrer des mandats d'amener en cas de crime flagrant; et le procureur de la République en cas de délit flagrant peut placer l'individu arrêté sous mandat de dépôt.

On distingue quatre espèces de mandats : le mandat de comparution, le mandat d'amener, le mandat de dépôt et le mandat d'arrêt.

Mandat de comparution — Le mandat de comparution, est l'ordre donné à l'inculpé de se présenter devant le juge d'instruction pour y donner des explications. Il n'emporte aucun moyen de contrainte, ni aucune mesure de détention.

L'inculpé doit être interrogé de suite.

Mandat d'amener. — Le mandat d'amener est l'ordre de contraindre au besoin l'inculpé, par la force publique, à se présenter devant le juge d'instruction.

L'inculpé est interrogé dans les vingt-quatre heures au plus tard, pendant lesquelles il peut être tenu à la disposition de la justice et sous la garde de la force publique dans la maison commune ou dans le palais de justice, mais non dans une prison ou maison d'arrêt.

Mandat de dépôt. — Le mandat de dépôt emporte voie de contrainte et détention préventive. Il a pour effet de faire détenir l'inculpé dans la *maison d'arrêt* établie près le tribunal correctionnel.

Mandat d'arrêt. — Le mandat d'arrêt est de la même nature et produit les mêmes effets que le mandat de dépôt.

Le mandat de dépôt et le mandat d'arrêt ont entre eux les ressemblances suivantes :

1º L'un et l'autre ne peuvent être décernés qu'après interrogatoire ou en cas de fuite de l'inculpé ;

2º L'un et l'autre ne peuvent être décernés qu'autant que le fait emporte la peine d'emprisonnement ou une peine plus grave.

Sous d'autres rapports, il importe de distinguer ces deux espèces de mandats :

Le mandat de dépôt aussi bien que le mandat de comparution ou le mandat d'amener, peut être décerné d'*office* par le juge d'instruction. Le mandat d'arrêt ne peut être délivré qu'après les *conclusions* du procureur de la République.

De l'Instruction dans les cas de crimes ou de délits flagrants.

Le procureur de la République n'a dans les cas ordinaires, que des fonctions d'action ou de réquisition. Dans le cas de crimes flagrants, comme il importe de ne pas laisser échapper les éléments de preuve, le procureur de la République et ses auxiliaires (juges de paix, officiers de gendarmerie, commissaires de police, maires et adjoints) peuvent faire les premiers actes de l'instruction. Il importait surtout de confier à ces derniers le droit de faire des actes d'instruction, car le crime flagrant aura été commis le plus souvent hors la ville où réside le procureur de la République.

Le juge d'instruction, dans les cas ordinaires, ne peut faire aucun acte d'instruction sans avoir communiqué la procédure au procureur de la République. Dans le cas de crimes flagrants, le juge d'instruction peut faire les premiers actes d'instruction sans une communication préalable au procureur de la République, et il peut, sans attendre celui-ci, se transporter sur les lieux.

Flagrants délits correctionnels.

La loi du 20 mai 1863 a eu pour but d'accélérer la procédure, soit pour l'instruction préparatoire, soit pour le jugement, et d'abréger ainsi la durée de la détention préalable.

Dans l'instruction préparatoire. le juge d'instruction s'efface. L'individu arrêté en état de flagrant délit de police correctionnelle est immédiatement conduit devant le procureur de la République. Celui-ci l'interroge et, s'il y a lieu, le traduit sur-le-champ ou pour l'audience du lendemain devant le tribunal correctionnel.

De la Commission rogatoire.

La commission rogatoire est la délégation qu'un magistrat fait de ses pouvoirs, en vue de l'instruction, à des juges mieux placés pour mener cette instruction à bonne fin.

L'utilité de la commission rogatoire repose sur des impossibilités : sur celle où se trouve un témoin d'être entendu par un juge d'instruction chargé de l'affaire, dans le cas où ce témoin est malade ; sur celle de déplacer des livres de commerce ou autres pièces ; sur celle basée sur la qualité de certaines personnes appelées en témoignage ; enfin sur des dommages considérables qui résulteraient du déplacement de plusieurs personnes, au cas où il est nécessaire de procéder à une enquête dans un lieu éloigné.

Les juges d'instruction sont les magistrats qui par leurs fonctions, sont le plus souvent appelés à faire usage des commissions rogatoires.

On a soutenu que les officiers de police judiciaire n'avaient compétence pour procéder à des actes d'information que dans le cas de flagrant délit et que, par suite, un commissaire de police ne pouvait, en vertu d'une commission rogatoire, entendre des témoins qu'à titre de simples renseignements (en ce sens : Duverger, F. Hélie, Mangin). Mais ce système a été repoussé par la jurisprudence qui décide que les officiers de police judiciaire ont tellement qualité pour procéder aux actes d'information qu'au cas de flagrant délit, les articles 32 et suivants du Code d'instruction criminelle leur donnant le droit d'*agir spontanément* et que si ce droit leur est retiré, hors le cas de flagrant délit, c'est que le législateur a voulu concentrer dans la personne du juge d'instruction le droit de diriger l'information. Il faut, d'après elle, en tirer cette conclusion que tout officier a virtuellement la compétence nécessaire pour faire des actes d'instruction, et qu'il lui suffit d'un ordre, d'une délégation du magistrat instructeur pour qu'il puisse y procéder valablement. Ainsi un juge d'instruction peut commettre un commissaire de police pour entendre des témoins (C. 14 juin 1886) ou pour faire des perquisitions (C. 11 février 1865). Bien plus, un juge peut charger même un maire de faire des perquisitions (C. 8 juin 1872).

De la Justice.

Organisation des juridictions pénales. — Il faut distinguer, en matière pénale, deux sortes de juridictions :

Les juridictions d'*instruction* qui sont chargées de statuer sur l'issue à donner à l'instruction préparatoire, en décidant si l'inculpé doit être renvoyé ou non devant les juridictions de jugement.

Et les juridictions de jugement qui statuent sur la culpabilité on non culpabilité du prévenu ou accusé et qui lui appliquent la loi pénale.

Les juridictions d'instruction comprennent le juge d'instruction et la chambre des mises en accusation.

Le juge d'instruction, nommé pour trois ans, est un juge du tribunal d'arrondissement, qui, en dehors de ses fonctions ordinaires de juge, est spécialement chargé des fonctions de l'instruction en matière pénale.

La chambre des mises en accusation est une section de la Cour d'appel qui comprend, en outre, la chambre civile et la chambre des appels de police correctionnelle.

Les juridictions de jugement comprennent :

Le tribunal de simple police ;

Le tribunal de police correctionnelle ;

La chambre des appels de police correctionnelle de la Cour d'appel ;

La Cour d'assises.

La Cour de cassation a un rang à part, car elle domine toutes juridictions soit d'instruction, soit de jugement.

Tribunal de simple police. — La juridiction de simple police est exercée par le juge de paix, dans chaque canton.

Tribunal de police correctionnelle. — Le tribunal correctionnel n'est autre que le tribunal d'arrondissement, qui fonctionne en qualité de tribunal civil et de tribunal correctionnel, de même que le juge de paix est juge civil et juge pénal.

En outre de sa mission ordinaire, qui consiste à statuer sur les délits, le tribunal correctionnel est juge d'appel, lorsque l'appel est permis, des jugements rendus par le tribunal de simple police.

Chambre des appels de police correctionnelle. — Cette chambre est une section de la cour d'appel. Sa mission consiste à statuer sur l'appel des jugements rendus en premier ressort par les tribunaux de police correctionnelle.

Cour d'assises. — La cour d'assises, à la différence des juridictions précédentes, n'est qu'une juridiction temporaire ; elle se compose de deux éléments : la *magistrature* et le *jury*.

Le jury est juge de la culpabilité ou non culpabilité à l'occasion de chaque affaire ; la magistrature est juge de l'application de la loi pendant la durée de la session.

Magistrature. — Le nombre des magistrats devant siéger à la cour d'assises est fixé à trois.

Dans les départements où siège la cour d'appel, les juges sont trois conseillers dont un président et deux assesseurs.

Dans les autres départements, la cour d'assises est composée : 1° d'un conseiller de la cour d'appel, qui est président de la cour d'assises ; 2° de deux juges pris : soit parmi les conseillers de la cour d'appel, lorsque celle-ci juge convenable de les déléguer à cet effet, soit parmi les présidents ou juges du tribunal de première instance du lieu de la tenue des assises.

Jury. — Le jury est une commission d'habitants ou de citoyens chargés du mandat temporaire de juger en leur conscience et sur la foi du serment (jurés) la question de culpabilité ou de non culpabilité d'un individu qui est accusé d'un crime.

L'organisation du jury a subi bien des variations. Elle semble se rattacher à toutes nos vicissitudes politiques. Les lois les plus importantes sur le jury ont été faites en 1827 et 1828, sous la restauration; en 1848, sous la République; en 1853, sous le second Empire.

L'Assemblée nationale, nommée après nos désastres de la guerre avec la Prusse a voté, sur le jury, une nouvelle loi, le 21 novembre 1872. C'est la loi actuellement en vigueur.

Les conditions générales requises pour être juré, sont :

L'âge de trente ans accomplis ; la jouissance des droits politiques, civils et de famille.

Ces conditions générales remplies, il faut tenir compte des cas d'incapacité ou d'incompatibilité, d'exclusion ou de dispense.

Cour de cassation. — La cour de cassation forme un rang à part dans notre organisation judiciaire. C'est une juridiction unique et souveraine placée au sommet des autres juridictions.

Elle a pour mission de juger non les affaires, mais les jugements ; d'assurer ainsi l'exacte observation de la loi, et de pourvoir, au besoin, au cours régulier de la justice.

Elle se compose de trois chambres : la chambre des requêtes, la chambre civile et la chambre criminelle. C'est cette dernière chambre qui juge les pourvois en matière pénale. Chacune des chambres ne statue valablement qu'au nombre de onze juges. Dans les audiences solennelles, les trois chambres sont réunies pour statuer, soit en matière civile, soit en matière pénale.

Le personnel des diverses juridictions dont nous venons de parler comprend en outre, un greffier, chargé de la rédaction et de l'expédition des jugements ou arrêts, et le ministère public.

Voies de recours contre les Décisions pénales.

Opposition. — L'opposition est une voie de recours par laquelle un individu ayant fait défaut, en matière de simple police ou de police correctionnelle, s'adresse aux juges qui ont rendu la sentence et leur en demande la rétractation.

L'opposition peut être formée :

Contre les jugements par défaut rendus par les tribunaux de simple police, *dans les trois jours* de la signification de ces jugements, outre un jour par trois myriamètres (151, C. I. C.);

Contre les jugements par défaut rendus par les tribunaux de police correctionnelle, *dans les cinq jours* à partir de la signification faite au prévenu ou à son domicile, outre un jour par cinq myriamètres. Toutefois, depuis la loi du 27 juin 1866, si la signification n'a pas été faite à personne ou s'il ne résulte pas d'actes d'exécution que le prévenu a eu connaissance du jugement, l'opposition sera recevable jusqu'à l'expiration des délai de la prescription de la peine (art. 187 et 188);

Contre les arrêts par défaut rendus sur l'appel par la cour d'appel. Le délai est le même que celui fixé pour les jugements correctionnels (art. 208);

Contre les arrêts par défaut de la cour de cassation rendus sur un pourvoi du ministère public ou de la partie civile qui n'aurait pas été notifié au prévenu ou à l'accusé (art. 418).

Appel. — L'appel est une voie de recours par laquelle une personne s'adresse à une juridiction supérieure pour lui demander la réformation d'une décision.

L'appel peut être formé :

Contre certaines ordonnances du juge d'instruction : soit

par le ministère public, dans tous les cas ; soit par la partie civile, quand l'ordonnance fait grief à ses intérêts ; soit par le prévenu, mais seulement pour refus de mise en liberté provisoire ou pour incompétence ;

Contre certains jugements de simple police. L'appel n'a lieu que contre les jugements qui prononcent un *emprisonnement* ou une condamnation à plus de 5 francs pour amende, restitutions ou réparations civiles, mais non compris les frais (art. 172). L'appel doit être porté devant le tribunal correctionnel-et dans le délai de dix jours, à partir de la signification à personne ou domicile (art. 174).

Contre tous les jugements rendus en matière correctionnelle. Le droit d'appeler appartient :

1° Au prévenu ou aux personnes responsables ;

2° A la partie civile, quant à ses intérêts ;

3° Au ministère public.

L'appel se forme par une déclaration au greffe dans le délai de *dix jours* à partir de la prononciation du jugement, s'il est contradictoire, et s'il est par défaut le délai est de dix jours, outre un jour par trois myriamètres, à partir de la signification régulière.

Pourvois en cassation. — Ces pourvois peuvent être formés soit dans l'intérêt des parties, soit dans l'intérêt de la loi, soit sur l'ordre du ministre de la justice. Tous sont fondés sur une violation de la loi : soit quant à la compétence, soit quant aux formes substantielles, soit quant au fond.

Pourvois en revision. — Le pourvoi en revision] est un recours ouvert, en certains cas exceptionnels, contre les jugements passés en force de chose jugée.

Le droit de demander la revision appartient : 1° au ministre de la justice ; 2° au condamné ; 3° après la mort du condamné, à ses parents et à ceux qui en ont reçu de lui la mission expresse (art. 144).

C'est à la cour de cassation qu'est accordé le droit de statuer sur les pourvois en revision.

De la Prescription.

Les motifs de cette prescription libératoire se déduisent, comme ceux de la prescription de l'action publique, des bases mêmes du droit de punir. Après un certain temps écoulé, le besoin de l'exemple a disparu ; l'utilité sociale n'exige plus l'exécution. Le temps, du reste, a pu être une épreuve suffisante pour produire un amendement sur le condamné et rassurer la société contre de nouveaux méfaits.

Prescription ordinaire. — *Crimes, 10 ans*. — L'action publique et l'action civile résultant d'un crime de nature à entraîner la peine de mort ou des peines afflictives perpétuelles ou infamantes, se prescrivent après dix années révolues, à compter du jour où le crime a été commis, si dans cet intervalle il n'a été fait aucun acte d'instruction ni de poursuite, ou à compter du dernier acte d'instruction, à l'égard même des personnes qui ne seraient pas impliquées dans cet acte d'instruction ou de poursuite (C. I. C., art. 637).

Délits, 3 ans. — Dans les deux cas exprimés en l'article précédent, et suivant les distinctions d'époques qui y sont établies, la durée de la prescription est réduite à trois années révolues, s'il s'agit d'un délit de nature à être puni correctionnellement (art. 638).

Contraventions, 1 an. — L'action publique et l'action civile pour une contravention de police sont prescrites après une année révolue, à compter du jour où elle a été commise, même lorsqu'il y a eu procès-verbal, saisie, instruction ou poursuite, si dans cet intervalle il n'est point survenu de condamnation (art. 640).

Prescriptions spéciales. — Certaines lois spéciales ont une prescription particulière aux infractions qu'elles prévoient. Tels sont : les délits de pêche fluviale qui se prescrivent par un ou par trois mois, et les délits forestiers qui se prescrivent par trois ou par six mois, selon que les prévenus sont ou non désignés dans le procès-verbal ; les délits de chasse sont prescrits par trois mois, de même que les infractions à la loi du 29 juillet 1881 sur la presse.

Prescriptions des peines. — Les peines se prescrivent :
En matière criminelle, par vingt ans ;
En matière correctionnelle, par cinq ans ;
En matière de contravention de police, par deux ans.

Remise ou Abandon du droit.

La remise du droit d'exécution pénale peut être plus ou moins étendue et elle s'appelle de divers noms. Il faut distinguer, en effet : l'amnistie, la grâce, la réhabilitation et le droit de transaction.

Amnistie. — L'amnistie est une mesure collective s'appliquant à toute une catégorie de faits délictueux dans un intérêt de pacification sociale. Elle ne peut être prononcée que par une loi (L. du 25 février 1875, art. 3). L'amnistie est la mise en oubli des faits ; elle peut s'étendre à la peine prononcée, aussi bien qu'à l'action publique et aux poursuites intentées.

Grâce. — La grâce est une mesure individuelle de clémence accordée par le chef de l'Etat. C'est la remise soit totale, soit partielle du droit d'exécution des peines matérielles, c'est-à-dire de celles qui frappent le condamné soit dans son corps, soit dans ses biens.

Réhabilitation. — La réhabilitation est la restitution d'état du condamné, son rétablissement dans les droits dont il avait été privé par la condamnation.

La loi du 5 août 1899, complétée par le règlement d'administration publique du 12 décembre 1899, a consacré législativement l'institution du casier judiciaire. Elle a créé en outre une réhabilitation de droit qui se poursuit sans aucune formalité par le cours du temps en faveur des condamnés qui, après avoir exécuté leurs peines n'auront point encouru dans certains délais un châtiment corporel.

Transaction. — Certaines administrations, celles des douanes, des contributions indirectes, des forêts, des postes, peuvent transiger à l'occasion de leurs intérêts pécuniaires, à la suite d'une condamnation pénale. Nous rattachons à la même idée le pouvoir du mari d'arrêter, en consentant à reprendre sa femme, l'effet d'une condamnation prononcée contre celle-ci pour cause d'adultère.

DEUXIÈME PARTIE

DICTIONNAIRE

Abus d'Autorité ou de Pouvoirs.

Violation de domicile par un fonctionnaire. — Le premier paragraphe de l'article 184 du Code pénal punit d'emprisonnement tout fonctionnaire ou agent de la force publique qui, en sa dite qualité, se sera introduit dans le domicile d'un citoyen contre le gré de celui-ci, hors les cas prévus par la loi et sans les formalités qu'elle a prescrites.

Eléments constitutifs. — La simple opposition de l'habitant, sans même qu'il y ait eu résistance matérielle de sa part, suffit à rendre l'introduction illicite. Bien plus, si un citoyen avait ouvert sa porte à un fonctionnaire, mais que son adhésion ait été surprise et viciée par une manœuvre dolosive, il y aurait violation de domicile (Rennes, 9 décembre 1885).

Violation de domicile par un particulier. — Le deuxième paragraphe de l'article 184 atteint tout individu qui se sera introduit à l'aide de menaces ou de violences dans le domicile d'un citoyen et le punit également d'emprisonnement.

Les conditions du délit de violation de domicile par un particulier sont les mêmes que celles ci-dessus, sauf ce qui concerne la nécessité de cet abus d'autorité. Cette dernière condition est remplacée par la condition équivalente de l'emploi des menaces ou violences.

Il n'y a pas délit de violation de domicile dans le fait, par un débiteur exproprié, de se réintégrer, même à l'aide d'effraction, mais sans violence envers les personnes, dans la possession de l'immeuble dont il a été expulsé (Grenoble, 24 décembre 1828).

Pour que la violation de domicile existe, il faut qu'il s'agisse d'un domicile, occupé au moins temporairement.

Donc, si un individu régulièrement expulsé réintègre son ancien domicile, tout agent de la force publique, s'il en est requis, peut l'en faire sortir, au besoin *manu militari*.

Là doit se borner l'intervention de la force publique, pourvu bien entendu que l'introduction ait eu lieu sans menaces ni violences d'aucun genre.

S'il y a eu violence sur les choses, effraction, destruction ou bris, de la part de l'expulsé qui réintègre le domicile dont il a été dépossédé ou de tout individu qui s'introduit dans un local vide et inoccupé, ce n'est plus la violation de domicile qu'il y a lieu de constater par procès-verbal, c'est le bris de clôture, selon l'article 456 du Code pénal.

Violences commises envers les Particuliers par un Fonctionnaire. — « Tout fonctionnaire, officier ou agent de la police, qui aura, sans motifs légitimes, usé ou fait user de violences envers les personnes, dans l'exercice ou à l'occasion de l'exercice de ses fonctions, sera puni selon la nature et la gravité des violences (art. 136, C. P.). »

Il ne s'agit ici ni de la provocation qui excuse le meurtre, les blessures et les coups, ni de la défense de soi-même qui justifie pleinement les mêmes faits.

Abus d'autorité contre la Chose publique.

Les articles 188, 189, 190 et 191 du Code pénal prévoient l'abus de tout fonctionnaire qui aura employé ou fait employer

la force publique contre l'exécution d'une loi ou de tout autre
ordre émané de l'autorité légitime.

Abus de Blanc-Seing.

ART. 407 du C. P. — « Quiconque abusant d'un blanc-seing
qui lui aura été confié, aura frauduleusement écrit au-dessus
une obligation ou décharge, ou tout autre acte pouvant compromettre la personne ou la fortune du signataire, sera puni
des peines portées en l'article 405. — Dans le cas où le blanc-
seing ne lui aurait pas été confié, il sera poursuivi comme
faussaire et puni comme tel. »

Définition. — Le blanc-seing consiste dans une signature
donnée d'avance, sur une feuille de papier blanc, pour
ratifier une écriture privée, qui sera placée ultérieurement au-
dessus de la signature.

Abus de Confiance.

ART. 408 du C. P. — « Quiconque aura détourné ou dissipé,
au préjudice des propriétaires, possesseurs ou détenteurs des
effets, deniers, marchandises, billets, quittances, ou tous
autres écrits contenant ou opérant obligation ou décharge,
qui ne lui auraient été remis qu'à titre de louage, de dépôt,
de mandat, de nantissement, de prêt à usage, ou pour un
travail salarié ou non salarié, à la charge de les rendre ou
représenter, ou d'en faire un usage ou un emploi déterminé,
sera puni des peines portées en l'article 406. Si l'abus de confiance prévu et puni par le précédent paragraphe a été commis
par un officier public ou ministériel, ou par un domestique,
homme de service à gages, élève, clerc, commis, ouvrier,
compagnon ou apprenti, au préjudice de son maitre, la peine
sera celle de la réclusion. Le tout sans préjudice de ce qui est
dit aux articles 254, 255 et 256, relativement aux soustractions
et enlèvements de deniers, effets ou pièces, commis dans les
dépôts publics. »

Eléments constitutifs. — Dissipation ou détournement frauduleux. S'il y avait simplement retard, dégagé de toute fraude, le délit n'existerait pas (C. 14 octobre 1854).

La mise en demeure préalable du prévenu d'abus de confiance n'est pas exigée lorsqu'il n'y a aucun doute sur le dessaisissement, l'intention criminelle et l'impossibilité de restituer.

Dans les cas où elle est faite, elle n'est pas soumise à une forme sacramentelle, elle résulte suffisamment de réclamations vainement adressées à l'auteur du détournement par la partie lésée (C. 21 janvier 1870 et 3 janvier 1863).

Effets et marchandises. — Par effets et marchandises il faut entendre toutes les choses mobilières (C. 11 avril 1837).

Deniers, billets, quittances, etc. — Il y a détournement de deniers non seulement lorsqu'on conserve et s'approprie frauduleusement les objets qu'on détient, mais encore lorsque au moyen d'un transport ou d'une procuration on fait passer dans les mains d'un tiers des deniers dont on n'a pas le droit de disposer.

Si le détournement porte sur un écrit, il faut pour qu'il y ait abus de confiance, que cet écrit contienne obligation ou décharge (C. 31 juillet 1851 et 27 janvier 1837).

Objets remis : A titre de louage. — Le louage des choses est un contrat par lequel l'une des parties s'oblige à faire jouir l'autre d'une chose pendant un certain temps et moyennant un certain prix que celle-ci s'oblige à payer.

Le louage d'ouvrage est le contrat par lequel l'une des parties s'engage à faire quelque chose pour l'autre moyennant un prix convenu entre elles (C. C. art. 1709 et 1710).

A titre de dépôt. — Le dépôt, en général, est un acte par lequel on reçoit la chose d'autrui, à la charge de la garder et de la restituer en nature (C. C. art. 1915).

Pour qu'il y ait dépôt, il faut qu'on ait effectivement reçu la chose d'autrui : une simple communication, une surveillance à exercer sur des objets, un prêt ou un échange ne constituent pas réception de la chose d'autrui (C. 29 avril 1848).

A titre de mandat. — Le mandat ou procuration est un acte par lequel une personne donne à une autre le pouvoir de faire quelque chose pour le mandant et en son nom.

Le contrat ne se forme que par l'acceptation du mandataire (C. C., art. 1984).

Il importe peu que la chose reçue ait été remise par le mandant lui-même ou par des tiers, c'est toujours en exécution, par suite et conséquemment, à titre de mandat que le prévenu l'a reçue (C. 7 septembre 1844).

Le nantissement. — Le nantissement est un contrat par lequel un débiteur remet une chose à son créancier pour sûreté de la dette. Le nantissement d'une chose mobilière s'appelle gage, celui d'une chose immobilière s'appelle antichrèse (C. C. art. 2071 et 2072).

Le prêt à usage. — Le prêt à usage ou commodat est un contrat par lequel l'une des parties livre une chose à l'autre pour s'en servir, à la charge par le preneur de la rendre après s'en être servi. (C. C., art. 1875).

Le détournement par une personne d'objets qui lui avaient été remis pour les voir et examiner chez elle sur la manifestation du désir exprimé par elle d'en faire l'acquisition est un abus de confiance. Il en est de même du détournement de couverts remis pour faciliter le service d'un repas (C. 8 novembre 1866).

Le travail salarié ou non salarié. — Ces mots doivent s'entendre du louage d'ouvrage ou d'industrie dans lequel l'ouvrier ne fournit que son travail ou seulement une partie de la matière (C. C., art. 1789).

Est donc coupable d'abus de confiance l'individu qui dérobe une partie des matières premières à lui remises pour les travailler à son domicile et qui est payé suivant la quantité des matières par lui façonnées; il en est de même du meunier qui remplace par du son une partie de la farine provenant du blé qu'il s'est chargé de moudre (C. 16 mars 1837 et 11 avril 1817).

Immunité de l'article 380 du C. P. — L'immunité établie par l'article 380 à l'égard des vols commis par des enfants au préjudice de leurs pères et mères ou par des alliés au même degré s'applique évidemment au délit d'abus de confiance qui présente un caractère moins grave que celui du vol proprement dit (C. 28 avril 1866).

Abus des faiblesses ou des passions
d'un mineur.

ART. 406 du C. P. — « Quiconque aura abusé des besoins, des faiblesses ou des passions d'un mineur, pour lui faire souscrire, à son préjudice, des obligations, quittances ou décharges, pour prêt d'argent ou de choses mobilières, ou d'effets de commerce, ou de tous autres effets obligatoires, sous quelque forme que cette négociation ait été faite ou déguisée, sera puni d'un emprisonnement de deux mois au moins, de deux ans au plus, et d'une amende. »

Eléments constitutifs. — L'article 406 protège tout mineur non émancipé ou même émancipé, car ce dernier, aux termes de l'article 483 du C. C., ne peut faire d'emprunts sous aucun prétexte, sans une délibération du conseil de famille homologuée par le tribunal de première instance après avoir entendu le ministère public.

Un engagement verbal ne saurait seul constituer l'infraction punie par l'article 406, mais le délit est consommé dès que le mineur a été amené à souscrire à son préjudice des obligations, quittances ou décharges (C. 13 novembre 1840).

L'abus dont le mineur est l'objet consiste à favoriser dans un esprit de lucre et de cupidité les mauvaises passions de la jeunesse (C. 22 février 1866).

Accidents.

Lorsqu'un accident s'est produit, le commissaire de police doit se transporter sur les lieux afin d'en relever les circonstances et d'établir les responsabilités en cas de mort ou de blessures.

Les constatations seront faites avec le plus grand soin ; elles établiront si l'accident est le résultat d'un cas de force majeure ou d'une imprudence, ou si, au contraire, il faut l'attribuer soit à une inobservation des règlements, soit à la volonté d'un tiers, à une préméditation, à un guet-apens, etc.

La même règle de conduite s'applique aux gardes champêtres et à tous autres agents de la force publique. (V. formule.)

Accidents du travail. — Loi du 9 avril 1898.

Personnes admises à bénéficier de la loi. — Tous les travailleurs ne sont pas admis au bénéfice de la loi, il n'y a seulement que ceux appartenant aux professions énumérées dans l'article 1er, savoir : les ouvriers employés dans l'industrie du bâtiment, les usines, manufactures, chantiers, les entreprises de transports par terre ou par eau, de chargement ou de déchargement, les magasins publics, mines, minières, carrières et en outre, dans toute exploitation ou partie d'exploitation dans laquelle sont fabriquées ou mises en œuvre des matières explosibles, ou dans laquelle il est fait usage d'une machine mue par une force autre que celle de l'homme.

Avantages accordés par la loi aux ouvriers. — Tout ouvrier se trouvant dans les conditions précitées a droit, lorsqu'il est victime d'un accident qui a causé une interruption de travail de *plus de quatre jours :*

1° Pour une incapacité absolue et permanente, à une rente égale aux deux tiers de son salaire annuel.

2º Pour l'incapacité partielle et permanente, à une rente égale à la moitié de la réduction que l'accident aurait fait subir au salaire.

3º Pour l'incapacité temporaire, à une indemnité journalière égale à la moitié du salaire touché au moment de l'accident.

Lorsque l'accident est suivi de mort, une pension est servie, à partir du décès, à l'épouse restant, aux enfants légitimes ou naturels, et, en l'absence de ceux-ci, aux ascendants ou descendants qui étaient à la charge de la victime. Cette pension varie selon les cas de 10 pour 100 à 60 pour 100 du salaire.

Le salaire servant de base à la fixation des rentes s'entend de la rémunération effective qui a été allouée à l'ouvrier pendant les douze mois, avant l'accident, soit en argent, soit en nature. Pour les ouvriers qui sont employés depuis moins de douze mois, il doit s'entendre de la rémunération effective qu'ils ont reçue depuis leur entrée, augmentée de la rémunération moyenne qu'ont reçue, pendant la période nécessaire pour compléter les douze mois, les ouvriers de la même catégorie.

Les ouvriers dont le salaire annuel dépasse 2,400 francs ne bénéficient des dispositions de la loi que jusqu'à concurrence de cette somme.

Indépendamment des avantages énumérés plus haut, la loi accorde aux ouvriers victimes d'accidents ou à leur famille, et met à la charge des patrons, les frais médicaux et pharmaceutiques et les frais funéraires ; ces derniers évalués à 100 fr. au maximum.

Déclaration des accidents. — Lorsqu'un accident ayant occasionné une incapacité de travail se produit, il doit être déclaré dans les quarante-huit heures, par le chef d'entreprise ou ses préposés, au maire de la commune qui en dresse procès-verbal.

Cette déclaration doit contenir les noms et adresses des témoins de l'accident. Elle doit être accompagnée d'un certificat de médecin indiquant l'état de la victime, les suites probables de l'accident et l'époque à laquelle il sera possible d'en connaître le résultat définitif.

La déclaration peut être également faite par la victime de l'accident ou ses représentants.

Récépissé de la déclaration est donné par le maire.

Enquête. — Le maire donne immédiatement avis de l'accident à l'inspecteur divisionnaire du travail ou à l'ingénieur des mines chargé de la surveillance de l'entreprise.

Mais, lorsque, d'après le certificat médical, la blessure paraît devoir entraîner la mort ou une incapacité absolue ou partielle du travail, le maire est tenu de transmettre immédiatement copie de la déclaration et le certificat médical au juge de paix du canton où l'accident s'est produit.

Dans les vingt-quatre heures de la réception de cet avis, le juge de paix doit procéder à une enquête sur les circonstances et les conséquences de l'accident, ainsi que sur la situation des personnes qui peuvent prétendre à une indemnité et sur le salaire de la victime.

L'enquête doit être faite contradictoirement; le juge de paix est même tenu de se transporter auprès de la victime lorsque celle-ci se trouve dans l'impossibilité de se déplacer. Il peut en outre commettre des experts pour l'assister dans l'enquête, sauf cependant lorsqu'il s'agit d'entreprises administrativement surveillées.

L'enquête doit être close dans le plus bref délai, au plus tard dans les dix jours à partir de l'accident. Les parties en cause sont averties, par le juge de paix et par lettre recommandée, de la clôture de l'enquête et de son dépôt, pendant cinq jours, au greffe où elles pourront en prendre connaissance et s'en faire délivrer une expédition affranchie du timbre et de l'enregistrement. Passé ce délai de cinq jours le dossier de l'enquête est transmis au président du tribunal civil de l'arrondissement.

Fixation de l'indemnité. — Contestations. — Les contestations entre victimes d'accidents, chefs ou patrons sont jugées en dernier ressort et quel que soit le chiffre auquel la demande puisse s'élever, par le juge de paix du canton où l'accident s'est produit, mais seulement lorsqu'il s'agit de frais funéraires, de frais de maladie ou d'indemnités temporaires.

En ce qui touche les autres indemnités, le président du tribunal civil où l'accident a eu lieu convoque dans les cinq jours à partir de la transmission du dossier, la victime et le chef d'entreprise.

S'il y a accord entre ceux-ci, l'indemnité est définitivement fixée par ordonnance du président, qui donne acte de cet accord.

Si au contraire, l'accord n'a pas lieu, l'affaire est renvoyée devant le tribunal qui statue, mais dont les décisions sont susceptibles d'appel.

Garanties. — Les indemnités pour frais funéraires, pharmaceutiques, médicaux, ainsi que celles allouées à la suite d'incapacité temporaire, constituent au bénéfice de la victime des créances garanties par le privilège de l'article 2101 du Code civil, c'est-à-dire des créances à prélever d'abord sur la généralité des meubles du débiteur.

Quant aux pensions accordées à la suite d'accidents ayant entraîné la mort ou une incapacité permanente de travail, elles sont garanties par la Caisse nationale des retraites pour la vieillesse et payées par elle au cas où les chefs d'entreprise, les sociétés d'assurances, etc., négligeraient ou seraient dans l'impossibilité de s'acquitter.

La Caisse nationale des retraites se garantit elle-même de diverses façons, notamment par la constitution d'un fonds spécial alimenté par un supplément momentanément fixé à 0 fr. 04 et ajouté au principal de la contribution des patentes des industriels visés par l'article 1er.

Adultère.

Art. 336 du C. P. — « L'adultère de la femme ne peut être dénoncé que par le mari ; cette faculté même cesse, s'il est dans le cas prévu par l'article 339. »

Art. 337. — « La femme convaincue d'adultère subit la peine de l'emprisonnement pendant trois mois au moins et deux ans au plus. Le mari reste le maître d'arrêter l'effet de cette condamnation, en consentant à reprendre sa femme. »

Art. 338. — Le complice de la femme adultère est puni de l'emprisonnement pendant le même espace de temps et, en outre, d'une amende de 100 francs à 2.000 francs. Les seules preuves qui peuvent être admises contre le prévenu de complicité sont, outre le flagrant délit, celles résultant de lettres ou autres pièces écrites par le prévenu. »

Art. 339. — « Le mari qui a entretenu une concubine dans la maison conjugale, et qui a été convaincu sur la plainte de la femme, est puni d'une amende de 100 francs à 2,000 francs. »

Eléments constitutifs. — Ce que la loi punit, c'est la violation corporellement consommée de la foi conjugale qui consiste dans la conjonction des deux sexes, dans la consommation des rapports illicites. Ni les actes impudiques que la femme se permet sur elle-même, ni les familiarités criminelles qui peuvent avoir lieu entre personnes du même sexe, ne constituent le délit d'adultère.

Adultère du mari. — L'adultère du mari n'est un délit que lorsqu'il consiste dans l'entretien d'une concubine au domicile conjugal, mais la maison conjugale n'est pas nécessairement l'habitation ordinaire des époux, ni le domicile légal du mari : domicile conjugal est synonyme de domicile marital.

Il n'est pas nécessaire, pour qu'il y ait délit, que la femme habite actuellement, en fait, le logement où le mari entretient sa concubine, ni même que la femme l'ait jamais habité avec le mari. Il suffit que le logement puisse être considéré comme la demeure actuelle du mari (C., 10 juin 1880).

Adultère de la femme. — L'adultère de la femme est punissable, en quelque endroit qu'il ait été commis.

Preuves de l'adultère. — **A l'égard des époux.** — Le délit d'adultère peut être établi à l'aide de tous les genres de preuves autorisés par le droit commun, notamment la preuve de l'adultère de la femme résulte de lettres écrites par elle à son complice et produites par le mari, bien que celui-ci se les soit procurées au moyen d'un expédient blâmable, mais non toutefois délictueux, par exemple en les achetant au complice (C., 9 juin 1863).

A l'égard du complice. — Les seules preuves admises contre le complice de la femme sont celles du flagrant délit ou celles résultant de lettres ou autres pièces écrites par le prévenu.

Flagrant délit. — Il y a flagrant délit lorsque l'homme et la femme sont trouvés dans une situation qui permette d'affirmer ou du moins de présumer qu'ils commettent ou viennent de commettre l'acte constitutif de l'adultère (C., 6 mai 1853).

Nécessité d'une plainte. — Qu'il s'agisse de l'adultère du mari ou de celui de la femme, les poursuites ne peuvent être commencées par le ministère public que sur la dénonciation de l'époux outragé.

Conditions requises pour la validité du constat par les commissaires de police. — On ne doit se livrer spontanément à aucune enquête sur la possibilité du constat, ni procéder au constat lui-même, ni surtout opérer d'arrestation dans les affaires d'adultères. Dire aux plaignants de s'adresser au parquet et attendre soit les instructions du procureur de la République ou du juge d'instruction saisi.

Il importe de ne pas oublier que les visites domiciliaires doivent être faites de jour, c'est-à-dire du 1er octobre au 31 mars, entre 6 heures du matin et 6 heures du soir et du 1er avril au 30 septembre, entre 4 heures du matin et 9 heures du soir.

Il y aurait exception à cette règle si les prévenus se trouvaient dans une maison livrée notoirement à la débauche. (V. formule.)

Affichage.

La liberté de l'affichage est aujourd'hui le principe et l'article 68 de la loi du 29 juillet 1881, en abrogeant toutes les dispositions antérieures sur la matière, a fait disparaître le droit de réglementation que tenait l'autorité municipale des lois de 1789, 1790 et 1791.

Mais si l'affichage est libre, il ne saurait toutefois avoir pour résultat d'entraver la liberté de la circulation, que les municipalités ont le droit et le devoir de faire observer (L. 5 avril 1884, art. 97).

Dans chaque commune, le maire désigne, par arrêté, les lieux exclusivement destinés à recevoir les affiches des lois et autres actes de l'autorité publique.

Il est interdit d'y placer des affiches particulières (L. 29 juillet 1881, art. 15).

Enlèvement ou lacération d'affiches. — *Loi du 29 juillet 1881*. Art. 17. — Ceux qui auront enlevé, déchiré, recouvert ou altéré par un procédé quelconque, de manière à les travestir ou à les rendre illisibles, des affiches apposées par ordre de l'administration dans les emplacements à ce réservés, seront punis d'une amende de 5 francs à 15 francs.

Si le fait a été commis par un fonctionnaire ou agent de l'autorité publique, la peine est d'une amende de 16 francs à 100 francs et d'un emprisonnement de six jours à un mois.

S'il s'agit d'affiches électorales, les coupables, particulier ou fonctionnaire, sont punis des mêmes peines.

Les propriétaires ont le droit d'interdire l'opposition sur leurs immeubles des affiches électorales émanant de simples particuliers, et, en cas d'opposition opérée, de les faire enlever (Cass. 11 nov. 1882).

Affiches manuscrites. — Sont exemptées du droit de timbre les affiches manuscrites concernant exclusivement les demandes et les offres d'emplois (L. de finances, 26 juillet 1893, art. 18).

L'enlèvement de ces affiches manuscrites des particuliers ne peut donner lieu qu'à une action civile.

Aliénés.

Loi du 3o juin 1838. Art. 18. — « A Paris, le préfet de police, et, dans les départements, les préfets ordonneront d'office le placement, dans un établissement d'aliénés, de toute personne interdite, ou non interdite, dont l'état d'aliénation compromettrait l'ordre public ou la sûreté des personnes.

Art. 19. — « En cas de danger imminent, attesté par le certificat d'un médecin ou par la notoriété publique, les commissaires de police à Paris, et les maires dans les autres communes, ordonneront à l'égard des personnes atteintes d'aliénation mentale, toutes les mesures provisoires nécessaires, à la charge d'en référer dans les vingt-quatre heures au préfet, qui statuera sans délai.

Art. 24. — « Les hospices et hôpitaux civils seront tenus de recevoir provisoirement les personnes qui leur sont adressées en vertu des articles 18 et 19, jusqu'à ce qu'elles soient dirigées sur l'établissement spécial destiné à les recevoir, aux termes de l'article 1er, ou pendant le trajet qu'elles feront pour s'y rendre. Dans toutes les communes où il existe des hospices ou hôpitaux, les aliénés ne pourront être déposés ailleurs que dans les hospices ou hôpitaux. Dans les lieux où il n'en existe pas, les maires devront pourvoir à leur logement, soit dans une hôtellerie, soit dans un local loué à cet effet. *Dans aucun cas, les aliénés ne pourront être ni conduits avec les condamnés ou prévenus, ni déposés dans une prison.* Ces dispositions sont applicables à tous les aliénés dirigés par l'administration sur un établissement public ou privé. »

Dès qu'un commissaire de police est informé qu'une personne atteinte d'aliénation mentale, est dans un état qui compromet l'ordre public ou la sûreté des personnes, il requiert immédiatement un médecin et le charge de visiter l'aliéné au point de vue mental ; il reçoit ensuite les dépositions des voisins, dresse procès-verbal, y annexe le rapport du docteur, et transmet le tout au maire, chargé de prendre des mesures nécessaires.

Sur le vu de ces pièces, le maire prend un arrêté à la suite duquel l'aliéné est conduit dans l'asile le plus voisin.

Si la famille de l'aliéné est indigente, la vacation du médecin est payée par le receveur municipal de la commune sur mandat du maire.

Il arrive souvent que les familles font elles-mêmes visiter l'aliéné par un médecin et soumettent ensuite le certificat au commissaire de police. Il importe dans ce cas d'exiger que la date du certificat soit récente. (V. formule.)

Anarchistes.

Au cours de la discussion qui a précédé le vote de la loi du 28 juillet 1894, le gouvernement a eu à maintes reprises l'occasion de préciser le caractère et la portée des dispositions législatives qu'il soumettait au Parlement. La loi nouvelle a pour objet les menées anarchistes. Elle ne saurait dès lors, à un degré quelconque, constituer une menace pour ceux qui s'efforcent de faire triompher leurs doctrines par les moyens légaux. Votée par le Parlement pour défendre la sécurité publique menacée, elle ne doit et ne peut atteindre que les partisans de la propagande par le fait. La volonté très formelle du législateur trouve, à cet égard, dans le texte même de la loi, le commentaire le plus explicite. (Circ. min. just. 6 août 1894.)

Loi du 28 juillet 1894 ayant pour objet de réprimer les menées anarchistes. ART. 1er. — Les infractions prévues par les articles 24, paragraphes 1 et 3, et 25 de la loi du 29 juillet 1881, modifiés par la loi du 12 décembre 1893, sont déférées aux tribunaux de police correctionnelle lorsque ces infractions ont pour but un acte de propagande anarchiste.

Art. 2. — Sera déféré aux tribunaux de police correctionnelle et puni d'un emprisonnement de trois mois à deux ans et d'une amende de 100 à 2.000 francs tout individu qui, en dehors des cas visés dans l'article précédent, sera convaincu d'avoir, dans un but de propagande anarchiste :

1° Soit par provocation, soit par apologie des faits spécifiés aux dits articles, incité une ou plusieurs personnes à commettre soit un vol, soit les crimes de meurtre, de pillage, d'incendie, soit les crimes punis par l'article 435 du Code pénal ;

2° Ou adressé une provocation à des militaires des armées de terre ou de mer, dans le but de les détourner de leurs devoirs militaires et de l'obéissance qu'ils doivent à leurs chefs dans ce qu'ils leur commandent pour l'exécution des lois et règlements militaires et la défense de la Constitution républicaine.

Animaux domestiques.

Loi du 2 juillet 1850. — « Sont punis d'une amende de 5 à 15 francs et peuvent l'être d'un à cinq jours de prison, ceux qui ont exercé publiquement et abusivement de mauvais traitements envers les animaux domestiques. La peine de la prison est toujours appliquée en cas de récidive. L'article 483 est toujours applicable. »

Les faits doivent constituer l'abus prévu par la loi. Ainsi le seul fait d'atteler un chien à une voiture ne constituerait pas par lui-même, et indépendamment de toute autre circonstance, le mauvais traitement dont parle la loi (C. 19 janvier 1889).

La Cour de cassation par ses arrêts des 22 août 1857 et 14 mai 1868 définit l'abus réprimé ainsi : « Tout acte ayant pour résultat d'occasionner aux animaux des souffrances que la nécessité ne justifie pas. » Ou : « Tous mauvais traitements de nature à révolter le sentiment public et à causer une sorte de scandale. »

La loi de 1850 ayant eu pour but de réprimer les mauvais traitements exercés par les propriétaires des animaux domestiques ou par les personnes auxquelles ils ont été par eux confiés, les dispositions de cette loi ne sauraient atteindre l'individu qui aurait frappé un animal dont il n'est ni propriétaire ni conducteur (C. 30 novembre 1888).

On sait, d'ailleurs, que celui qui détruit un animal que la loi considère comme meuble commet la contravention prévue par l'article 479, § 1er du Code pénal qui réprime tout fait de dommage causé volontairement à la propriété mobilière d'autrui (C. 25 janvier 1873).

Art. 528 du C. C. — « Sont meubles par leur nature les corps qui peuvent se transporter d'un lieu à un autre, soit qu'ils se meuvent par eux-mêmes comme les animaux. »

Art. 522. — « Les animaux que le propriétaire du fonds livre au fermier ou au métayer pour la culture, estimés ou non, sont censés immeubles tant qu'ils demeurent attachés au fonds par l'effet de la convention.

« Ceux qu'il donne à cheptel à d'autres qu'au fermier ou métayer sont meubles. »

Art. 524. — « Les objets que le propriétaire d'un fonds y a placés pour le service et l'exploitation de ce fonds sont immeubles par destination. Ainsi sont immeubles : les animaux attachés à la culture ; les pigeons des colombiers ; les lapins de garenne ; les ruches à miel (abeilles) ; les poissons des étangs. »

Empoisonnement. — C. P., Art. 452. — « Quiconque aura empoisonné des chevaux ou autres bêtes de voiture, de monture ou de charge, des bestiaux à cornes, des moutons, chèvres ou porcs, ou des poissons dans des étangs, viviers ou réservoirs, sera puni d'un emprisonnement d'un an à cinq ans, et d'une amende de 16 francs à 300 francs. Les coupables pourront être mis, par l'arrêt ou le jugement, sous la surveillance de la haute police pendant deux ans au moins et cinq ans au plus. »

L'article 452 est limitatif dans sa nomenclature et ne peut

être étendu à d'autres espèces d'animaux ; il ne s'applique pas notamment aux volailles à l'égard desquelles il faut recourir à l'article 454. L'article 452 ne parle, en effet, que des quadrupèdes et des poissons (C. 17 août 1822).

Animaux tués sans nécessité. — C. P., Art. 453. — « Ceux qui, sans nécessité, auront tué l'un des animaux mentionnés au précédent article, seront punis ainsi qu'il suit :

« Si le délit a été commis dans les bâtiments, enclos et dépendances ou sur les terres dont le maître de l'animal tué était propriétaire, locataire, colon ou fermier, la peine sera un emprisonnement de deux mois à six mois ;

« S'il a été commis dans les lieux dont le coupable était propriétaire, locataire, colon ou fermier, l'emprisonnement sera de six jours à un mois ;

« S'il a été commis dans tout autre lieu, l'emprisonnement sera de quinze jours à six semaines.

« Le *maximum* de la peine sera toujours prononcé en cas de violation de clôture. »

C. P., Art. 454. — « Quiconque aura, sans nécessité, tué un animal domestique dans un lieu dont celui à qui cet animal appartient est propriétaire, locataire, colon ou fermier, sera puni d'un emprisonnement de six jours au moins et de six mois au plus.

« S'il y a eu violation de clôture, le *maximum* de la peine sera prononcé. »

Pour qu'il y ait lieu à l'application de l'article 454, il faut : 1° que l'animal ait été tué sans nécessité ; 2° dans un lieu dont le maître de cet animal est propriétaire, colon ou fermier (C. 17 août 1822).

Animaux blessés volontairement. — Toute personne convaincue d'avoir, de dessein prémédité, méchamment, sur le territoire d'autrui, blessé ou tué des bestiaux ou chiens de garde, sera condamnée à une amende double de la somme du dédommagement. Le délinquant pourra être détenu un mois, si l'animal n'a été que blessé, et six mois si l'animal est mort de sa blessure ou en reste estropié : la détention pourra être du double si le délit a été commis la nuit, ou dans une étable, ou dans un clos rural (L. 28 septembre, 6 octobre 1791, titre 1er, art. 30).

L'article qui précède n'a été abrogé qu'en partie par les articles 452, 453 et 454 du Code pénal, et seulement en ce qui concerne les animaux tués. Il subsiste toujours quant aux blessures faites à dessein prémédité et méchamment envers des bestiaux et chiens de garde, puisque, d'une part, l'article 453 ne parle que des bestiaux tués, et, d'autre part, les numéros 2 et 3 de l'article 479 du Code pénal ne s'appliquent qu'aux cas de mort ou de blessures involontaires, résultant de maladresse, imprudence ou défaut d'attention (C. 5 février 1818).

Arbres.

Art. 445 du C. P. — « Quiconque a abattu un ou plusieurs arbres qu'il savait appartenir à autrui est puni d'un emprisonnement qui ne peut être au-dessous de six jours ni au-dessus de six mois, à raison de chaque arbre, sans que la totalité puisse excéder cinq ans.

Art. 446. — « Les peines sont les mêmes à raison de chaque arbre mutilé, coupé ou écorcé de manière à le faire périr. »

Par l'emploi du mot *arbre* le Code pénal désigne tous les végétaux, au caractère ligneux, qui, dans le langage vulgaire, méritent la qualification d'arbres, les arbustes et les arbrisseaux comme les arbres proprement dits.

On doit notamment comprendre sous cette expression les ceps de vigne et les rosiers à haute tige (C. 14 décembre 1867).

Greffes. — Art. 447. — « S'il y eu destruction d'une ou de plusieurs greffes, l'emprisonnement est de six jours à deux mois, à raison de chaque greffe, sans que la totalité puisse excéder deux ans. »

Si le fait prévu par les précédents articles a été commis la nuit ou en haine d'un fonctionnaire public et à raison de ses fonctions, le coupable est puni du maximum de la peine, dit l'article 450 du Code pénal.

Armes de guerre.

La loi du 14 août 1885 proclame, par ses articles 1 et 7, la liberté absolue de la fabrication, du commerce, de l'importation, de l'exportation et du transit des armes de toutes espèces non réglementaires en France; des munitions afférentes non chargées et des revolvers et armes blanches réglementaires. En outre, elle abroge, par son article 16, toutes les dispositions contraires au nouveau texte et autorise, par conséquent, la fabrication, le commerce, le transit, l'importation et l'exportation des armes autrefois prohibées comme secrètes et qui aujourd'hui entrent dans la catégorie des armes non réglementaires.

Rien n'est changé en ce qui concerne les munitions chargées de toutes armes.

La question de la détention des armes de toute nature est également réservée. Toutefois, les particuliers détenteurs d'armes continueront à jouir de la tolérance qui leur est présentement accordée, sous les réserves de droit commun et de celles qui sont formulées par l'article 6. (Extrait des instructions du ministre de l'intérieur, en date du 10 novembre 1885.)

Loi du 14 août 1885. Art. 6. — « Le ministre de l'intérieur. et, en cas d'urgence, les préfets sont autorisés à prescrire ou à requérir auprès de l'autorité militaire, relativement aux armes et aux munitions qui existent dans les magasins des fabricants ou commerçants ou chez les personnes qui en sont détenteurs, les mesures qu'ils estiment nécessaires dans l'intérêt de la sécurité publique. »

Port d'armes.

Aucun texte de loi ne défend le port des armes ordinaires, apparentes et défensives, en dehors même de toute autorisation administrative. C'est là un droit naturel qui appartient, en principe, à tout citoyen.

Toutefois la loi est prohibitive dans les cas suivants :

Lieux publics. — « Il est expressément défendu de porter aucune espèce d'armes dans les églises, dans les foires, marchés et autres lieux de rassemblement, sans préjudice des gardes chargés de la police. (Décr. des 2 et 3 juin 1790, art. 5).

Réunions électorales. — Nul ne peut entrer dans l'assemblée électorale s'il est porteur d'armes apparentes ou cachées (Décr. 2 février 1852, art. 37; L. 2 août 1875; L. 5 avril 1884, art. 24).

Chemins de fer. — L'entrée des voitures est interdite à tous individus porteurs d'armes à feu chargées. Tout individu porteur d'une arme à feu devra, avant son admission sur les quais d'embarquement, faire constater que son arme n'est point chargée (O. R. 15 novembre 1846, art. 65).

Armes prohibées.

L'article 314 du Code pénal punit d'une amende de 16 francs à 200 francs celui qui est porteur d'armes prohibées.

La loi qui reconnaît en principe aux particuliers le droit de posséder des armes et même de les porter dans un but de sécurité publique, interdit toutefois le port de certaines armes.

La simple possession d'une arme prohibée n'est pas par elle-même délictueuse, c'est le port de cette arme qui seul constitue le délit. Ainsi le fait par un voyageur d'avoir, dans une malle ou dans une sacoche, des pistolets de poche ou des poignards ne rentre pas dans les termes de l'incrimination.

Il est donc nécessaire que l'arme se trouve sur la personne du prévenu; mais la loi n'exige pas que l'arme prohibée ait été portée dans un lieu public, le délit existe dès qu'on est trouvé porteur de l'arme en dehors de son domicile (Riom, 22 janvier 1862; C. 13 juillet 1876).

Sont considérés comme armes prohibées :

Les poignards ou couteaux-poignards, les stylets, les tromblons, les fusils ou pistolets à vent, les bâtons ou cannes à épée, les bâtons à ferrements autres que ceux qui sont ferrés par le bout, les cannes plombées, les coups de poing américains et les pistolets ou revolvers de poche.

Les juges ont un pouvoir souverain pour faire rentrer un couteau dans la catégorie des couteaux-poignards (C. 14 octobre 1841).

Il en est de même en ce qui concerne les pistolets de poche. La cour de Paris a jugé, le 22 juin 1886, que d'une manière générale un revolver rentrait dans la catégorie des pistolets de poche dont le port est prohibé par l'ordonnance royale de 1837, tandis que la cour de Grenoble décidait au contraire qu'on ne peut considérer comme pistolet de poche une arme dont la dimension est supérieure à 150 milimètres (Grenoble 2 octobre 1888).

Le prévenu de port d'arme prohibée ne peut alléguer pour sa défense qu'il était autorisé par l'autorité à porter une telle arme pour sa défense personnelle (Bordeaux, 1er février 1837), mais aucune condamnation ne pourrait être prononcée, à raison d'une arme qui n'aurait été découverte qu'au moyen d'une perquisition illégale et sans qu'aucun acte extérieur en eût révélé la possession (Bourges, 12 mars 1869).

Armes considérées comme instruments de délits.

L'emploi d'une arme est tantôt une circonstance constitutive du crime ou du délit, et tantôt une circonstance aggravante. Dans la première catégorie, il convient de ranger. le crime de bandes armées contre la sûreté de l'Etat (C. P., art. 97, 98 et 100) et les délits électoraux (Décr. 2 février 1852, art. 37) et, dans la deuxième, le délit de vagabondage (C. P., art. 277), le crime de vol (C. P., art. 381), etc.

Arrestations arbitraires.

ART. 114. du C. P. — « Lorsqu'un fonctionnaire public, un agent ou un préposé du gouvernement aura ordonné ou fait quelque acte arbitraire, ou attentoire soit à la liberté individuelle, soit aux droits civiques d'un ou plusieurs citoyens, soit à la constitution, il sera condamné à la peine de la dégradation civique. »

Eléments constitutifs. — 1° Arrestation opérée sur l'ordre ou par un officier incompétent; 2° ordonnée ou opérée par un officier compétent, mais hors des cas déterminés par la loi; 3° enfin, ordonnée et opérée sans les formes prescrites.

Il importe donc de connaître les fonctionnaires qui ont le droit d'ordonner une arrestation et les agents qui ont le pouvoir de l'opérer. Dans l'ordre judiciaire, les fonctionnaires autorisés par la loi à ordonner les arrestations sont :

Les juges d'instruction qui ont le droit d'ordonner l'arrestation des prévenus, dans tous les cas où ils le jugent nécessaire.

Les procureurs de la République et leurs auxiliaires qui ne peuvent l'ordonner que dans le cas de flagrant délit.

Les préfets dans les départements, et le préfet de police à Paris, ont en vertu de l'article 10 du Code d'instruction criminelle, un droit d'arrestation, analogue à celui du juge d'instruction.

Dans l'ordre administratif, les fonctionnaires ont parfois le droit de faire, en vertu d'un simple ordre, arrêter ou détenir certaines personnes savoir :

Les voyageurs sans passeport pour qu'ils justifient de leur domicile;

Les aliénés dangereux (V. aliénés):

Les filles publiques.

Toute détention prolongée sans mandat de justice constituerait une détention arbitraire.

Les agents qui ont le droit d'opérer une arrestation légalement ordonnée sont :

Les huissiers, les gendarmes, les gardes champêtres et forestiers, les sergents de ville, gardiens de la paix ou inspecteurs de police.

Arrestations illégales et Séquestrations de personnes.

Art. 341 C. P. — « Seront punis de la peine des travaux forcés à temps ceux qui, sans ordre des autorités constituées et hors les cas où la loi ordonne de saisir des prévenus, auront arrêté, détenu ou séquestré des personnes quelconques.

« Quiconque aura prêté un lieu pour exécuter la séquestration ou la détention subira la même peine. »

Art. 342. — « Si la détention ou séquestration a duré plus d'un mois, la peine sera celle des travaux forcés à perpétuité. »

Si elle a duré moins de dix jours et que les coupables aient rendu la liberté à la victime avant les poursuites, la peine sera réduite à un emprisonnement (art. 343).

Associations.

Art. 291 du C. P. — « Nulle association de plus de vingt personnes, dont le but sera de se réunir tous les jours ou à certains jours marqués pour s'occuper d'objets religieux, littéraires, politiques ou autres, ne pourra se former qu'avec l'agrément du gouvernement et sous les conditions qu'il plaira à l'autorité publique d'imposer à la société. Dans le nombre de personnes indiqué ne sont pas comprises celles domiciliées dans la maison où l'association se réunit. »

Art. 292. — « Toute association de la nature ci-dessus exprimée qui se sera formée sans autorisation, ou qui, après l'avoir obtenue, aura enfreint les conditions à elle imposées, sera dissoute. Les chefs directeurs ou administrateurs de l'association seront en outre punis de 16 à 200 francs d'amende. »

Art. 293. — « Si, par discours, exhortations, invocations ou prières, en quelque langue que ce soit, ou par lecture, affiche, publication ou distribution d'écrits quelconques, il a été fait, dans ces assemblées, quelque provocation à des crimes ou à des délits, la peine sera de 100 à 300 francs d'amende et de trois mois à deux ans d'emprisonnement contre les chefs, directeurs et administrateurs de ces associations ; sans préjudice des peines plus fortes qui seraient portées par la loi contre les individus personnellement coupables de la provocation. »

Art. 294. — « Tout individu qui, sans la permission de l'autorité municipale, aura accordé ou consenti l'usage de sa maison ou de son appartement, en tout ou en partie, pour la réunion des membres d'une association même autorisée, ou pour l'exercice d'un culte, sera puni d'une amende de 16 à 200 francs. »

Loi du 10 avril 1834. Art. 1er. — « Les dispositions de l'article 291 du Code pénal sont applicables aux associations de plus de vingt personnes, alors même que ces associations seraient partagées en sections d'un nombre moindre, et qu'elles ne se réuniraient pas tous les jours ou à des jours marqués. — L'autorisation donnée par le gouvernement est toujours révocable. »

Art. 2. — « Quiconque fait partie d'une association non autorisée sera puni de deux mois à un an de prison et de 50 à 1.000 francs d'amende. En cas de récidive, les peines pourront être portées au double. »

L'article 463 du Code pénal pourra être appliqué dans tous les cas.

Art. 3. — « Seront considérés comme complices et punis comme tels ceux qui auront prêté ou loué sciemment leur maison ou appartement pour une ou plusieurs réunions d'une association non autorisée. »

. . . .

Les dispositions qui précèdent ont été abrogées, sauf la partie de l'article 294 qui ne concerne pas les associations, par la loi du 1er juillet 1901, sur le contrat d'association et si nous les rapportons c'est parce qu'elles figurent dans le programme du concours pour l'emploi de commissaire de police.

Avant de donner le texte de cette loi, nous voulons en faire connaître l'esprit, en citant un extrait du remarquable discours qu'a prononcé lors de sa discussion M. Waldeck-Rousseau :

« Le titre même que porte le projet de loi indique le criterium auquel, suivant nous, il convient de demander la solution d'un problème qui a préoccupé tous les hommes publics et tous les législateurs. Les mots dont on s'est servi le plus souvent : « Liberté d'association », m'ont paru, tout en contenant une vérité, répondre cependant à une terminologie un peu trop vague. Quand on dit : « Liberté de penser, liberté d'écrire » on emploie des termes à la fois exacts et suffisants, car chacune de ces libertés, pour se manifester, n'a besoin que d'un acte individuel et ne suppose pas un accord intervenu entre plusieurs. Que si au contraire nous parlons de la liberté d'association, le mot est juste en ce sens qu'il n'est pas plus permis de contraindre quelqu'un à l'association que de la lui interdire. Mais s'il veut mettre ce droit en œuvre, il faut qu'il s'adresse à d'autres citoyens ; il faut qu'il jette avec ces personnes les bases d'une entente, qu'il forme, en un mot, un contrat.

. . . .

« C'est encore le droit commun qui fournit la solution d'une des plus grosses difficultés qui aient pesé sur tous les projets touchant aux associations. Je fais allusion à ce qui concerne les biens et leur régime.

« Une association s'est formée : elle cesse d'être une association pure et simple si elle ne se borne pas à mettre en

commun des facultés, des intelligences dans un but autre
que d'obtenir des bénéfices.

« Si à côté de l'association se juxtapose une seconde convention ; cette seconde convention sera une société de biens
si on les met en commun en vue de partager les bénéfices ;
ce sera une communauté de biens pure et simple si l'on ne
convient pas de partager les bénéfices. Mais quel que soit le
régime jamais les biens ne cesseront d'être la copropriété de
chacun des associés.

« Chacun des associés venant à se retirer remportera sa
part de cette masse indivise. L'un de ces associés venant à
mourir, chacun de ses héritiers pourra la revendiquer comme
faisant partie de son héritage.

« Ce qui se passe quand on forme une société, c'est que
l'apport social se dénature. Vous apportez un immeuble ou
des espèces ; la société vous donne un titre. Si c'est une
société anonyme ou une société par actions, vous avez dans
la main la représentation de votre propriété ; elle est négo-
ciable, elle est cessible ; et même dans une société qui ne
comporte pas d'actions, vous savez à merveille qu'une part
d'intérêts peut être cédée. De sorte qu'une société de biens, à
aucun point de vue, ne peut être considérée comme déter-
minant une personnalité morale, comme créant une main-
morte. C'est là une confusion qu'il faut s'empresser de bannir.

. . . .

« Ce sont encore les mêmes principes de droit commun qui
régleront en cas de dissolution volontaire ou judiciaire.

« S'il s'agit d'une association ayant la personnalité civile,
le décret même d'autorisation aura réglé la façon dont devra
s'opérer la liquidation.

« Enfin s'il s'agit d'une association nulle, illicite, sans existence légale, c'est la règle commune à tous les contrats, que
les parties doivent être remises au même état que si elles
n'avaient pas contracté.

« Si la propriété de ces biens ne réside ni dans l'association
ni dans la personnalité de ses membres, elle tombe dans le
domaine public . . . .

« Je voudrais montrer que c'est encore la plus simple application des principes que je viens de rappeler qui fournit la solution, par l'application du droit commun de la question des congrégations.

« Notre droit public, ainsi que je le disais dans l'exposé des motifs en 1882, proscrit tout ce qui constituerait une abdication des droits de l'individu, une renonciation à l'exercice des facultés naturelles à tous les citoyens : droit de se marier, d'acheter, de vendre, de faire le commerce, etc., en un mot, tout ce qui ressemblerait à une servitude personnelle. De là vient que tout engagement personnel doit être temporaire.

. . . .

« La congrégation n'est pas une association formée pour développer l'individu ; elle le supprime ; il n'en profite pas, il s'y absorbe.

. . . .

« On a reproché au projet de n'avoir pas les expressions mêmes de « congrégations religieuses. J'attache à cette constatation beaucoup de prix. »

« Vous faites une loi d'exception, vous avez pour les congré
« gations religieuses d'autres dispositions, d'autres principes
« que pour les associations civiles ».

« Comment ! Mais où sont donc les congrégations religieuses dans le projet de loi que nous vous demandons de voter. A quels signes vont-elles se reconnaître ? Diront-elles : Mais vous frappez les associations contraires aux lois ; nous sommes donc frappées ? Vous annulez les conventions blessantes pour l'ordre public, blessantes pour les libertés élémentaires et pour les droits inaliénables des citoyens ; nous allons disparaître ?

« La thèse alors se dessine. Ce qu'on demande pour les congrégations, c'est une loi d'exception ; ce n'est pas la loi commune. Car il faut arriver jusqu'à soutenir qu'une association qui ne serait pas une congrégation sera justement dissoute et poursuivie si elle porte atteinte à quelqu'un des principes qui sont consacrés par la loi, tandis qu'on n'admettra pas qu'il en puisse être ainsi pour les congrégations religieuses. »

Loi du 1er juillet 1901, relative au contrat d'association. — Article premier. — L'association est la convention par laquelle deux ou plusieurs personnes mettent en commun d'une façon permanente leurs connaissances ou leur activité dans un but autre que de partager des bénéfices. Elle est régie, quant à sa validité, par les principes généraux du droit applicables aux contrats et obligations.

Art. 2. — Les associations de personnes pourront se former librement, sans autorisation ni déclaration préalable, mais elles ne jouiront de la capacité juridique que si elles se sont conformées aux dispositions de l'article 5.

Art. 3. — Toute association fondée sur une cause ou en vue d'un objet illicite, contraire aux lois, aux bonnes mœurs, ou qui aurait pour but de porter atteinte à l'intégrité du territoire national et à la forme républicaine du Gouvernement, est nulle et de nul effet.

Art. 4. — Tout membre d'une association qui n'est pas formée pour un temps déterminé peut s'en retirer en tout temps, après payement des cotisations échues et de l'année courante, nonobstant toute clause contraire.

Art. 5. — Toute association qui voudra obtenir la capacité juridique prévue par l'article 6 devra être rendue publique par les soins de ses fondateurs.

La déclaration préalable en sera faite à la préfecture du département ou à la sous-préfecture de l'arrondissement où l'association aura son siège social. Elle fera connaître le titre et l'objet de l'association, le siège de ses établissements et les noms, professions et domiciles de ceux qui, à un titre quelconque, sont chargés de son administration ou de sa direction. Il en sera donné récépissé.

Deux exemplaires des statuts seront joints à la déclaration.

Les associations sont tenues de faire connaître, dans les trois mois tous les changements survenus dans leur administration ou direction, ainsi que toutes les modifications apportées à leurs statuts.

Ces modifications et changements ne sont opposables aux tiers qu'à partir du jour où ils auront été déclarés.

Les modifications et changements seront en outre consignés sur un registre spécial qui devra être présenté aux autorités administratives ou judiciaires chaque fois qu'elles en feront la demande.

ART. 6. — Toute association régulièrement déclarée peut, sans aucune autorisation spéciale, ester en justice, acquérir à titre onéreux, posséder et administrer, en dehors des subventions de l'Etat, des départements et des communes :

1° Les cotisations de ses membres ou les sommes au moyen desquelles ces cotisations ont été rédimées, ces sommes ne pouvant être supérieures à 500 francs.

2° Le local destiné à l'administration de l'association et à la réunion de ses membres;

3° Les immeubles strictement nécessaires à l'accomplissement du but qu'elle se propose.

ART. 7. — En cas de nullité prévue par l'article 3, la dissolution de l'association sera prononcée par le tribunal civil, soit à la requête de tout intéressé, soit à la diligence du ministère public.

En cas d'infraction aux dispositions de l'article 5, la dissolution pourra être prononcée à la requête de tout intéressé ou du ministère public.

ART. 8. — Seront punis d'une amende de 16 à 200 francs, et, en cas de récidive, d'une amende double, ceux qui auront contrevenu aux dispositions de l'article 5.

Seront punis d'une amende de 16 à 5.000 francs, et d'un emprisonnement de six jours à un an, les fondateurs, directeurs ou administrateurs de l'association qui se serait maintenue ou reconstituée illégalement après le jugement de dissolution.

Seront punies de la même peine toutes les personnes qui auront favorisé la réunion des membres de l'association dissoute, en consentant l'usage d'un local dont elles disposent.

ART. 9. — En cas de dissolution volontaire, statutaire ou prononcée par justice, les biens de l'association seront dévolus conformément aux statuts, ou, à défaut de disposition statutaire, suivant les règles déterminées en assemblée générale.

Art. 10. — Les associations peuvent être reconnues d'utilité publique par décrets rendus en la forme des règlements d'administration publique.

Art. 11. — Ces associations peuvent faire tous les actes de de la vie civile qui ne sont pas interdits par leurs statuts, mais elles ne peuvent posséder ou acquérir d'autres immeubles que ceux nécessaires au but qu'elles se proposent. Toutes les valeurs mobilières d'une association doivent être placées en titres nominatifs.

Elles peuvent recevoir des dons et des legs dans les conditions prévues par l'article 910 du Code civil et l'article 54 de la loi du 4 février 1901. Les immeubles compris dans un acte de donation ou dans une disposition testamentaire qui ne seraient pas nécessaires au fonctionnement de l'association sont aliénés dans les délais et la forme prescrits par le décret ou l'arrêté qui autorise l'acceptation de la libéralité; le prix en est versé à la caisse de l'association.

Elles ne peuvent accepter une donation mobilière ou immobilière avec réserve d'usufruit au profit du donateur.

Art. 12. — Les associations composées en majeure partie d'étrangers, celles ayant des administrateurs étrangers, ou leur siège à l'étranger, et dont les agissements seraient de nature soit à fausser les conditions normales du marché des valeurs ou des marchandises, soit à menacer la sûreté intérieure et extérieure de l'Etat, dans les conditions prévues par les articles 75 et 101 du Code pénal, pourront être dissoutes par décret du Président de la République, rendu en conseil des ministres.

Les fondateurs, directeurs ou administrateurs de l'association qui se serait maintenue ou reconstituée illégalement après le décret de dissolution seront punis des peines portées par l'article 8, § 2.

Art. 13. — Aucune congrégation religieuse ne peut se former sans une autorisation donnée par une loi qui déterminera les conditions de son fonctionnement.

Elle ne pourra fonder aucun nouvel établissement qu'en vertu d'un décret rendu en Conseil d'Etat.

La dissolution de la congrégation ou la fermeture de tout établissement pourront être prononcées par décret rendu en conseil des ministres.

Art. 14. — Nul n'est admis à diriger, soit directement, soit par personne interposée, un établissement d'enseignement, de quelque ordre qu'il soit, ni à y donner l'enseignement, s'il appartient à une congrégation religieuse non autorisée.

Les contrevenants seront punis des peines prévues par l'article 8, § 2. La fermeture de l'établissement pourra, en outre, être prononcée par le jugement de condamnation.

Art. 15. — Toute congrégation religieuse tient un état de ses recettes et dépenses; elle dresse chaque année le compte financier de l'année écoulée et l'état inventorié de ses biens meubles et immeubles.

La liste complète de ses membres, mentionnant leur nom patronymique, ainsi que le nom sous lequel ils sont désignés dans la congrégation, leurs nationalité, âge et lieu de naissance, la date de leur entrée, doit se trouver au siège de la congrégation.

Celle-ci est tenue de représenter sans déplacement, sur toute réquisition du préfet, à lui-même ou à son délégué, les comptes, états et listes ci-dessus indiqués.

Seront punis des peines portées au § 2 de l'article 8 les représentants ou directeurs d'une congrégation qui auront fait des communications mensongères ou refusé d'obtempérer aux réquisitions du préfet dans les cas prévus par le présent article.

Art. 16. — Toute congrégation formée sans autorisation sera déclarée illicite.

Ceux qui en auront fait partie seront punis des peines édictées à l'article 8, § 2.

La peine applicable aux fondateurs ou administrateurs sera portée au double.

Art. 17. — Sont nuls tous actes entre vifs ou testamentaires, à titre onéreux ou gratuit, accomplis soit directement, soit par personne interposée, ou toute autre voie indirecte, ayant pour objet de permettre aux associations légalement ou illégalement formées de se soustraire aux dispositions des articles 2, 6, 9, 11, 13, 14 et 16.

Sont légalement présumées personnes interposées au profit des congrégations religieuses, mais sous réserve de la preuve contraire :

1° Les associés à qui ont été consenties des ventes ou fait des dons ou legs, à moins, s'il s'agit de dons ou legs, que le bénéficiaire ne soit l'héritier en ligne directe du disposant;

2° L'associé ou la société civile ou commerciale composée en tout ou partie de membres de la congrégation, propriétaire de tout immeuble occupé par l'association;

3° Le propriétaire de tout immeuble occupé par l'association, après qu'elle aura été déclarée illicite.

La nullité pourra être prononcée soit à la diligence du ministère public, soit à la requête de tout intéressé.

Art. 18. — Les congrégations existantes au moment de la promulgation de la présente loi, qui n'auraient pas été antérieurement autorisées ou reconnues, devront, dans le délai de trois mois, justifier qu'elles ont fait les diligences nécessaires pour se conformer à ses prescriptions.

A défaut de cette justification, elles sont réputées dissoutes de plein droit. Il en sera de même des congrégations auxquelles l'autorisation aura été refusée.

La liquidation des biens détenus par elles aura lieu en justice. Le tribunal, à la requête du ministère public, nommera, pour y procéder, un liquidateur qui aura pendant toute la durée de la liquidation tous les pouvoirs d'un administrateur séquestre.

Le jugement ordonnant la liquidation sera rendu public dans la forme prescrite pour les annonces légales.

Les biens et valeurs appartenant aux membres de la congrégation antérieurement à leur entrée dans la congrégation, ou qui leur seraient échus depuis, soit par succession *ab intestat* en ligne directe ou collatérale, soit par donation ou legs en ligne directe, leur seront restitués.

Les dons et legs qui leur auraient été faits autrement qu'en ligne directe pourront être également revendiqués, mais à charge par les bénéficiaires de faire la preuve qu'ils n'ont pas été les personnes interposées prévues par l'article 17.

Les biens et valeurs acquis à titre gratuit et qui n'auraient pas été spécialement affectés par l'acte de libéralité à une œuvre d'assistance pourront être revendiqués par le donateur, ses héritiers ou ayants droit, ou par les héritiers ou ayants droit du testateur, sans qu'il puisse leur être opposé aucune prescription pour le temps écoulé avant le jugement prononçant la liquidation.

Si les biens et valeurs ont été donnés ou légués en vue de gratifier non les congréganistes, mais de pourvoir à une œuvre d'assistance, ils ne pourront être revendiqués qu'à charge de pourvoir à l'accomplissement du but assigné à la libéralité.

Toute action en reprise ou revendication devra, à peine de forclusion, être formée contre le liquidateur dans le délai de six mois à partir de la publication du jugement. Les jugements rendus contradictoirement avec le liquidateur, et ayant acquis l'autorité de la chose jugée, sont opposables à tous les intéressés.

Passé le délai de six mois, le liquidateur procédera à la vente en justice de tous les immeubles qui n'auraient pas été revendiqués ou qui ne seraient pas affectés à une œuvre d'assistance.

Le produit de la vente, ainsi que toutes les valeurs mobilières, sera déposé à la Caisse des dépôts et consignations.

L'entretien des pauvres hospitalisés sera, jusqu'à l'achèvement de la liquidation, considéré comme frais privilégiés de liquidation.

S'il n'y a pas de contestation ou lorsque toutes les actions formées dans le délai prescrit auront été jugées, l'actif net est réparti entre les ayants droit.

Le règlement d'administration publique visé par l'article 20 de la présente loi déterminera, sur l'actif resté libre après le prélèvement ci-dessus prévu, l'allocation, en capital ou sous forme de rente viagère, qui sera attribuée aux membres de la congrégation dissoute qui n'auraient pas de moyens d'existence assurés ou qui justifieraient avoir contribué à l'acquisition des valeurs mises en distribution par le produit de leur travail personnel.

ART. 19. — Les dispositions de l'article 463 du Code pénal sont applicables aux délits prévus par la présente loi.

ART. 20. — Un règlement d'administration publique déterminera les mesures propres à assurer l'exécution de la présente loi.

ART. 21. — Sont abrogés les articles 291, 292, 293 du Code pénal, ainsi que les dispositions de l'article 294 du même Code relatives aux associations; l'article 20 de l'ordonnance du 5-8 juillet 1820; la loi du 10 avril 1834; l'article 13 du décret du 28 juillet 1848; l'article 7 de la loi du 30 juin 1881; la loi du 14 mars 1872; le § 2, article 2, de la loi du 24 mai 1825; le décret du 31 janvier 1852 et généralement toutes les dispositions contraires à la présente loi.

Il n'est en rien dérogé pour l'avenir aux lois spéciales relatives aux syndicats professionnels, aux sociétés de commerce et aux sociétés de secours mutuels.

Rapport du ministre de l'Intérieur sur les décrets d'application de la loi qui précède. — Monsieur le Président, l'article 20 de la loi du 1er juillet 1901, relative au contrat d'association, est ainsi conçu :

« Un règlement d'administration publique déterminera les mesures propres à assurer l'exécution de la présente loi. »

D'autre part, l'article 18 de la même loi contient, dans son dernier paragraphe, la disposition suivante :

« Le règlement d'administration publique visé par l'article 20 de la présente loi déterminera sur l'actif resté libre, après le prélèvement ci-dessus prévu, l'allocation en capital ou sous forme de rente viagère qui sera attribuée aux membres de la congrégation dissoute qui n'auraient pas de moyens d'existence assurés ou qui justifieraient avoir contribué à l'acquisition des valeurs mises en distribution par le produit de leur travail personnel. »

Dans le but d'assurer le plus rapidement possible l'exécution de ces dispositions dès le 28 juin dernier, par un arrêté inséré au *Journal Officiel* du 30, j'ai institué une commission spéciale chargée de rechercher les bases du règlement d'administration publique dont il s'agit.

Cette commission a élaboré deux projets de décret qui ont été ensuite soumis aux délibérations du Conseil d'Etat. Ce sont ces deux projets, tels qu'ils sont sortis de ces délibérations, que j'ai l'honneur, Monsieur le Président, de présenter à votre haute approbation.

Ces décrets sont relatifs, l'un à l'application générale de la loi, l'autre à l'exécution de l'article 18.

Le premier décret comprend trois titres consacrés aux associations, aux congrégations religieuses et à leurs établissements, enfin aux dispositions générales et transitoires.

Le titre Ier vise les associations.

La loi du 1er juillet 1901 reconnaît trois sortes d'associations :

1º Les associations constituées en vertu de l'article 2 par le simple accord des parties ;

2º Les associations qui, désirant obtenir la capacité juridique prévue par l'article 6, ont souscrit une déclaration préalable ;

3º Les associations qui, désirant obtenir une capacité juridique plus étendue, demandent la reconnaissance d'utilité publique.

Le règlement n'a pas à s'occuper des associations rentrant dans la première catégorie : la loi ne les soumet, en effet, à aucune espèce de formalités.

En ce qui concerne les associations déclarées, elles font l'objet du chapitre 1er. Le décret détermine qui sera chargé de faire la déclaration, dans quel délai et de quelle façon elle sera rendue publique, ce qu'elle devra mentionner, par qui sera délivré et ce que devra contenir le récépissé, etc., etc. Il indique également quelles sont les formalités que devront remplir les unions d'associations.

Le chapitre ɪɪ, consacré aux associations reconnues d'utilité publique, trace la procédure qui sera suivie tant pour l'introduction que pour l'instruction des demandes.

Enfin, un dernier chapitre fixe les conditions dans lesquelles il sera procédé, à défaut de dispositions statutaires, à la liquidation et à la dévolution des biens des associations déclarées ou reconnues d'utilité publique, en cas de dissolution.

Le titre II traite, dans un premier chapitre, des congrégations religieuses pour l'autorisation desquelles une loi est nécessaire, et, dans un deuxième chapitre, de leurs établissements pour l'autorisation desquelles un décret suffit.

Les articles 16, 17, 18, 19 et 20 qui forment la 1re section du chapitre 1er sont relatifs aux demandes en autorisation et règlent la nature des justifications à produire.

Le Conseil d'Etat a pensé qu'une distinction était nécessaire suivant que la demande serait formée dans le délai de trois mois fixé par l'article 18 de la loi et, suivant toute probabilité, par des congrégations déjà existantes, ou qu'elle se produirait après ce délai et émanerait dès lors d'une congrégation nouvelle. Dans le premier cas, la procédure de la demande en autorisation continue d'être réglée par les dispositions de l'arrêté ministériel du 1er juillet. Elle comporte une demande signée des administrateurs ou fondateurs, la production en double exemplaire des statuts certifiés conformes par les signataires de la demande, un état des biens meubles ou immeubles destinés à former le patrimoine de la congrégation, l'état des membres de la congrégation, leur nom patronymique, celui sous lequel ils sont connus dans la congrégation, leur nationalité, leur âge, lieu de naissance, la date de leur entrée dans la congrégation.

Les statuts devront contenir les dispositions dont l'énoncé a toujours été jugé strictement indispensable, c'est-à-dire l'objet de la congrégation, et, s'il n'est pas identiquement le même, celui de chacun de ses établissements, son siège principal, celui des établissements qu'elle a formés ou qu'elle se propose de former, les noms des administrateurs ou directeurs, l'engagement pris par la congrégation et par ses membres de se soumettre à la juridiction de l'ordinaire du lieu. Enfin, la demande d'autorisation doit être accompagnée de l'approbation des statuts par l'évêque de chaque diocèse où se trouvent des établissements de la congrégation.

Dans le second cas, la demande devra contenir, outre les justifications précédentes, d'autres indications qui ont paru devoir être exigées des congrégations nouvelles auxquelles aucun délai n'est assigné pour se mettre en instance. Si l'un de ces membres a appartenu précédemment à une autre congrégation, il doit être fait mention du titre et de l'objet de cette congrégation, des dates d'entrée et de sortie et du nom sous lequel la personne y était connue.

Les statuts doivent indiquer les conditions d'admission exigées des membres de la congrégation, l'indication de la nature de ses recettes, des actes de la vie civile que la congrégation pourra accomplir avec ou sans autorisation, sous réserve des dispositions de l'article 4 de la loi du 24 mai 1825. Enfin, les statuts devront contenir les mêmes indications et engagements que ceux des associations reconnues d'utilité publique, sous réserve des dispositions de l'article 7 de la même loi.

La section II (art. 21) trace des règles suivant lesquelles les demandes seront instruites.

Le Conseil d'Etat a pensé qu'il était nécessaire de maintenir l'avis préalable du conseil municipal déjà exigé par l'article 3 de la loi du 24 mai 1825, et, d'autre part, de soumettre toutes les demandes d'autorisation au Parlement, sauf au gouvernement à proposer, s'il y a lieu, le rejet de cette demande. Il a paru, en effet, que, dans l'esprit de la loi, le pouvoir législatif est seul qualifié pour statuer sur une demande d'autorisation de congrégation, soit dans un sens, soit dans l'autre.

Le chapitre ii traite des établissements dépendant d'une congrégation religieuse autorisée, et pour lesquels, par conséquent, l'autorisation est donnée non plus par une loi, mais par un décret.

Les articles 22 et 23 déterminent les règles à suivre pour

l'introduction des demandes, et énumèrent les pièces à produire par les intéressés. Les pièces, ainsi que la demande, doivent être adressées au ministre de l'Intérieur qui en délivre récépissé.

L'article 24 laisse au ministre de l'Intérieur le soin de procéder à l'instruction, et stipule que les conditions spéciales de fonctionnement de l'établissement seront réglées par le décret d'autorisation.

Le chapitre iii renferme des dispositions communes aux congrégations religieuses et à leurs établissements, qui ne donnent lieu à aucune observation spéciale.

Le titre III et dernier du premier décret contient des dispositions d'ordre général et transitoire. L'article 29 se réfère à l'enseignement. Il prévoit la tenue, dans les établissements d'enseignement privé, d'un registre spécial destiné à recevoir, sur les maîtres et employés de ces établissements, des renseignements de nature à assurer l'application de l'article 14 de la loi.

Ce règlement d'administration publique, comme celui qui vise spécialement l'article 18 de la loi, ne pouvait envisager que les mesures propres à assurer en France l'exécution de la loi. Il résulte en effet, des débats qui ont eu lieu dans les deux Chambres, qu'elle n'est applicable de plein droit qu'à la métropole, à l'exclusion des colonies et des pays de juridiction, et l'on aperçoit facilement qu'une seule et même procédure ne pourrait être tracée à l'avance, en vue d'une application qui devra tenir compte d'organisations administratives très différentes et de milieux très divers.

Le second règlement a pour but spécial d'assurer l'exécution de l'article 18 de la loi du 1ᵉʳ juillet 1901. Il a paru préférable, en effet, de grouper dans un décret spécial toutes les dispositions relatives à la liquidation tant des biens détenus par les congrégations non autorisées, et réputées dissoutes de plein droit dans les termes de la loi, que des allocations attribuées aux membres de ces congrégations.

Le chapitre iᵉʳ, relatif à la liquidation des biens, trace les règles concernant la publicité du jugement qui a nommé le liquidateur, l'apposition et la levée des scellés, s'il y a lieu, l'inventaire des biens, le paiement des dettes et des frais de liquidation.

Le chapitre ii fixe la procédure relative à la liquidation des allocations attribuées aux membres des congrégations non autorisées dans les conditions prévues par l'article 18, § 14, de la loi. C'est au ministre de l'Intérieur que les intéressés doivent adresser leur demande ; il en est donné récépissé. L'article 8 charge le préfet de prendre l'avis de l'évêque, du directeur des Domaines et du liquidateur, et confie, dans chaque département, au vice-président du conseil de préfecture le soin de vérifier et de compléter l'instruction, s'il y a lieu, et de formuler ses propositions.

Les articles 9 et suivants règlent les conditions dans lesquelles le ministre de l'Intérieur, après avis du ministre des Finances et de la section des finances du Conseil d'Etat, fixe et notifie à chaque intéressé le montant de la somme qui lui est attribuée à titre d'allocation, le montant de celle qui lui est attribuée à titre de provision, le mode de règlement, soit en capital, soit en rentes viagères.

Associations de malfaiteurs.

Loi du 18 décembre 1893. Art. 1er. — Les articles 265, 266 et 267 du Code pénal sont remplacés par les dispositions suivantes :

« Art. 265. — Toute association formée quelle que soit sa durée ou le nombre de ses membres, toute entente établie dans le but de préparer ou de commettre des crimes contre les personnes ou les propriétés, constituent un crime contre la paix publique.

« Art. 266. — Sera puni des travaux forcés à temps quiconque se sera affilié à une association formée ou aura participé à une entente établie dans le but spécifié à l'article précédent.

« Les personnes qui se seront rendues coupables de ce

crime seront exemptes de peine si, avant toute poursuite, elles ont révélé aux autorités constituées l'entente établie ou fait connaître l'existence de l'association.

« ART. 267. — Sera puni de la réclusion quiconque aura sciemment et volontairement favorisé les auteurs des crimes prévus à l'article 265 en leur fournissant des instruments de crime, moyens de correspondance, logement ou lieu de réunion. »

ART. 2. — L'article 268 est abrogé.

Attentat aux mœurs.

Outrage public à la pudeur. — ART. 330 du C. P. — « Toute personne qui aura commis un outrage public à la pudeur sera punie d'un emprisonnement de trois mois à deux ans et d'une amende de 16 francs à 200 francs. »

Par outrage à la pudeur, il faut entendre tout acte, geste ou attitude de nature à blesser la pudeur, l'honnêteté de ceux qui en sont les témoins et à causer un scandale.

Il exige un fait matériel vu, public, les propos malhonnêtes, les injures quelque grossières, quelque outrageantes qu'elles soient, ne constituent pas l'outrage public à la pudeur.

La publicité qui est une condition du délit peut résulter d'une manière absolue de la nature des lieux où l'acte s'accomplit, par exemple, s'il a été perpétré dans les rues, places, sentiers ou autres voies publiques, fût-ce même la nuit et loin des regards de tous témoins (C. 1er mai 1863).

D'une façon générale, dans les lieux tantôt ouverts, tantôt fermés au public, l'outrage revêt le caractère de publicité requis par la loi, suivant que le lieu était ouvert ou fermé, suivant qu'il a été ou pu être vu. L'outrage peut donc être relevé dans le wagon d'un train de chemin de fer en marche, quand les glaces baissées ont pu permettre au public de voir les actes incriminés sur un ou plusieurs points du trajet.

L'outrage prévu par la loi existe dès qu'il a été accompli dans un lieu où il a été vu où où il aurait pu être vu d'une ou de plusieurs personnes, qu'importe si le lieu est privé.

Le but que s'est proposé le législateur serait presque toujours manqué si l'article 330 ne devait être appliqué que lorsque l'auteur de l'outrage à la pudeur avait eu l'intention de le rendre public. Cette intention n'est pas une des conditions du délit. En effet, la loi pour protéger l'honnêteté publique et empêcher le scandale, punit le vice, soit qu'il se montre avec effronterie, soit même qu'il néglige de se cacher. Cette négligence suffit pour établir la culpabilité de l'agent, parce qu'à elle seule elle révèle, chez lui, le mépris de la pudeur publique.

Attentat à la pudeur sans violence. — Art. 331. — « Tout attentat à la pudeur consommé ou tenté sans violence sur la personne d'un enfant de l'un ou de l'autre sexe, âgé de moins de treize ans, sera puni de la réclusion. — Sera puni de la même peine l'attentat à la pudeur commis par tout ascendant sur la personne d'un mineur, même âgé de plus de treize ans, mais non émancipé par le mariage. »

Cet attentat existe soit que l'acte de débauche ait été exercé sur la personne même de l'enfant, quand l'accusé a, par exemple, relevé jusqu'à la ceinture les vêtements de jeunes filles âgées de moins de treize ans, qu'il a mis à nu une partie de leur corps et les a laissées dans cet état pendant un temps plus ou moins long, soit qu'au contraire les actes obscènes aient été pratiqués sur la personne de l'accusé par des enfants âgés de moins de treize ans, dont on s'est servi comme instruments ou auxiliaires. La loi n'exige pas, en effet, pour qu'il y ait attentat à la pudeur sans violence, que cet attentat ait eu pour objet la personne de l'enfant ; il suffit que sa personne ait été mise en jeu dans l'accomplissement de cet acte (C. 24 juillet 1874 et 27 septembre 1860) (V. formule).

Tentative. — L'attentat à la pudeur prévu par l'article 331 est commis dès qu'il a été tenté. La tentative prévue par l'article 331 a, en effet, un caractère propre et n'est pas soumise à la règle générale de l'article 2 du Code pénal ; par suite, il n'est pas nécessaire d'établir, comme dans les cas ordinaires, que la tentative n'a manqué son effet que par une circonstance indépendante de la volonté de son auteur (C. 4 août 1853).

Attentat à la pudeur avec violence. — Art. 332. — « Quiconque aura commis un attentat à la pudeur, consommé ou tenté avec violence contre les individus de l'un ou de l'autre sexe, sera puni de la réclusion. — Si le crime a été commis sur la personne d'un enfant au-dessous de l'âge de quinze ans accomplis, le coupable subira la peine des travaux forcés à temps. »

Violence. — Elle consiste dans des actes physiques, mais elle peut aussi être purement morale. Ainsi, il y a attentat à la pudeur avec violence lorsqu'un homme s'introduit dans le lit d'une femme pendant son sommeil et se livre sur elle, à la faveur de l'obscurité, à des caresses et à des attouchements qu'elle croit venir de son mari, ou encore lorsqu'un médecin, à l'aide de manœuvres frauduleuses, amène des personnes venues pour le consulter à subir des attouchements et des caresses obscènes ; mais il est essentiel que les actes pratiqués aient *assez de gravité* pour constituer le crime d'attentat à la pudeur (C. 27 décembre 1883, 19 juin 1884 et 7 décembre 1848).

Tentative. — Elle n'est pas soumise non plus à la règle générale de l'article 2 du Code pénal.

Viol. — Art. 332, §§ 1 et 2. — « Quiconque aura commis le crime de viol sera puni des travaux forcés à temps. — Si le crime a été commis sur la personne d'un enfant au-dessous de l'âge de quinze ans accomplis, le coupable subira le maximum de la peine des travaux forcés à temps. »

Définition. — Le viol consiste dans le fait d'abuser d'une personne contre sa volonté, soit que le défaut de consentement résulte de la violence physique ou morale exercée à son égard, soit qu'il résulte de tout autre moyen de contrainte ou de surprise pour atteindre, en dehors de la volonté de la victime, le but que se propose l'auteur de l'action.

Le viol n'est consommé que par la conjonction des sexes, par le rapprochement intime de l'homme et de la femme. Des actes obscènes ayant pour résultat une défloration ne suffiraient pas.

Si ce rapprochement n'a pas eu lieu, les faits constitueront, suivant les cas, soit la tentative de viol, soit l'attentat à la pudeur (C. 26 juin 1857, 23 décembre 1859 et 9 septembre 1858).

Il y a aggravation de la peine si les coupables sont les ascendants de la personne sur laquelle a été commis l'attentat, s'ils sont de la classe de ceux qui ont autorité sur elle, s'ils sont ses instituteurs ou ses serviteurs à gages, s'ils sont fonctionnaires ou ministres d'un culte, ou si le coupable, quel qu'il soit, a été aidé dans son crime par une ou plusieurs personnes (C. P. art 333).

Excitation de mineurs à la débauche. — Art. 334. — Quiconque aura attenté aux mœurs, en excitant, favorisant, ou facilitant habituellement la débauche ou la corruption de la jeunesse de l'un ou de l'autre sexe au-dessous de l'âge de vingt-un ans, sera puni d'un emprisonnement de six mois à deux ans, et d'une amende de 50 à 500 francs. — Si la prostitution ou la corruption a été excitée, favorisée ou facilitée par leurs pères, mères, tuteurs ou autres personnes chargées de leur surveillance, la peine sera de deux ans à cinq ans d'emprisonnement et de 300 à 1.000 francs d'amende. »

Faits constitutifs. — Ce que l'article 334 a voulu réprimer ce n'est pas le seul proxénétisme; les termes de cet article sont généraux, ils ne s'appliquent donc pas seulement aux agents intermédiaires de débauche et de corruption qui agissent par spéculation et en vue d'un bénéfice honteux à retirer de leur entremise, mais encore à tout individu qui, quel que soit le mobile de son intervention, et alors même qu'un vil trafic y serait étranger, s'entremet pour exciter, favoriser ou faciliter habituellement la débauche ou la corruption des mineurs.

Le délit d'excitation habituelle à la débauche peut être relevé contre une mère qui a livré sa fille à un homme pour vivre avec lui comme concubine, et que l'état de concubinage s'est perpétré dans le voisinage même de la mère, à son vu et su et sans qu'elle ait élevé aucune réclamation (C. 22 juillet 1880).

La jurisprudence a appliqué l'article 334 aux cas suivants :

Une femme recevait son amant dans le même lit où couchait sa fille âgée de treize ans, qui, ainsi, se trouvait souvent témoin des actes honteux commis par sa mère et son amant.

Un individu attirait habituellement chez lui un certain nombre de jeunes gens pour se livrer avec eux à des actes obscènes. Il réunissait même dans un lit commun plusieurs de ces jeunes gens mineurs et, en présence des autres, il se livrait sur la personne de chacun d'eux à des actes de débauche.

Une fille publique recevait habituellement dans sa chambre plusieurs mineurs à la fois, se livrait successivement à la prostitution avec chacun d'eux et les rendait ainsi alternativement témoins de ses actes de débauche (C. 7 juillet 1859).

L'article 334 est aussi applicable au propriétaire dont la maison est entièrement habitée par des filles de mauvaise vie et qui y loue une chambre meublée à une mineure, lors même qu'il la saurait inscrite comme fille publique sur les registres de la police, ou qui a loué dans sa maison, sachant que le locataire devait y amener une jeune fille, une chambre où ils ont occupé le même lit pendant plusieurs jours (C. 10 novembre 1854, 1ᵉʳ mai 1863).

Habitude. — Pour que le délit existe, il faut que la fréquence et la répétition des faits prennent le caractère d'une habitude criminelle; cette habitude peut résulter soit de faits de corruption répétés à différentes époques envers la même personne, soit des mêmes faits successivement pratiqués envers des personnes différentes, sous la condition toutefois que la réitération de l'excitation n'ait pas eu lieu au même moment, en un seul trait de temps.

Age. — Il importe peu que la jeune fille, objet de l'excitation, soit déjà prostituée au moment du fait, ou qu'elle soit restée pure après, si elle est âgée de moins de vingt et un ans, le délit existe (1).

Attroupements.

Tout attroupement armé formé sur la voie publique est interdit.

Est également interdit, sur la voie publique, tout attroupement non armé qui pourrait troubler la tranquillité publique. (Décr. et L., 7 juin 1848, art. 1er).

L'attroupement est armé : 1° quand plusieurs des individus qui le composent sont porteurs d'armes apparentes ou cachées; 2° lorsqu'un seul de ces individus, porteur d'armes apparentes, n'est pas expulsé immédiatement de l'attroupement par ceux-là mêmes qui en font partie (même décr., art. 2).

Lorsqu'un attroupement armé ou non armé se sera formé sur la voie publique, le maire ou l'un de ses adjoints, à leur défaut le commissaire de police ou tout autre agent ou dépositaire de la force publique et du pouvoir exécutif, portant l'écharpe tricolore, se rendra sur le lieu de l'attroupement.

Un roulement de tambour annoncera l'arrivée du magistrat.

Si l'attroupement est armé, le magistrat lui fera sommation de se dissoudre et de se retirer.

Cette première sommation restant sans effet, une seconde sommation, précédée d'un roulement de tambour, sera faite par le magistrat.

En cas de résistance, l'attroupement sera dissipé par la force.

---

(1) Les inversions et les perversions de l'instinct sexuel (pédérastie et tribadisme), ne deviennent des crimes ou des délits que lorsqu'ils constituent en même temps, soit un outrage public à la pudeur, soit un attentat à la pudeur avec ou sans violence, soit l'excitation de mineurs à la débauche.

Si l'attroupement est sans armes, le magistrat, après le premier roulement de tambour, exhortera les citoyens à se disperser. S'ils ne se retirent pas, trois sommations seront successivement faites.

En cas de résistance, l'attroupement sera dissipé par la force (L. 7 juin 1848, art. 3).

Si, par les progrès d'un attroupement ou émeute populaire, ou par tout autre cause, l'usage rigoureux de la force devient nécessaire ; un officier civil, soit juge de paix, soit officier municipal, procureur de la commune ou commissaire de police, soit administrateur de district ou de département, soit procureur-syndic ou procureur général syndic, se présentera sur le lieu de l'attroupement ou du délit, prononcera à haute voix ces mots : *Obéissance à la loi ; on va faire usage de la force ; que les bons citoyens se retirent*. Le tambour battra un ban avant chaque sommation (Loi du 27 juillet 1791, art. 26).

Le commissaire de police qui, chargé de diriger des troupes pour dissiper un rassemblement, s'est mis par son imprudence dans l'impossibilité de faire les sommations légales avant le choc qui a eu lieu entre les militaires et les citoyens, choc dans lequel des blessures ont été faites et la mort donnée, se rend coupable des délits prévus par les articles 319 et 320 du Code pénal (Grenoble, 17 avril 1832 ; v. Homicide).

Lorsque l'intervention des troupes est jugée nécessaire pour maintenir l'ordre public et pour assurer l'exécution des lois, l'autorité militaire agit sur la réquisition écrite des autorités compétentes et, autant que possible, après s'être concertée avec elles. Les motifs et l'objet de la réquisition doivent être clairement exprimés.

Le choix et l'exécution des mesures à prendre appartiennent exclusivement à l'autorité militaire, dont la responsabilité à cet égard reste entière (Décr. 23 octobre 1883, art. 177).

Aubergistes-Logeurs.

Art. 475, § 2, C. P. — « Les aubergistes, hôteliers, logeurs ou loueurs de maisons garnies qui auront négligé d'inscrire de suite et sans aucun blanc sur un registre tenu régulièrement les noms, qualités, domicile habituel, dates d'entrée et de sortie de toute personne qui aurait couché ou passé une nuit dans leurs maisons ; ceux d'entre eux qui auraient manqué à représenter ce registre aux époques déterminées par les règlements ou lorsqu'ils en auront été requis, aux maires, adjoints, officiers ou commissaires de police, ou aux citoyens commis à cet effet, seront punis d'amende depuis 6 francs jusqu'à 10 francs inclusivement, le tout, sans préjudice des cas de responsabilité mentionnés en l'article 73 du Code pénal, relativement aux crimes ou aux délits de ceux qui, ayant logé ou séjourné chez eux, n'auraient pas été régulièrement inscrits ».

L'arrêté préfectoral qui prescrit dans toute l'étendue du département aux maitres d'hôtels garnis, aubergistes et logeurs de remettre chaque jour au commissaire de police un extrait du registre dont la tenue leur est imposée par l'article 475, n° 2, est légal et obligatoire (C. 21 juin 1883).

La tenue du registre prescrit par l'article 475 n'est obligatoire que pour les logeurs de profession ; elle ne peut être étendue, même par un règlement municipal, aux habitants ou propriétaires qui louent des chambres garnies ou non garnies dans leurs maisons, mais sans faire profession de loger habituellement des étrangers. (C. 1er août 1845 et 3 novembre 1827).

Mais les propriétaires qui louent habituellement des chambres garnies dans leurs maisons doivent être considérés comme logeurs (C. 6 octobre 1854).

De même la personne qui exploite une maison de tolérance doit se pourvoir du registre exigé des logeurs (C. 29 novembre 1844).

L'obligation du registre ne saurait être imposée aux sages-femmes qui tiennent une maison d'accouchement ; cette mesure serait contraire au vœu de l'article 378 du Code pénal qui les soumet à garder les secrets dont elles sont dépositaires à raison de leur profession (C. 18 juin 1846).

L'obligation imposée aux logeurs d'inscrire sur un registre

toute personne qui a couché ou passé une nuit dans leur maison, est générale et comprend toute personne, non seulement les voyageurs, mais encore les personnes qui ont leur domicile habituel dans le lieu même où est située l'auberge qu'elles ont momentanément habitée (C. 28 mai 1825) ; cette prescription vise non seulement les personnes qui couchent chez l'aubergiste en qualité de locataires, mais encore celles que les locataires font coucher dans leur chambre (C. 9 juillet 1859).

Le logeur n'est toutefois pas tenu d'inscrire sur son registre les gens qui sont chez lui en qualité de domestiques (C. 7 février 1856).

L'obligation de l'inscription ne s'impose pas dès l'entrée des voyageurs, elle ne commence qu'après l'expiration de la nuit dans laquelle le logement a été fourni et encore l'accomplissement en comporte-t-il un certain délai moral nécessaire pour obtenir des personnes logées, après leur lever, les indications qui doivent entrer dans l'inscription (C. 18 juillet 1874).

Quant à la date de la sortie, le Code n'entend évidemment parler que d'un départ définitif ; si le locataire ne faisait qu'une absence momentanée, il n'y aurait pas nécessité de la mentionner sur le registre (C. 16 avril 1864).

ART. 154 du C. P. — « Les logeurs et aubergistes qui, sciemment, inscrivent sur leurs registres, sous des noms faux ou supposés, les personnes logées chez eux ou qui, de connivence avec elles, ont omis de les inscrire, sont punis d'un emprisonnement de six jours au moins et de trois mois au plus.

Dépôts confiés par les voyageurs. — Les aubergistes ou hôteliers sont responsables, comme dépositaires des effets apportés par le voyageur qui loge chez eux ; le dépôt de ces sortes d'effets doit être regardé comme un dépôt nécessaire (C. c., art. 1952).

Ils sont responsables du vol ou du dommage des effets du voyageur, soit que le vol ait été fait ou que le dommage ait été causé par les domestiques et préposés ou par des étrangers allant et venant dans l'hôtellerie (C. c., art. 1953).

Cette responsabilité est limitée à 1000 francs pour les espèces monnayées et les valeurs ou titres au porteur de toute nature non déposées réellement entre les mains des aubergistes ou hôteliers (L. 19 avril 1889).

Ils ne sont pas responsables des vols faits avec force armée ou autre force majeure (C. c., art. 1954).

Objets abandonnés ou laissés en gage par les voyageurs aux aubergistes ou hôteliers. — *Loi du 31 mars 1896.* — Les effets mobiliers apportés par le voyageur ayant logé chez un aubergiste, hôtelier ou logeur et par lui laissés en gage pour sûreté de sa dette, ou abandonnés au moment de son départ, peuvent être vendus dans les conditions suivantes :

Le dépositaire peut présenter au juge de paix du canton où les effets mobiliers ont été laissés en gage ou abandonnés une requête qui énonce les faits, désigne les objets et leur valeur approximative.

L'ordonnance du juge, mise au bas de la requête, fixe le jour, l'heure, le lieu de la vente qui ne peut être faite que six mois après le départ constaté du voyageur.

En cas d'extrême urgence, le juge peut autoriser la vente avant l'expiration du délai de six mois.

Banqueroute simple et frauduleuse.

Tout commerçant failli, sera déclaré banqueroutier simple, s'il se trouve dans un des quatre cas suivants :

1° Dépenses personnelles ou dépenses de la maison jugées excessives ;

2° Consommation de fortes sommes, soit à des opérations du pur hasard, soit à des opérations fictives de Bourse ou sur marchandises ;

3° Achats faits pour revendre au-dessous du cours, emprunts, circulation d'effets, ou autres moyens ruineux de se procurer des fonds, dans l'intention de retarder sa faillite ;

4° Paiement à un créancier au préjudice de la masse (art. 585 du C. de Com.).

Sera déclaré banqueroutier frauduleux et puni des peines portées au Code pénal ;

1° Tout commerçant failli qui aura soustrait ses livres ;

2° Détourné ou dissimulé une partie de son actif ;

3° Qui, soit dans ses écritures soit par des actes publics ou des engagements sous signature privée, soit par son bilan, se sera frauduleusement reconnu débiteur de sommes qu'il ne devait pas (art. 591, C. Com., et 402, 403 et 404 du C. P.).

Bris de scellés.

Trois éléments essentiels constituent, dans tous les cas, les délits prévus par les articles 249 à 263 du Code pénal. Il faut tout d'abord qu'il y ait eu violation de scellés, c'est-à-dire destruction matérielle des bandes et cachets, appliqués par l'autorité compétente, sur la fermeture des portes et des meubles, dans le but d'assurer, à qui de droit, la conservation des objets mobiliers et papiers existant dans les lieux sur lesquels les scellés sont mis. Le détournement des objets mis sous scellés sans bris de scellés ne constituent pas le délit (C. 1er octobre 1847).

Brocanteur.

La loi du 15 février 1898 dont le texte suit, abroge les anciennes dispositions qui régissaient le métier de brocanteur :

Art. 1er. — Tout brocanteur, revendeur de vieux meubles, linges, hardes, bijoux, livres, vaisselles, armes, métaux, ferraille et autres objets et marchandises de hasard, ou qui achète les mêmes marchandises neuves de personnes autres que celles qui les fabriquent ou en font le commerce, est tenu :

1° De se faire préalablement inscrire sur les registres ouverts à cet effet à la préfecture de police s'il habite Paris ou dans le ressort, ou à la préfecture du département qu'il habite.

A cet effet, il sera tenu de présenter sa patente ou un certificat de décharge et un certificat d'individualité; il lui sera remis un bulletin d'inscription qu'il sera tenu de présenter à toute réquisition.

2° D'avoir un registre coté et paraphé par le commissaire de police ou, à son défaut, par le maire, et sur lequel il inscrira, jour par jour, et sans blanc ni rature, les noms, surnoms, qualités et demeures de ceux avec qui il contracte, ainsi que la nature, la qualité et le prix des dites marchandises; il devra présenter ce registre, tenu en état, à toute réquisition.

3° En cas de changement de domicile, de faire une déclaration au commissariat de police ou, à défaut à la mairie, tant du lieu qu'il quitte qu'au commissariat et à la mairie du lieu où il va s'établir.

Toute contravention aux prescriptions ci-dessus énoncées sera punie d'une amende de 1 franc à 5 francs et, en cas de récidive, d'un emprisonnement d'un à cinq jours et d'une amende de 10 francs à 15 francs ou de l'une de ces deux peines seulement.

Art. 2. — Il est spécialement défendu aux personnes visées dans l'article 1er d'acheter aucuns meubles, hardes, linges, bijoux, livres, métaux, vaisselles, en un mot, tout objet mobilier quelconque d'enfants mineurs sans le consentement exprès et écrit des père, mère et tuteurs, ni d'acheter d'aucune personne dont le nom et la demeure ne leur seraient pas connus, à moins que leur identité ne soit certifiée par deux témoins connus qui devront signer au registre. Sous peine d'un emprisonnement de cinq jours à un mois et d'une amende de 5 francs à 200 francs.

Art. 3. — Le brocanteur n'ayant pas boutique est tenu aux mêmes obligations. Il doit, en outre, porter ostensiblement et présenter à toute réquisition la médaille qui lui sera délivrée et sur laquelle seront inscrits ses noms, prénoms et numéro d'inscription.

Il est, de plus, soumis à toute les mesures de police prescrites, pour la tenue des foires et marchés, par les arrêtés préfectoraux et municipaux.

En cas de contraventions aux dispositions du présent article, les pénalités prévues par l'article 1er seront appliquées.

Bureaux de placement.

Nul ne peut tenir un bureau de placement sans l'autorisation de l'autorité municipale. C'est elle qui en a la surveillance, qui prend les arrêtés nécessaires et qui règle le tarif des droits, que le gérant est autorisé à percevoir (Décr. 25 mars 1852).

Certification de signatures.

Le désir d'assurer aux écritures privées le caractère de sincérité qui leur est indispensable a fait introduire presque partout l'usage connu vulgairement sous le nom de *Légalisation des signatures*. Cet usage, qui n'est autre chose que l'attestation donnée par un fonctionnaire public, que la signature apposée au bas d'un acte est véritable et non supposée, s'est surtout développé dans les villes. Les commissaires de police se trouvant plus particulièrement à même, par la nature de leurs fonctions, par leurs rapports journaliers avec la population, d'exercer cette espèce de contrôle, c'est à eux que sont adressées de préférence les demandes d'attestation de signatures. Quand ils croiront devoir intervenir, ils substitueront au mot *légalisation* le mot *certification* et se serviront de la formule ci-après, par exemple : Vu pour certification matérielle de la signature de M. X. apposée ci-dessus. Dater et signer.

La certification de ces signatures n'étant pas ordonnée par la loi elle n'ajoute rien aux actes, et on ne peut pas dire qu'elle légalise, c'est-à-dire qu'elle complète, ce qui a, sans elle, sa pleine existence.

Les commissaires de police s'abstiendront d'intervenir

chaque fois que les pièces qui leur seront soumises leur paraîtraient susceptibles d'offenser quelque intérêt légitime, soit public, soit privé.

L'immixtion du commissaire serait illégale ou dangereuse, dans les cas suivants :

1° Actes de l'état civil ;

2° Titre recommandant un individu à la bienveillance publique ;

3° Certificats devant être produits en justice et destinés à combattre des faits relevés dans des procès-verbaux.

Chasse.

Loi du 3 mai 1844. Art. 1er. — « Nul ne pourra chasser, sauf les exceptions ci-après, si la chasse n'est pas ouverte, et s'il ne lui a pas été délivré un permis de chasse par l'autorité compétente.

« Nul n'aura la faculté de chasser sur la propriété d'autrui sans le consentement du propriétaire ou de ses ayants droit.

Art. 2. — « Le propriétaire ou possesseur peut chasser ou faire chasser en tout temps, sans permis de chasse, dans ses possessions attenant à une habitation et entourées d'une clôture continue faisant obstacle à toute communication avec les héritages voisins. »

Les articles 7 et 8 refusent le permis :

Aux mineurs qui n'auront pas seize ans accomplis ;

Aux mineurs de seize à vingt et un ans, à moins que le permis ne soit demandé pour eux par leur père, mère, tuteur ou curateur, porté au rôle des contributions ;

Aux interdits ;

Aux gardes champêtres ou forestiers des communes et établissements publics, ainsi qu'aux gardes forestiers de l'Etat et aux gardes-pêche ;

A ceux qui, par suite de condamnations, sont privés du droit de port d'armes ;

A tous ceux qui n'auront pas exécuté les condamnations prononcées contre eux pour l'un des délits prévus par la présente loi ;

A tout condamné sous le coup de l'interdiction de séjour.

L'article 9, modifié par la loi du 22 janvier 1874, dit que dans le temps où la chasse est ouverte, le permis donne à celui qui l'a obtenu le droit de chasser le jour, soit à tir, soit à courre, à cor et à cris, suivant les distinctions établies par les arrêtés préfectoraux, sur ses propres terres et sur les terres d'autrui, avec le consentement de celui à qui le droit de chasse appartient.

Les préfets des départements, sur l'avis des conseils généraux, réglementent chaque année les modes et procédés de chaque chasse pour diverses espèces de gibier, et notamment pour prévenir la destruction des oiseaux utiles à l'agriculture.

Jurisprudence. — Attitude de chasse. — L'attitude indique le plus souvent si l'on est ou non en action de chasse; on doit notamment considérer, comme chassant, l'individu porteur d'un fusil à deux coups armé des deux côtés qui marche doucement, la nuit, en regardant de chaque côté de lui, dans le chemin de bornage d'une forêt ou le long d'un champ, ou celui qui serait trouvé sur une pièce de terre, armé d'un fusil tenu de la main droite à la poignée, l'arme reposant sur l'avant-bras gauche (C. 22 janvier 1829, et Douai 19 février 1841).

Poursuite du gibier par les chiens. — La poursuite du gibier constitue un acte de chasse de la part d'un maître même non porteur d'armes qui laisse ou fait poursuivre le gibier par ses chiens, alors surtout qu'il s'agit de chiens courants; mais il n'y a pas fait de chasse de la part d'un propriétaire dont le chien, obéissant à son seul instinct, a, contre la volonté de son maître, parcouru la campagne en se livrant à la poursuite du gibier (C. 6 juillet 1854 et 21 juillet 1855).

Essai des chiens. — Le fait de chasse existe, encore que l'on se serait simplement proposé non de poursuivre et de capturer actuellement le gibier, mais d'exercer son chien et de le préparer à entrer en chasse.

Il résulte donc que c'est faire acte de chasse en excitant un chien, de quelque espèce que ce soit, à rechercher ou à poursuivre le gibier ou lorsqu'on a la garde et la surveillance d'un chien de le laisser volontairement chasser. Toutefois, on n'encourt aucune responsabilité de ce chef, lorsque l'animal s'est mis en chasse, à l'insu de son maitre ou malgré les efforts tentés pour l'en empêcher.

Chemins de Fer.

Les dispositions qui régissent les chemins de fer sont condensées dans les lois du 11 juin 1842, du 15 juillet 1845 et dans l'ordonnance du 15 novembre 1846, modifiée par le décret du 1er mars 1901.

Le cadre restreint de notre ouvrage ne nous permet pas de rapporter ici le texte de ces monuments législatifs et réglementaires. Mais nous pensons que le mécanisme du contrôle de l'Etat n'y est pas suffisamment expliqué. C'est à cela que nous voulons suppléer en donnant les explications suivantes :

L'organisation du contrôle des chemins de fer modifiée à plusieurs reprises depuis l'ordonnance du 15 novembre 1846 comprend actuellement pour chaque réseau, quatre services distincts :

1° Contrôle de la voie et des bâtiments ;
2° Contrôle de l'exploitation technique ;
3° Contrôle de l'exploitation commerciale ;
4° Contrôle des études et travaux des lignes nouvelles.

Ces quatre services sont placés sous la haute autorité du directeur du contrôle.

Le service du contrôle de la voie et des bâtiments est dirigé par un ingénieur en chef des ponts et chaussées qui a sous ses ordres plusieurs ingénieurs ordinaires auxquels sont adjoints des conducteurs des ponts et chaussées.

Un ingénieur en chef des mines est chargé pareillement du

contrôle de l'exploitation technique ; il est assisté par des ingénieurs ordinaires des mines qui ont eux-mêmes sous leur autorité les contrôleurs des mines.

Le contrôle de l'exploitation commerciale est assuré par un contrôleur général ; ce fonctionnaire a sous ses ordres les inspecteurs principaux assistés des inspecteurs particuliers, lesquels ont enfin sous leur autorité les commissaires de surveillance administrative. Ces derniers fonctionnaires sont en outre placés sous les ordres directs des ingénieurs du contrôle de la voie et des bâtiments et de l'exploitation technique en ce qui concerne chacun de ces deux services.

Enfin, le service de l'inspection et du contrôle des études et travaux des lignes nouvelles est assuré par des ingénieurs en chef des ponts et chaussées assistés des ingénieurs et conducteurs des ponts et chaussées.

Accidents.— En cas d'accident grave, le commissaire de police se transporte immédiatement sur les lieux. Il fait avertir sans retard par express ou télégraphiquement le maire, le préfet et le sous-préfet de l'arrondissement, le procureur de la République et les agents du contrôle de la résidence. S'il y a de nombreuses victimes, il adresse en même temps des réquisitions à un nombre de médecins suffisant, aux infirmiers et infirmières disponibles des hôpitaux et à la troupe (piquet en arme pour le service d'ordre et piquet sans arme pour le service de sauvetage et de brancardiers).

Il s'occupe des blessés et des morts qu'il fait transporter dans des locaux séparés et convenables. L'identité des victimes doit être établie avec un soin scrupuleux pour éviter toute confusion. Interroger les blessés si leur état le permet. Une étiquette numérotée reproduisant le signalement de la victime, les effets dont elle est vêtue, la description des papiers, valeurs, objets, etc., trouvés sur elle, est placée sur chaque cadavre.

Le commissaire de police ouvre ensuite une enquête, en vue d'établir les causes de l'accident.

Si la malveillance est étrangère, il recherche les fautes ou

négligences commises et dirige ses investigations de manière
à établir la responsabilité pénale des agents de la Compagnie
et la responsabilité civile de la Compagnie elle-même.

Homicides et blessures involontaires. — L'article 19 de la loi
du 15 juillet 1845 punit de huit jours à six mois de prison ceux
qui, par maladresse, imprudence, inattention ou inobservation des règlements, ont occasionné des blessures.

La peine est de six mois à cinq ans si l'accident a occa-
la mort d'une ou plusieurs personnes.

Voyageurs sans billets. — L'article 21 de la loi du 21 juillet 1845 punit le voyageur trouvé sans billet ou porteur d'un
billet délivré pour un trajet plus court que celui qu'il a fait.
Ce fait n'étant pas puni d'un emprisonnement, le contrevenant ne saurait être mis en état d'arrestation s'il justifie de
son identité et de moyens d'existence. Dans le cas contraire il
est arrêté et mis à la disposition du Parquet pour vagabondage.

Commissaires spéciaux de police. — Rétablis par le décret
du 22 février 1855, ils ont dans leurs attributions tout ce qui
regarde les mesures de sûreté et de police générale et les
mesures de police qui ne se rattachent pas au service de
l'exploitation des chemins de fer. Il y a lieu d'y ajouter la
constatation et la poursuite des délits de droit commun.
Toutefois en cas d'absence ou d'empêchement, ils peuvent,
pour cette dernière partie de leurs fonctions, être suppléés
par les commissaires administratifs qui, s'ils ne sont pas
auxiliaires du procureur de la République, ont du moins
la qualité d'officiers de police judiciaire (Cir. tr. pub., 1er
juin 1855).

Les commissaires spéciaux rendent compte aux préfets de
tous les faits intéressant leur service ; ils adressent en même
temps copie de leurs rapports au ministre de l'Intérieur (Décr.
22 févr. 1855).

Les commissaires de police établis dans des localités traversées par des chemins de fer exercent leur autorité sur la partie de ces lignes comprise dans leur circonscription, concurremment avec les commissaires spéciaux (même décr., art. 6).

Les commissaires spéciaux exercent dans toute l'étendue du département de leur résidence la police judiciaire conformément aux dispositions du Code d'ins. cr. (Décr. du 22 décembre 1893).

Coalitions. — Grèves.

Atteinte à la liberté du travail. — Art. 414, C. P. — « Est puni d'un emprisonnement de six jours à trois ans, quiconque, à l'aide de violences, voies de fait, menaces ou manœuvres frauduleuses, a amené ou maintenu, tenté d'amener ou de maintenir une cessation concertée de travail, dans le but de forcer la hausse ou la baisse des salaires ou de porter atteinte au libre exercice de l'industrie et du travail. » (L. 25 mai 1864).

Eléments constitutifs. — Il faut qu'il y ait violences, voies de fait, manœuvres frauduleuses consommées et prouvées. Il faut que les violences consommées aient eu pour but de porter atteinte par une cessation simultanée de travail, à la liberté soit du patron soit de l'ouvrier.

Ce sont les violences ou menaces se produisant en temps de grève que la loi de 1864 a voulu atteindre. La violence peut se manifester sans frapper : saisir au corps, jeter à terre, cracher au visage, arracher les cheveux, sont des violences.

La menace peut être verbale ou écrite, être faite avec ou sans ordre, avec ou sans condition, avec l'ordre de faire ou de ne pas faire.

Des ouvriers travaillent en paix, plusieurs de leurs camarades ayant résolu de faire grève, les attendent à la sortie de l'atelier, ils les pressent d'imiter leur exemple, promettent leur assistance, étalent avec exagération les chances de succès, le nombre des adhérents, exaltent la justice de leur cause, dans tous ces actes et autres analogues, il y a l'exercice bon ou mauvais d'un droit et non l'emploi de manœuvres frauduleuses.

L'atteinte à la liberté du travail consiste ordinairement de la part des patrons à vouloir injustement abaisser le salaire, de la part des ouvriers à tenter abusivement de l'élever. (Rapp. de M. Emile Olivier, fév. 1864).

Il y a circonstance aggravante, dit l'article 415, si les faits punis par l'article 414 ont été commis par suite d'un plan concerté. (V. Syndicats professionnels).

Coalition des fonctionnaires. — Forfaiture.

ART. 123, C. P. — « Tout concert de mesures contraires aux lois, pratiqué soit par la réunion d'individus ou de corps dépositaires de quelque partie de l'autorité publique, soit par députation ou correspondance entre eux, sera puni d'un emprisonnement de deux mois au moins et de six mois au plus, contre chaque coupable. »

ART. 124. — « S'il a été concerté des mesures contre l'exécution des lois ou contre les ordres du gouvernement, la peine sera le bannissement. — Si ce concert a eu lieu entre les autorités civiles et les corps militaires ou leurs chefs, les auteurs ou provocateurs seront punis de la déportation; les autres coupables seront bannis. »

ART. 125. — « S'il y a eu complot attentatoire à la sûreté intérieure de l'Etat, les coupables seront punis de mort. »

ART. 126. — « Seront coupables de forfaiture et punis de la dégradation civique :

« 1º Les fonctionnaires publics qui auront, par délibération, arrêté de donner des démissions dont l'objet ou l'effet serait d'empêcher ou de suspendre soit l'administration de la justice, soit l'accomplissement d'un service quelconque;

« 2º ART. 127. — Les juges, procureurs, substituts, officiers de police qui se seront immiscés dans l'exercice du pouvoir législatif, soit par des règlements contenant des dispositions législatives, soit en arrêtant ou en suspendant l'exécution d'une ou de plusieurs lois, soit en délibérant sur le point de savoir si les lois seront publiées ou exécutées, qui auraient excédé leur pouvoir en s'immisçant dans les matières attribuées aux autorités administratives, etc. » (V. art. 128, 129, 130, 131, du C. P.).

Colportage d'Ecrits et Dessins.

Loi du 29 juillet 1881. — Art. 18. — « Quiconque voudra exercer la profession de colporteur ou de distributeur sur la voie publique ou en tout autre lieu public ou privé, de livres, écrits, brochures, journaux, dessins, gravures, lithographies et photographies, sera tenu d'en faire la déclaration à la préfecture du département où il a son domicile.

« Toutefois, en ce qui concerne les journaux et autres feuilles périodiques, la déclaration pourra être faite soit à la mairie de la commune dans laquelle doit se faire la distribution, soit à la sous-préfecture. Dans ce dernier cas, la déclaration produira son effet pour toutes les communes de l'arrondissement.

« Art. 20. — La distribution et le colportage accidentels ne sont assujettis à aucune déclaration.

« Art. 21. — L'exercice de la profession de colporteur ou de distributeur sans déclaration préalable, la fausseté de la déclaration, le défaut de présentation, à toute réquisition, du récépissé, constituent des contraventions.

« Les contrevenants seront punis d'une amende de 5 francs à 15 francs et pourront l'être, en outre, d'un emprisonnement d'un à cinq jours ».

Colporteurs ou crieurs d'écrits. — La loi du 19 mars 1889, dans son article 1er, punit d'une amende de 1 à 15 francs, ceux qui auront annoncé autrement que par leur titre, leur prix, l'indication de leur opinion et les noms des auteurs ou rédacteurs, les journaux et tous les écrits ou imprimés distribués ou vendus dans les rues et lieux publics.

Ce même article prohibe également l'annonce sur la voie publique d'aucun titre obscène ou contenant des imputations diffamatoires ou expressions injurieuses pour une ou plusieurs personnes.

Colportage de marchandises. — Depuis la loi du 2 mars 1791, le colportage de toutes les marchandises dont la circulation n'est pas interdite ou réglementée est entièrement libre, sous la seule obligaton de se soumettre aux règlements municipaux.

Patente. — Les colporteurs étant des marchands sont comme tels soumis à la patente (L. 15 juillet 1880).

Toute formule de patente délivrée à un marchand forain, colporteur ou autre patentable exerçant l'une des professions non sédentaires désignées à l'article 29 du 15 juillet 1880, doit à sa diligence être revêtue, par le maire de la commune qu'elle concerne, du visa de ce magistrat et du signalement de l'imposé. Celui-ci ne peut justifier valablement de son imposition à la contribution des patentes que par la production de la dite formule ainsi régularisée (L. 28 avril 1893, art. 6).

Commissaires de Police.

Concours. — Nul ne peut être appelé aux fonctions de commissaire de police, de commissaire ou d'inspecteur spécial de la police des chemins de fer, s'il n'a été porté sur une liste d'admissibilité dressée par le Ministre de l'Intérieur, à la suite d'un concours, conformément aux dispositions de l'arrêté ministériel du 15 septembre 1901.

Nomination. — Les commissaires de police sont nommés par décret du Président de la République, sur la présentation du Ministre de l'Intérieur. Dans les villes au-dessous de 6.000 âmes, ils sont nommés par les préfets.

Protection accordée par la loi. — Les commissaires de police sont magistrats de l'ordre administratif et judiciaire.

Costume. — Le décret du 21 avril 1852 a réglé en dernier lieu le costume des différents commissaires de police de France. Il convient qu'ils en soient revêtus dans les cérémonies. Toutefois, il a été jugé que le port des insignes n'est pas nécessaire dans les actes de leur ministère ordinaire ; il en est autrement lorsque les commissaires de police doivent pénétrer dans un domicile ou agir au nom de la loi ; dans ces circonstances, le port de l'écharpe est obligatoire.

Fonctions. — Ils exercent deux ordres de fonctions bien distinctes ; les unes appartiennent à la police administrative, les autres à la police judiciaire.

Pouvoirs administratifs. — En matière administrative, les commissaires de police sont placés : 1° sous l'autorité des préfets, pour tout ce qui touche la sûreté générale, et, à défaut du préfet, sous celle du sous-préfet ; 2° pour l'exercice de la police municipale, sous l'autorité des maires dont ils sont les auxiliaires.

La police générale comprend : 1° la sûreté générale de l'Etat et la surveillance des manœuvres qui tendraient à y porter atteinte ; 2° l'exécution des lois établies pour assurer le maintien de l'ordre dans la nation (V. Police judiciaire et Police municipale).

Responsabilité. — Les actes administratifs des commissaires de police sont de la compétence administrative. Mais si l'acte a dégénéré en faute personnelle, l'autorité judiciaire recouvre sa compétence.

Concussion. — Corruption.

Concussion. — Art. 174, C. P. — « Tous fonctionnaires, tous officiers publics, tous percepteurs des droits, taxes, contributions, deniers, revenus publics ou communaux, leurs commis ou préposés qui se rendront coupables du crime de concussion en ordonnant de percevoir ou en exigeant, ou en recevant ce qu'ils savaient n'être pas dû ou excéder ce qui était dû pour droits, taxes, contributions, deniers ou revenus, ou pour salaires ou traitements, seront punis, savoir : les fonctionnaires ou les officiers publics de la peine de la réclusion, et leurs commis ou leurs préposés d'un emprisonnement de deux ans au moins et de cinq ans au plus ».

Corruption. — Art. 177, C. P. — « Tout fonctionnaire public de l'ordre administratif ou judiciaire, tout agent ou préposé d'une administration publique qui aura agréé des offres ou promesses ou reçu des dons ou présents pour faire un acte de sa fonction, même juste, mais non sujet à salaire, sera puni de la dégradation civique et d'une amende. La présente disposition est applicable à tout fonctionnaire qui, par offres ou promesses agréées, dons ou présents reçus, se sera abstenu de faire un acte qui entrait dans l'ordre de ses devoirs, et à tout arbitre ou expert nommé soit par le tribunal, soit par les parties, qui aura agréé des offres ou promesses ou reçu des dons ou présents pour rendre une décision ou donner une opinion favorable à l'une des parties ».

Loi du 4 juillet 1889. — L'article précédent est applicable à toute personne investie d'un mandat électif qui aura agréé des offres ou promesses, reçu des dons ou présents pour faire obtenir ou tenter de faire obtenir des décorations, médailles, distinctions ou récompenses, des places, fonctions ou emplois, des faveurs quelconques accordées par l'autorité publique, des marchés, entreprises ou autres bénéfices résultant de traités conclus également avec l'autorité publique, et aura ainsi abusé de l'influence réelle ou supposée que lui donne son mandat.

Toute autre personne qui se sera rendue coupable de faits semblables sera punie de peines correctionnelles.

Différence entre la concussion et la corruption. — Si le fonctionnaire prétend avoir le droit *d'exiger* ce qu'il reçoit, il commet un fait de *concussion* ; s'il se borne à *accepter* des deniers à titre de don, de présent, ou à les extorquer par un moyen quelconque, *mais sans les réclamer à titre de taxe ou de salaire*, le fait présente le caractère de corruption (C. 5 mai 1837).

Conflits.

On donne le nom de conflit au dissentiment qui se manifeste entre deux ou plusieurs autorités du même ordre ou d'ordre différent, lorsque chacune d'elles réclame ou répudie la connaissance d'une même affaire.

Conseil d'Etat.

Il est composé de trente-deux conseillers d'Etat en service ordinaire, de dix-huit conseillers en service extraordinaire, de trente maîtres des requêtes et de trente-six auditeurs.

Il est placé près du gouvernement pour donner son avis sur certains projets de loi présentés par les ministres ou par les Chambres, pour préparer les décrets du chef de l'Etat et pour juger les contestations entre les particuliers et les administrations publiques.

Les membres en sont nommés par le gouvernement.

Conseil de Préfecture.

Les conseils de préfecture sont placés comme conseils consultatifs auprès du préfet qui doit demander leur avis dans les cas prévus par la loi et même dans les autres cas, s'il le juge convenable.

Dans le premier comme dans le second cas, l'arrêté qui intervient est purement préfectoral. Le préfet n'est même pas tenu d'adopter l'opinion émise par le conseil de préfecture.

Les conseils de préfecture sont aussi juges de premier ressort, sauf appel à la Cour des comptes, de la comptabilité des communes et des établissements publics dont le revenu n'excède pas 30.000 fr.

Les conseillers sont nommés par le gouvernement.

Constatation des Crimes et Délits.

En cas de flagrant délit. — « Les recherches les plus promptes sont les plus fructueuses : le moindre retard peut faire disparaître des indices souvent fugitifs. Lorsque l'officier de police auxiliaire a négligé de constater le fait, ou qu'en le constatant il a omis de recueillir des indices essentiels, cette omission est presque toujours sans remède. Aussi ces premières recherches exigent-elles tout votre zèle, toute votre activité, toute votre attention.

« Un crime ou un délit vous est-il déféré, vous devez vous transporter sans retard sur les lieux ; en décrire scrupuleusement l'état ; vous saisir des armes, des instruments et de tout ce qui aurait servi à commettre le crime, des objets suspects que le prévenu aurait abandonnés ou oubliés, des choses qui seraient le produit du crime ou qui pourraient servir à la manifestation de la vérité ; entendre les personnes lésées, si elles n'ont pas encore porté plainte ou si elles ont de nouvelles explications à fournir ; recevoir les déclarations des personnes présentes qui auraient des renseignements à donner ; appeler au procès-verbal les parents, voisins, domestiques ou tous autres présumés en état de donner des éclaircissements ; rechercher et entendre surtout en leurs déclarations les personnes qui, dans des instants rapprochés du délit, auraient rencontré ou vu rôder le prévenu dans les lieux ou aux environs des lieux ; appeler les personnes qui par leur art ou profession, sont capables d'apprécier la nature du fait et ses circonstances ; défendre, si cela est nécessaire, à qui que ce soit, de sortir de la maison ou de s'éloigner des lieux jusqu'après la clôture du procès-verbal, de peur que l'indiscrétion ou la connivence ne trahissent le secret de vos opérations ; faire comparaître devant vous le prévenu, en vertu d'un mandat d'amener, s'il est connu ou suffisamment désigné ; l'interroger sur l'emploi de son temps avant, pendant ou après le délit, sur le délit même et ses circonstances ; vérifier sur-le-champ ses réponses ; le confronter, s'il est utile, aux plaignants, aux témoins ou autres prévenus ; vous saisir, au moment même de son arrestation, des armes, instruments, effets et papiers qui auraient rapport au délit ou qui seraient suspects ; faire sans délai perquisition dans ses divers domiciles, dans ceux de ses concubines ou de ses affidés, dans les lieux où il aurait une retraite ou un dépôt d'effets ; vous y saisir également de tous instruments, armes ou objets suspects ; représenter au prévenu les choses saisies, soit sur le lieu du délit, soit sur sa personne, soit dans son domicile, soit chez ses concubines ou affidés ; le faire expliquer sur ces choses, sur la possession qu'il en aurait eu ou l'usage qu'il en aurait fait ; appeler et entendre en leurs déclarations les personnes qui pourraient déposer de cette possession ou de cet usage, celles de qui le prévenu tiendrait ces choses ou qui les auraient seulement aperçues dans ses mains peu d'instants avant le délit ; recueillir des hommes de la force publique qui ont été appelés sur les lieux ou qui ont concouru à l'arrestation, ou de toutes autres personnes, les aveux ou discours suspects qui seraient échappés au prévenu sur le lieu du délit lors de son arrestation, au corps de garde ou pendant sa conduite devant l'officier public ; vérifier sans délai les relations qui pourraient exister entre lui et les personnes avec qui il aurait prié de le laisser communiquer ; vérifier, surtout en cas de vol, la légitimité de la possession des reconnaissances du Mont-de-Piété saisies chez le prévenu ou sur sa personne ; constater avec les mêmes détails les autres crimes et délits connexes ou non connexes, que les recherches feraient découvrir ; veiller à ce que le prévenu ne jette ou ne détruise des pièces à conviction ou des objets suspects et ne communique avec personne ; désigner, autant que faire se pourra, les noms, prénoms, âges, professions et domiciles des parties lésées, des personnes inculpées, des témoins, des hommes de la force publique et des experts, afin qu'en procédant à l'instruction on puisse les retrouver et les appeler facilement ; vous faire donner par les plaignants, dénonciateurs et témoins, et consigner dans la procédure le signalement exact et détaillé de la personne et des vêtements des inculpés non arrêtés, afin de faciliter la recherche et de donner plus de poids à la reconnaissance ultérieure des inculpés par ces diverses personnes ; enfin recueillir scrupuleusement tous les indices, tous les renseignements relatifs à la passion ou à l'intérêt qui auraient déterminé le crime : tel est le sommaire des principales opérations que vous avez à faire ; opérations qui doivent être effectuées avec ordre et détail et consignées avec clarté, précision et concision, en vous servant, autant que possible, des expressions des plaignants, des dénonciateurs, témoins et prévenus et en employant toujours les termes techniques des experts.

« En vous livrant aux opérations que la loi vous confie, vous n'oublierez pas que c'est dans le premier moment du délit que la vérité tout entière se manifeste. Le plaignant dans l'émotion causée par le tort qu'il vient d'éprouver ; les témoins dans l'indignation dont le fait les pénètre, s'expliquent avec franchise et véracité. La justice n'est pas encore entravée par les conseils d'une pitié mal entendue, par les sollicitations et par une foule de considérations préjudiciables à la société. Le temps effaçant bientôt les premières impressions produites par le délit, si le fait n'était pas promptement constaté, il serait à craindre qu'on ne cherchât par la suite ou à le déguiser ou au moins à l'atténuer, en en dissimulant ou dénaturant les circonstances. Quant au prévenu, interrogé sur-le-champ, dans le trouble inséparable de son arrestation, il n'a ni la faculté ni le temps de résister à l'ascendant de la justice, de préparer une défense artificieuse ou de se concerter avec ses complices. Vous devez donc, sans aucune remise, entendre le dénonciateur ou le plaignant, les témoins, le prévenu, ne pas désemparer que votre opération ne soit consommée. En cas de flagrant délit, il importe à votre arrivée de vous faire désigner les témoins et d'empêcher qu'ils ne s'éloignent. L'expérience prouve qu'une fois éloignés, soit indifférence, soit répugnance, soit encore crainte d'être détournés de leurs occupations, loin de venir apporter leur témoignage à la justice, ils s'efforcent de rester inconnus » (Instr. du Parquet de la Seine aux commissaires de police de Paris).

Contraventions.

Contraventions de première classe. — C. P., Liv. IVe, Ch. Ier. — Art. 471. — « Seront punis d'amende, depuis 1 franc jusqu'à 5 francs inclusivement :

1° Ceux qui auront négligé d'entretenir, réparer ou nettoyer les fours, cheminées ou usines où l'on fait usage du feu.

La contravention existe dès que la négligence est constatée. Il n'est pas nécessaire qu'elle ait occasionné un incendie (C. 13 octobre 1849).

2° Ceux qui auront violé la défense de tirer, en certains lieux, des pièces d'artifices.

Les mots *pièces d'artifices* doivent s'entendre de tout travail fait avec de la poudre pouvant faire explosion, soit qu'il serve à une réjouissance publique ou à un travail, mais ne comprenant pas les armes à feu (C. 4 août 1853 et 23 novembre 1877).

Si l'arrêté d'un maire ne défend le tir des pétards, fusées, etc., que dans les rues et places de la commune, il n'y a aucune contravention si un fait de ce genre se produit dans l'intérieur d'un jardin privé et non sur la voie publique (C. 8 février 1889).

Mais l'arrêté qui défend de tirer des coups de fusil ou de pistolet dans l'intérieur d'une ville doit être observé même dans les enclos et jardins situés dans la ville, surtout lorsque la défense comprend même l'intérieur des lieux privés (C. 8 mai 1858).

3° Les aubergistes et autres qui, obligés à l'éclairage, l'auront négligé; ceux qui auront négligé de nettoyer les rues ou passages, dans les communes où ce soin est laissé aux habitants.

A défaut d'un arrêté qui lui impose cette obligation, l'aubergiste ne peut être traduit pour avoir négligé d'éclairer l'extérieur de son auberge (C. 30 janvier 1879).

Les arrêtés municipaux peuvent mettre à la charge des habitants le nettoyage des rues et voies publiques, mais non l'enlèvement des immondices.

L'obligation du balayage dans les communes où ce soin est laissé aux habitants est une charge non de l'habitation, mais de la propriété. Cette charge pèse donc sur le propriétaire, soit que sa propriété soit louée, inhabitée ou habitée par lui-même (C. 15 janvier 1875).

Dans les communes où le nettoiement des rues et l'enlèvement des boues a été confié à une entreprise, l'entrepreneur, que son adjudication a substitué aux habitants, peut seul être poursuivi à raison des contraventions commises dans son service (C. 11 juillet 1868).

Cet entrepreneur ne peut d'ailleurs échapper à la juridiction du tribunal de simple police sous prétexte qu'une clause du cahier des charges confierait à l'autorité administrative la répression des infractions (C. 10 et 25 juin 1869).

4° Ceux qui auront embarrassé la voie publique, en y déposant ou en y laissant, sans nécessité, des matériaux ou des choses quelconques qui empêchent ou diminuent la liberté ou la sûreté du passage; ceux qui, en contravention aux lois et règlements auront négligé d'éclairer les matériaux par eux entreposés ou les excavations par eux faites dans les rues et places.

Le dépôt de choses mobilières, matérielles, inanimées, abandonnées pour un certain temps par un fait de l'homme et embarrassant la voie publique, suffit pour constituer la contravention, sans que le juge ait à rechercher si, en fait, la liberté du passage a été empêchée ou diminuée par ce dépôt (C. 24 août 1883).

Par l'expression « voie publique » dont se sert cet article, il faut entendre aussi bien les voies de communication de la ville que celles de la campagne, les rues et les chemins publics, classés ou non classés, de grande ou de petite communication ; mais les dépôts faits sur les routes nationales ou départementales, en dehors de la traversée des villes, bourgs et villages, constituent des contraventions de grande voirie de la compétence exclusive des conseils de préfecture.

Si le prévenu soutient que le terrain sur lequel il a laissé ou déposé des matériaux est sa propriété, il soulève une question préjudicielle dont la connaissance est exclusivement réservée à la juridiction civile.

La nécessité qui justifie le dépôt sur la voie publique ne peut s'entendre que d'un événement accidentel, momentané ou de force majeure (C. 24 août 1883).

5° Ceux qui auront négligé ou refusé de faire **exécuter** les règlements ou arrêtés concernant la petite voirie, ou d'obéir à la sommation émanée de l'autorité administrative de réparer ou démolir les édifices menaçant ruine.

Les règlements dont l'inexécution est prévue peuvent avoir pour objet les **alignements**, les autorisations de construire, les prescriptions relatives à la surveillance et à la conservation des différentes voies comprises dans la petite voirie, par exemple celles concernant l'écoulement des eaux, les plantations, l'élagage, les fossés.

En ce qui touche le deuxième paragraphe il faut, d'une part, l'existence d'une sommation faite par l'autorité administrative de réparer ou de démolir les édifices menaçant ruine et d'autre part, le refus ou la négligence d'obéir à cette sommation. Le juge de police ne peut qu'apprécier la négligence ou le refus d'exécution il est incompétent pour se prononcer sur l'opportunité de la mesure (C. 28 avril 1827).

6° Ceux qui auront jeté ou exposé au devant de leurs édifices des choses de nature à nuire par leur chute ou par des exhalaisons insalubres.

Il y a contravention dans le fait de jeter de l'eau sur la voie publique ou d'en laisser couler par une fenêtre, alors même que cette eau n'est ni malpropre, ni insalubre et n'a causé aucun dommage (C. 18 août 1881).

7° Ceux qui auront laissé dans les rues, chemins, places, lieux publics ou dans les champs, des coutres de charrue, pinces, barres, barreaux, ou autres machines, ou instruments, ou armes dont puissent abuser les voleurs ou autres malfaiteurs.

Les mots armes et instruments doivent être pris dans leur sens le plus étendu : ils comprennent tous les instruments, toutes les armes dont les voleurs ou autres malfaiteurs peuvent abuser. La prohibition concerne les échelles aussi bien que les coutres de charrue ou tout autre instrument en fer et s'applique même aux cours non closes (C. 10 novembre 1876).

8° Ceux qui auront négligé d'écheniller dans les campagnes ou jardins où ce soin est prescrit par la loi ou les règlements (V. Police rurale).

9° Ceux qui, sans autre circonstance prévue par les lois, auront cueilli ou mangé, sur le lieu même, des fruits appartenant à autrui.

Ne pas confondre cette contravention qui a pour objet les fruits cueillis et mangés sur place, avec le maraudage que prévoit l'article 475, n° 15.

10° Ceux qui, sans autre circonstance, auront glané, râtelé ou grappillé dans les champs non encore entièrement dépouillés et vidés de leurs récoltes, ou avant le moment du lever ou après celui du coucher du soleil.

Le droit de glanage, râtelage et grappillage constitue une aumône maintenue par la loi dans l'intérêt des personnes nécessiteuses et ne peut être exercé que par les indigents, conformément à l'édit du 2 novembre 1854, dont les dispositions à cet égard n'ont pas été abrogées.

11° Ceux qui, sans avoir été provoqués auront proféré contre quelqu'un des injures autres que celles prévues depuis l'article 367 jusque et y compris l'article 378 (V. Presse).

La diffamation n'est elle-même qu'une injure simple quand elle n'est pas publique.

Les injures ne sont punies que lorsqu'elles ont été proférées sans avoir été provoquées (C. 15 décembre 1876).

La provocation fait également disparaître la diffamation non publique puisqu'elle se confond avec l'injure.

L'infraction se prescrit par trois mois révolus à compter du jour où elle a été commise ou du jour du dernier acte de poursuite.

12° Ceux qui imprudemment auront jeté des immondices sur quelque personne.

Par le mot immondices, il faut entendre non seulement les ordures, mais encore toutes les matières malpropres, infectes ou produisant des exhalaisons insalubres.

13° Ceux qui, n'étant ni propriétaires, ni usufruitiers, ni locataires, ni fermiers, ni jouissant d'un terrain ou d'un droit de passage, ou qui n'étant agents ni préposés d'aucune de ces personnes, seront entrés et auront passé sur ce terrain, ou sur partie de ce terrain, s'il est préparé ou ensemencé.

Il importe peu que le terrain soit clos ou non clos, ou que le passage ait eu lieu en temps ordinaire ou en temps de chasse.

La loi punit le fait seul du passage de personnes sans droit, indépendamment de tout dommage causé au terrain (C. 28 juin 1856).

14° Ceux qui auront laissé passer leurs bestiaux ou leurs bêtes de trait, de charge ou de monture sur le terrain d'autrui avant l'enlèvement de la récolte.

Il n'y a contravention qu'autant qu'on peut l'imputer à la négligence du maître ou du gardien. Si celui-ci a fait tout ce qui dépendait de lui pour l'empêcher, il n'y a pas d'infraction punissable ; il ne reste qu'une action civile en réparation du dommage (C. 12 octobre 1850).

15° Ceux qui auront contrevenu aux règlements légalement faits par l'autorité administrative, et ceux qui ne se seront pas conformés aux règlements ou arrêtés publiés par l'autorité municipale, en vertu des articles 3 et 4, titre XI, de la loi du 16-24 août 1790, de l'article 46, titre 1er, de la loi du 19-22 juillet 1791 et de la loi du 5 avril 1884.

Art. 472. — « Seront en outre confisquées les pièces d'artifices saisies dans le cas du n° 2 de l'article 471, les coutres, les instruments et les armes mentionnés dans le n° 7 du même article. »

Art. 473. — « La peine d'emprisonnement pendant trois jours au plus pourra de plus être prononcée, selon les circonstances, contre ceux qui auront glané, râtelé ou grappillé en contravention au n° 10 de l'article 471. »

Art. 474. — « La peine d'emprisonnement contre toutes les

personnes mentionnées en l'article 471 aura toujours lieu, en cas de récidive, pendant trois jours au plus. »

Contraventions de la deuxième classe. — ART. 475. — Seront punis d'amende depuis 6 francs jusqu'à 10 francs inclusivement :

1° Ceux qui auront contrevenu aux bans de vendange ou autres bans autorisés par les règlements.

Le ban de vendange est réglé chaque année par arrêté du maire : mais les prescriptions de cet arrêté ne sont pas applicables aux vignobles clos (Loi 9 juillet 1889, art. 13).

2° (V. Aubergistes, logeurs).

3° Les rouliers, charretiers, conducteurs de voitures quelconques ou de bêtes de charge qui auraient contrevenu aux règlements par lesquels ils sont obligés de se tenir constamment à portée de leurs chevaux, bêtes de trait ou de charge et de leurs voitures, et en état de les guider et conduire ; d'occuper un seul côté des rues, chemins ou voies publiques ; de se détourner ou ranger devant toutes autres voitures, et à leur approche, de leur laisser libre au moins la moitié des rues, chaussées, routes et chemins (V. Roulage).

La loi du 30 mai 1851 et le décret du 10 août 1852 ne contiennent aucune disposition relative aux bêtes de charge ou chevaux non attelés. Ces contraventions restent, à cet égard, sous l'application du paragraphe précédent (C. 1er juin 1855).

4° Ceux qui auront fait ou laissé courir les chevaux, bêtes de trait, de charge ou de monture, dans l'intérieur d'un lieu habité, ou violé les règlements contre le chargement, la rapidité ou la mauvaise direction des voitures ; ceux qui contreviendront aux dispositions des ordonnances et règlements ayant pour objet : la solidité des voitures publiques ; leur poids ; le mode de leur chargement ; le nombre et la sûreté des voyageurs ; l'indication, dans l'intérieur des voitures, des places qu'elles contiennent et du prix des places ; l'indication, à l'extérieur, du nom du propriétaire (V. Roulage).

5° Ceux qui auront établi ou tenu dans les rues, chemins, places ou lieux publics, des jeux de loteries ou d'autres jeux de hasard (V. Jeux de hasard, loteries).

6° (Abrogé).

7° Ceux qui auraient laissé divaguer des fous ou des furieux étant sous leur garde, ou des animaux malfaisants ou féroces ; ceux qui auront excité ou n'auront pas retenu leurs chiens, lorsqu'ils attaquent ou poursuivent les passants, quand même il n'en serait résulté aucun mal ni dommage.

8° Ceux qui auraient jeté des pierres ou d'autres corps durs ou des immondices contre les maisons, édifices ou clôtures d'autrui, ou dans les jardins ou enclos, et ceux aussi qui auraient volontairement jeté des corps durs ou des immondices sur quelqu'un.

Il faut ici que le jet ait été volontaire, autrement le fait rentrerait dans la disposition de l'article 471, n° 6. Peu importe qu'il ait été fait à l'intérieur ou à l'extérieur des maisons (C. 14 août 1852).

Cet article est applicable à celui qui barbouille d'ordure la porte d'une maison avec un balai (C. 13 mai 1831).

9° Ceux qui, n'étant ni propriétaires, ni usufruitiers, ni jouissant d'un terrain ou d'un droit de passage, y sont entrés et y ont passé dans le temps où ce terrain était chargé de grains en tuyau, de raisins ou autres fruits mûrs ou voisins de la maturité.

Ce paragraphe n'est pas applicable au propriétaire d'un fonds enclavé ; il a le droit de passage sur les terres voisines pour la culture et l'enlèvement des récoltes, sauf le droit des voisins à une indemnité (C. 2 mai 1861).

10° Ceux qui auraient fait ou laissé passer des bestiaux, animaux de trait, de charge ou de monture, sur le terrain d'autrui ensemencé ou chargé d'une récolte, en quelque saison que ce soit, ou dans un bois taillis appartenant à autrui.

Ce sont les mêmes contraventions que celles prévues par l'article 471 n°s 13 et 14, avec cette circonstance aggravante que les terrains sur lesquels s'est exercé le fait de passage illicite étaient préparés, ensemencés ou chargés de récoltes.

11° Ceux qui auraient refusé de recevoir les espèces et monnaies nationales, non fausses ni altérées, selon la valeur pour laquelle elles ont cours.

Ce paragraphe est applicable à celui qui refuse de recevoir en monnaie de billon une somme inférieure à 5 francs (C. 13 juin 1860).

Mais il n'est point applicable à celui qui refuse de recevoir des monnaies étrangères ayant cours légal en France, ou des pièces rognées ou altérées (Carnot).

12° Ceux qui, le pouvant, auront refusé ou négligé de faire les travaux, le service, ou de prêter le secours dont ils auront été requis, dans les circonstances d'accidents, tumultes, naufrage, inondations, incendie ou autres calamités, ainsi que dans le cas de brigandages, pillages, flagrant délit, clameur publique ou d'exécution judiciaire.

La disposition du précédent paragraphe peut s'appliquer à d'autres accidents que ceux énumérés dans le texte, pourvu qu'il ne s'agisse que de faits accidentels, de maux urgents, contre lesquels le temps manquerait pour recourir aux moyens ordinaires et aux secours organisés. Telle serait par exemple la chute inopinée d'un grande quantité de neige qui interromprait les communications (C. 15 décembre 1855).

S'il ne s'agit que d'un besoin individuel, d'un malheur particulier, malgré l'urgence du besoin et si touchant que puisse être le malheur, l'article 475 est inapplicable.

Ainsi, on ne pourrait poursuivre l'aubergiste qui aurait refusé de recevoir dans son auberge, malgré la réquisition de la gendarmerie, un individu trouvé couché et mourant sur la route (C. 17 juin 1853).

Depuis la loi du 30 novembre 1892, le refus du *médecin* d'obtempérer à la réquisition, que le procureur de la République et les officiers de police, ses auxiliaires, sont autorisés à adresser aux personnes qui, par leur art ou leur profession, sont capables d'apprécier la nature ou les circonstances du crime ou délit, est puni des peines portées dans l'article 22 de cette loi, c'est-à-dire d'une amende de 25 à 100 francs. Les autres personnes restent d'ailleurs soumises à l'article 475, § 12.

La loi ne détermine ni la forme de la réquisition, ni le caractère de la personne qui a le droit de la faire. Elle peut n'être que verbale et être faite non seulement par les fonctionnaires qui ont droit de requérir, mais aussi, en cas d'incendie, par les gendarmes et les pompiers. Il suffit d'ailleurs que la qualité de l'agent soit connue de celui auquel il s'adresse, il n'est pas nécessaire qu'il soit revêtu de son écharpe ou de tout autre signe extérieur (C. 8 octobre 1842, 11 juillet 1867, 20 mars 1851).

13° Les personnes désignées aux articles 284 et 288 du présent Code (V. ces articles).

14° Abrogé par la loi du 27 mars 1851.

15° Ceux qui déroberont, sans aucune des circonstances prévues en l'article 388, des récoltes et autres productions utiles de la terre, qui, avant d'être soustraites, n'étaient pas encore détachées du sol.

Le maraudage ne constitue la contravention prévue par le précédent paragraphe qu'autant qu'il est dégagé des circonstances aggravantes énumérées dans l'article 388, § 5.

L'article 476 permet d'élever la peine jusqu'à trois jours d'emprisonnement contre ceux qui ont contrevenu aux paragraphes 4 et 8 de l'article 475.

Art. 477. — « Seront saisis et confisqués les tables, instruments, appareils des jeux ou des loteries établis dans les rues, chemins et voies publiques, ainsi que les enjeux, les fonds, denrées, objets ou lots proposés aux joueurs dans le cas de l'article 476.

Contraventions de la troisième classe. — Art. 479. — Seront punis d'une amende de 11 francs à 15 francs inclusivement :

1° Ceux qui, hors les cas prévus depuis l'article 434 jusque et y compris l'article 462, auront volontairement causé du dommage aux propriétés mobilières d'autrui.

Ce paragraphe est applicable à celui qui mutile un animal, à celui qui a tué une poule qui s'est introduite dans son jardin situé dans l'intérieur d'une ville. La faculté donnée par l'article 12, loi du 6 octobre 1791, au propriétaire ou locataire de se faire justice sur les lieux et à l'instant où le dégât a été commis, n'a pour but que de protéger les exploitations rurales; elle est étrangère à la police urbaine (C. 18 août 1853, 28 juillet 1855).

La volonté coupable doit être constatée, autrement il n'y aurait lieu qu'à l'action civile en dommages-intérêts.

2° Ceux qui auront occasionné la mort ou la blessure des animaux ou bestiaux appartenant à autrui, par l'effet de la divagation des fous ou furieux, ou d'animaux malfaisants ou féroces, ou par la rapidité ou la mauvaise direction ou le chargement excessif des voitures, chevaux, bêtes de trait, de charge ou de monture.

3° Ceux qui auront occasionné les mêmes dommages par l'emploi ou l'usage d'armes sans précaution ou avec maladresse, ou par jets de pierres ou d'autres corps durs.

3° Ceux qui auront causé les mêmes accidents par la vétusté, la dégradation, le défaut de réparation ou d'entretien des maisons ou édifices, ou par l'encombrement ou l'excavation, ou telles autres œuvres, dans ou près les rues, chemins, places ou voies publiques, sans les précautions ou signaux ordonnés ou d'usage.

5° Abrogé par la loi du 27 mars 1851.

6° Ceux qui emploieront des poids ou des mesures différents de ceux qui sont établis par les lois en vigueur;

Les boulangers et bouchers qui vendront le pain ou la viande au-delà du prix fixé par la taxe légalement faite et publiée.

Ce paragraphe est applicable à la détention et à l'emploi des poids et mesures anciens ou différents de ceux qui sont autorisés, ainsi qu'à ceux qui ne sont pas revêtus du poinçon général de l'Etat (C. 26 août 1852).

La loi du 27 mars 1851 n'a statué que relativement aux poids et aux mesures qui n'ont pas le poids et la contenance légaux (V. Fraudes commerciales).

Le boulanger qui, ayant du pain dans sa boutique, refuse d'en vendre à la taxe, encourt la peine prononcée par le paragraphe précédent (C. 12 mai 1854).

7° Les gens qui font métier de deviner et pronostiquer, ou d'expliquer les songes.

L'exercice du métier de devin ou d'autres pratiques analogues peut devenir une escroquerie, lorsque celui qui s'y livre accompagne ses pratiques de manœuvres frauduleuses caractéristiques de ce délit, dans leur objet et dans leur but (V. Escroqueries).

8° Les auteurs ou complices de bruits ou tapages injurieux ou nocturnes, troublant la tranquillité des habitants.

Tous les bruits ou tapages, de quelque nature qu'ils soient, de quelque manière qu'ils aient été produits, alors même qu'ils ont eu lieu dans l'intérieur d'une maison, peuvent rentrer dans cette qualification qui semble n'admettre aucune restriction. Toutefois, il faut qu'ils proviennent d'un fait personnel et volontaire; et, même dans ce cas, il est encore certains bruits qui ne pourraient être poursuivis, par exemple : ceux occasionnés par l'exercice d'une profession ou d'un métier, ou l'accomplissement d'un devoir ou d'un ministère obligatoire; ceux autorisés par la liberté du domicile, bals, soirées, concerts; ceux qui proviennent de chants ou d'instruments de musique lorsque, du moins, ces chants ou cette harmonie musicale conservent un caractère artistique et ne se transforment pas en cris et vociférations (C. 3 mars 1865, 28 avril 1859, 28 novembre 1884).

Pour que l'infraction existe, il n'est pas nécessaire que le bruit ou le tapage soit, tout à la fois injurieux et nocturne, il suffit qu'il ait l'un ou l'autre de ces caractères.

Le trouble à la tranquillité des habitants est, en effet, une conséquence implicite des bruits et tapages injurieux ou nocturnes. Mais cette présomption peut être débattue par la preuve contraire et l'inculpé est admis à établir, pour obtenir son renvoi d'instance, que les faits qui lui sont imputés n'ont pas troublé la tranquillité des habitants.

Dans tous les cas le juge de police ne saurait se fonder pour dénier des faits, constatés par un procès-verbal, sur des renseignements personnels et pris en dehors des débats.

Le fait de tapage nocturne est punissable alors même que la tranquillité d'un seul habitant a été troublée (C. 3 février 1877, 28 novembre 1884 et 25 janvier 1878), et il existe dès qu'il est fait avant le lever et après le coucher du soleil (C. 16 novembre 1854).

9° Ceux qui auront méchamment enlevé ou déchiré les affiches apposées par ordre de l'administration (V. Affichage).

Rien dans la loi de 1881 sur la presse ne paraît abroger le paragraphe qui précède.

10° Ceux qui mèneront sur le terrain d'autrui des bestiaux, de quelque nature qu'ils soient, et notamment dans les prairies artificielles, dans les vignes, oseraies, dans les plants de câpriers, dans ceux d'oliviers, de mûriers, de grenadiers, d'orangers, et d'arbres du même genre, dans tous les plants ou pépinières d'arbres fruitiers ou autres, faits de main d'homme.

Ce paragraphe ne s'applique qu'au cas où, après avoir conduit des bestiaux dans les terres d'autrui, on les y laisse paître sans gardien; tandis que l'article 26, de la loi des 28 septembre et 6 octobre 1791 prévoit exclusivement la garde à vue, c'est-à-dire l'hypothèse où le fait de passage a eu lieu, non pas seulement du consentement et par la volonté du maître ou gardien des bestiaux, mais sous ses yeux et sa surveillance.

La contravention prévue par le paragraphe 10 qui précède exige un fait positif de la part du prévenu et ne résulte pas d'une simple négligence.

Si les bestiaux s'introduisent d'eux-mêmes sur le terrain d'autrui, le fait tombe sous l'application des articles 3 et 12, titre II, de la loi des 28 septembre et 6 octobre 1791 et non de l'article 479, § 10 du Code pénal.

11° Ceux qui auront dégradé ou détérioré, de quelque manière que ce soit, les chemins publics, ou usurpé sur leur largeur.

Cette contravention est subordonnée à deux conditions :

1° Les faits matériels sont toutes les dégradations ou détériorations de chemins publics. L'expression « dégradation » a le sens le plus large, elle s'entend de tout travail de l'homme qui dégrade la voie publique, même lorsqu'il ne porte pas atteinte à la viabilité. Ainsi, la contravention existe dans l'acte d'avoir, en labourant un champ voisin, labouré un partie du chemin, dans le fait d'avoir inondé un chemin en y déversant les eaux d'irrigation d'une prairie (C. 7 janvier 1845, 30 mai 1846, 13 janvier 1865);

2° Les dégradations ne tombent sous le coup de l'article 479 qu'autant qu'elles sont commises sur un chemin public, ce qui doit s'entendre ici d'un chemin vicinal, communal ou rural, car les dégradations commises sur les routes nationales et départementales du domaine de la grande voirie sont constatées et réprimées par la voie administrative (C. 8 mars 1844).

12° Ceux qui, sans y être dûment autorisés, auront enlevé des chemins publics les gazons, terres ou pierres, ou qui dans les lieux appartenant aux communes, auraient enlevé les terres ou matériaux, à moins qu'il n'existe un usage général qui l'autorise.

Le paragraphe 12 s'applique aussi bien aux voies publiques intérieures, ou rues des bourgs et villages, qu'aux chemins publics proprement dits.

Il appartient au préfet, et non au maire, d'autoriser les particuliers à enlever des gazons, etc. ; mais l'autorisation du maire suffit s'il s'agit d'un terrain communal (C. 17 novembre 1838, 21 février 1845, 3 août 1849).

L'article 480 permet de prononcer la peine d'emprisonnement pendant cinq jours au plus contre les contrevenants aux paragraphes 2, 6, 7 et 8.

Art. 481. — « Seront, de plus, saisis et confisqués : 1° les poids et les mesures différents de ceux que la loi a établis; 2° les instruments, ustensiles et costumes servant ou destinés à l'exercice du métier de devin, pronostiqueur ou interprète de songes. »

Art. 482. — « La peine d'emprisonnement pendant cinq jours aura toujours lieu, pour récidive, contre les personnes et dans les cas mentionnés en l'article 479. »

Art. 483. — « Il y a récidive dans tous les cas prévus par le présent livre, lorsqu'il a été rendu contre le contrevenant, dans les douze mois précédents, un premier jugement pour contravention de police commise dans le ressort du même tribunal.

L'article 463 du Code pénal sera applicable à toutes les contraventions ci-desus indiquées. »

Contributions indirectes.

En cas de soupçon de fraude à l'égard des particuliers non sujets à l'exercice, les employés peuvent faire des visites dans l'intérieur de leurs habitations en se faisant assister du commissaire de police, lequel est tenu de déférer à la réquisition qui lui en est faite.

Ces visites ne peuvent avoir lieu que d'après l'ordre d'un employé supérieur, du grade de contrôleur au moins.

Un décret du 12 octobre 1897 autorise les commissaires de police à assister hors de leur ressort le service de la régie.

Crimes et Délits contre les particuliers.

Meurtre ou homicide volontaire. — Art. 295, C. P. — « L'homicide commis volontairement est qualifié meurtre ».

Deux éléments essentiels, l'acte et l'intention de donner la mort.

Volonté. — La volonté de tuer ne doit pas être confondue avec la préméditation. Il y a une très grande différence entre le meurtre ou homicide volontaire, c'est-à-dire l'homicide commis avec l'intention de donner la mort *au moment de l'action* et la préméditation, c'est-à-dire le dessein formé avant l'action d'attenter à la personne d'un individu, ce qui constitue l'assassinat.

Dès qu'il y a eu mort donnée volontairement, il y a meurtre, peu importe qu'au lieu de donner la mort à celui que l'on voulait pour victime, on ait atteint une autre personne, il n'en reste pas moins constant que l'on a donné la mort avec intention de tuer, et c'est le fait qui constitue le crime du meurtre.

Fait matériel. — Pour qu'il y ait meurtre, il faut en deuxième lieu qu'il y ait eu homicide, c'est-à-dire mort d'homme, et, par homme, il faut entendre toute créature humaine vivante.

Assassinat. — Art. 296 du C. P. — « Tout meurtre commis avec préméditation ou guet-apens est qualifié assassinat ».

Art. 297. — « La préméditation consiste dans le dessein formé, avant l'action, d'attenter à la personne d'un individu déterminé, ou même de celui qui sera rencontré ou trouvé, quand même ce dessein serait dépendant de quelque circonstance ou de quelque condition ».

Art. 298. — « Le guet-apens consiste à attendre plus ou moins de temps, dans un ou divers lieux, un individu, soit pour lui donner la mort, soit pour exercer sur lui des actes de violence ».

Le guet-apens suppose nécessairement la préméditation dont il est un mode, mais il n'en est pas de même de la préméditation, qui peut exister sans qu'il y ait guet-apens (C. 3 juillet 1845).

Parricide. — Art. 299. — « Est qualifié parricide le meurtre des pères et mères légitimes, naturels ou adoptifs ou de tout autre ascendant légitime ».

Le parricide doit être considéré comme un crime spécial d'une nature déterminée, ce n'est pas un meurtre accompagné d'une circonstance aggravante ; le parricide ne s'aggrave, en effet, au point de vue pénal, par la préméditation ou le guet-apens (C. 11 septembre 1851 et 2 mars 1850). Il n'est jamais excusable (C. P., art. 323).

Le complice, comme le coauteur, est passible de la peine du parricide ; le parricide prend sa qualification dans la filiation de l'auteur et non du complice (C. 11 mai 1866 et 27 avril 1815).

Infanticide. — Art. 300 du C. P. — « Est qualifié infanticide le meurtre d'un enfant nouveau-né ».

Le meurtre du nouveau-né est puni d'une peine plus rigoureuse que celui de tout autre enfant, parce qu'à ce moment l'enfant n'est entouré d'aucune protection, qu'il ne participe pas encore aux garanties communes et que le crime dont il est l'objet a pour résultat d'effacer jusqu'aux traces de la naissance.

Ainsi ne peut être qualifié infanticide le meurtre d'un enfant âgé de huit jours, alors que l'accouchement n'a pas été clandestin (C. 24 déc. 1835 et 14 avril 1837).

L'intention de donner la mort doit être relevée dans l'infanticide comme dans tous les crimes, mais l'absence ou la présence de la préméditation est indifférente.

Les biens de la paternité ou de la maternité n'ont aucune influence spéciale ; le meurtre du nouveau-né commis par *toute personne* est considéré comme un infanticide (C. 8 février 1816).

Loi du 23 novembre 1901 modifiant les articles 300 et 302 du C. P. — Art. 302. — « Tout coupable d'assassinat, de parricide et d'emprisonnement sera puni de mort, sans préjudice de la disposition particulière contenue en l'article 13, relativement au parricide.

« Toutefois, la mère, auteur pincipal ou complice de l'assassinat ou du meurtre de son enfant nouveau-né, sera punie, dans le premier cas, des travaux forcés à perpétuité, et, dans le second cas, des travaux forcés à temps, mais sans que cette décision puisse s'appliquer à ses coauteurs ou à ses complices ».

Empoisonnement. — Art. 301 du C. P. — « Est qualifié empoisonnement tout attentat à la vie d'une personne par l'effet de substances qui peuvent donner la mort plus ou moins promptement, de quelque manière que ces substances aient été employées ou administrées et qu'elles qu'en aient été les suites ».

Trois conditions sont exigibles : 1° volonté ; 2° attentat à la vie ; 3° administration d'une substance pouvant donner la mort.

Volonté. — L'empoisonnement est comme le parricide, un crime qui existe dès qu'il remplit les conditions de

l'article 301. La préméditation n'en change pas la qualification. Si l'article 301 ne parle pas de la volonté de l'accusé,
cette volonté se trouve implicitement comprise dans le mot
attentat, qui suppose la volonté criminelle.

Attentat à la vie. — Pour que le crime soit consommé, il
n'est pas nécessaire que le poison ait produit effet. Il suffit
que le poison ait été administré pour qu'il y ait crime d'empoisonnement et non simple tentative (C. 19 juin 1874).

Si les substances n'ont pas été administrées, il y a, suivant
les cas, soit une tentative, soit un acte préparatoire.

Il y a tentative 1° de la part d'un individu qui jette du poison dans les aliments qui doivent servir à la personne qu'il
veut empoisonner, de celui qui a substitué à un médicament
un breuvage empoisonné et a remis ce flacon à la personne
chargée d'administrer le médicament (C. 17 déc. 1874 et 2 juillet 1886).

On doit considérer commes simples actes préparatoires le
fait de concerter l'empoisonnement d'une personne, l'achat
du poison et l'apprêt même du poison (Garraud).

Pénalités. — Art. 302. — « Tout coupable d'assassinat, de
parricide, d'infanticide et d'empoisonnement sera puni de
mort ».

Actes de barbarie. — Art. 303. — « Seront punis comme
coupables d'assassinat tous malfaiteurs, quelle que soit leur
dénomination, qui, pour l'exécution de leurs crimes,
emploient des tortures ou des actes de barbarie ».

Pluralité de crimes ou conviction d'un crime et d'un délit. —
Art. 304. — « Le meurtre emportera la peine de mort lorsqu'il aura précédé, accompagné ou suivi un autre crime. Il
emportera également la peine de mort lorsqu'il aura eu pour
objet soit de préparer, faciliter ou exécuter un délit, soit de
favoriser la fuite ou d'assurer l'impunité des auteurs ou complices de ce délit ».

Duel. — Si aucune disposition législative n'incrimine le duel proprement dit et les circonstances qui préparent ou accompagnent cet acte homicide, aucune disposition de la loi ne range ces circonstances au nombre de celles qui rendent excusables le meurtre, les blessures et les coups. C'est une maxime inviolable de notre droit pénal que nul ne peut se faire justice à soi-même ; la justice est la dette de la société tout entière. C'est une autre maxime non moins sacrée de notre droit public, que toute convention, contraire aux bonnes mœurs et à l'ordre public, est nulle de plein droit (C. c., art. 5 et 1133).

Il résulte de ce qui précède :

1° Que les duellistes peuvent être poursuivis pour tentative de meurtre commis avec préméditation s'ils ont eu intention de se donner la mort (C. 8 décembre 1848) ;

2° Que les combattants s'ils survivent tous les deux, doivent être compris dans la même poursuite, et les témoins du duel, s'il existe de leur part des actes de complicité légale, deviennent des complices passibles des mêmes peines que les combattants (C. 22 décembre 1837).

3° Que si les combattants n'ont pas eu l'intention de se donner la mort, ils n'en sont pas moins responsables des blessures faites, dont la répression tombe sous les articles 309, 310 et 311 du Code pénal, suivant le cas.

Suicide. — Le suicide n'est pas prévu par les lois pénales françaises. Mais il ne faut pas confondre le suicide proprement dit avec le suicide conventionnel, qui constitue en réalité un homicide lorsque la personne consentante a succombé. L'homicide volontaire commis sur autrui est toujours un crime (C. 17 juillet 1851).

Blessures, violences et coups volontaires. — ART. 309 du C. P. — « Tout individu qui, volontairement, aura fait des blessures ou porté des coups ou commis toute autre violence ou voie de fait, s'il est résulté de ces sortes de violences une maladie ou incapacité de travail personnel pendant plus de vingt jours, sera puni d'un emprisonnement de deux ans à cinq ans et d'une amende de 16 francs à 2.000 francs. Il pourra, en outre, être privé des droits mentionnés en l'article 42 du présent Code pendant cinq ans au moins et dix ans au plus à compter du jour où il aura subi sa peine. Quand les violences ci-dessus exprimées auront été suivies de mutilation, amputation ou privation de l'usage d'un membre, cécité, perte d'un œil ou autres infirmités permanentes, le coupable sera puni de la réclusion. Si les coups portés ou les blessures faites volontairement, mais sans intention de donner la mort, l'ont pourtant occasionnée, le coupable sera puni de la peine des travaux forcés à temps ».

ART. 310. — « Lorsqu'il y aura eu préméditation ou guet-apens, la peine sera, si la mort s'en est suivie, celle des travaux forcés à perpétuité; si les violences ont été suivies de mutilation, amputation ou privation de l'usage d'un membre, cécité, perte d'un œil ou autres infirmités permanentes, la peine sera celle des travaux forcés à temps; dans le cas prévu par le premier paragraphe de l'article 309, la peine sera celle de la réclusion. »

ART. 311. — « Lorsque les blessures ou les coups ou autres violences ou voies de fait n'auront occasionné aucune maladie ou incapacité de travail personnel de l'espèce mentionnée en l'article 309, le coupable sera puni d'un emprisonnement de six jours à deux ans et d'une amende de 16 francs à 200 francs ou de l'une de ces deux peines seulement. S'il y a eu préméditation ou guet-apens, l'emprisonnement sera de deux ans à cinq ans et l'amende de 50 francs à 500 francs. »

Les dispositions de l'article 311 sont générales et absolues.

Si la nature et les lois civiles donnent aux pères sur leurs enfants une autorité de correction, elles ne leur confèrent pas le droit d'exercer sur eux des violences ou mauvais traitements qui mettent leur vie ou leur santé en péril (C. 17 décembre 1819).

Bien que le Code civil ait prévu le cas de sévices et mal-traitement d'un époux envers l'autre, et qu'il ait ouvert à l'époux victime soit la voie de la séparation de corps, soit celle du divorce, il n'est pas exigé que la femme ait recours aux dispositions de la loi civile; elle peut invoquer le bénéfice de l'article 311.

A cet égard, une seule chose est à examiner : y a-t-il eu des coups portés par le mari à son épouse? Si ces coups constituent un délit, le ministère public a toujours action pour poursuivre (C. 9 avril 1825).

Le droit de correction qui appartient aux instituteurs doit être limité aux mesures que peut rendre nécessaire la conduite d'un élève et la bonne tenue d'une école (C. 18 janvier 1889).

Circonstances aggravantes. — Art. 312 du C. P. — « L'individu qui aura volontairement fait des blessures ou porté des coups à ses pères ou mères légitimes, naturels ou adoptifs ou autres ascendants légitimes sera puni ainsi qu'il suit : de la réclusion, si les blessures ou les coups n'ont occasionné aucune maladie ou incapacité de travail personnel de l'espèce mentionnée en l'article 309; du maximum de la réclusion, s'il y a eu incapacité de travail pendant plus de vingt jours, ou préméditation ou guet-apens; des travaux forcés à temps, lorsque l'article auquel le cas se reférera prononcera la peine de la réclusion; des travaux forcés à perpétuité, si l'article prononce la peine des travaux forcés à temps.

La loi du 13 mai 1863 qui a introduit dans les articles 309 et 311 les mots « ou autres violences et voies de fait », a également ajouté à l'article 309 un troisième paragraphe dans lequel le mot violences embrasse toutes les voies de fait et même les coups et blessures, d'où l'on doit inférer que, dans ces différents articles, les coups et blessures se confondent avec les violences et voies de fait et n'ont pas un caractère distinct. En conséquence, renverser violemment à terre et serrer à la gorge une personne de la qualité énoncée ci-dessus tombe sous l'application de l'article 312 (C. 7 décembre 1866).

Homicide involontaire. — Art. 319. — « Quiconque, par maladresse, imprudence, inattention, négligence ou inobservation des règlements, aura commis involontairement un homicide ou en aura involontairement été la cause, sera puni d'un emprisonnement de trois mois à deux ans et d'une amende de 50 francs à 600 francs. »

Deux conditions sont nécessaires : 1° un homicide, 2° que cet homicide soit le résultat d'une faute.

L'homicide purement involontaire ne constitue ni crime, ni délit, ni contravention. Il ne suffit donc pas, pour qu'il y ait faute dans le sens de la loi pénale, que le prévenu ait omis de prendre des mesures qui pouvaient prévenir l'événement, lorsque ces mesures ne lui étaient prescrites par aucune loi et par aucun règlement ou qu'il ait accepté une fonction de surveillance qui, dans les conditions où elle s'exerçait était inefficace, il est nécessaire qu'un acte positif de maladresse, d'imprudence, de négligence, d'inattention ou d'inobservation des règlements lui soit imputé (C. 26 février 1863).

Maladresse. — Le maçon qui laisse tomber une pierre, l'ouvrier qui, en abattant un arbre, écrase un passant, l'architecte dont l'échafaud mal attaché s'est écroulé, sont des faits de maladresse purement matérielle; l'architecte qui surveille et dirige les travaux et qui a fourni les matériaux dont la mauvaise qualité a été l'une des causes occasionnelles de l'accident, les médecins, chirurgiens, officiers de santé, sages-femmes, qui, par suite de fautes lourdes, occasionnent un homicide ou des blessures graves à leurs malades, sont des faits de maladresse qui résultent de l'impéritie ou de l'ignorance de l'agent (C. 8 mars 1869, 18 septembre 1817).

Imprudence. — Il y a imprudence dans le fait d'employer pour un transport de tonneaux une voiture suspendue dont les trépidations peuvent amener la déviation des dits tonneaux, et de remettre au charretier un poulain défectueux (C. 13 mai 1887).

Inattention ou négligence. — Les articles 319 et 320 considèrent comme punissables ceux qui ont omis de prendre certaines précautions, tel est le cas d'une nourrice qui, ne pouvant plus par suite de grossesse allaiter son nourrisson, a, sans avertir les parents, eu recours au lait de chèvre pour le nourrir, si la mort est survenue par suite de ce changement de régime, ou de la fille qui a causé la mort de l'enfant dont elle est accouchée en le laissant privé de tous soins au moment de ses couches, ce défaut de soins fût-il imputable à son inexpérience. L'aubergiste qui, après avoir reçu un malade, le laisse dans un abandon complet et occasionne ainsi sa mort, le médecin qui, par le refus de continuation de ses soins, nécessite par sa seule négligence l'amputation d'un membre, tombent sous l'application des articles 319 et 320. (Paris, 23 septembre 1869, C. 20 avril 1859, 7 janvier 1859 et 18 juin 1835.)

Inobservation des règlements. — Les règlements que l'article 319 a en vue sont ceux qui ont pour objet la sécurité de tous et l'intérêt général. Cet article est donc inapplicable aux règlements particuliers qui peuvent être imposés aux entrepreneurs pour l'exécution des travaux spéciaux qui leur sont confiés (C. 12 mai 1848).

Coups et blessures involontaires. — L'article 320 dit que s'il n'est résulté du défaut d'adresse ou de précaution que des blessures ou coups, le coupable sera puni de six jours d'emprisonnement et d'une amende de 15 francs à 100 francs ou de l'une de ces deux peines seulement.

Avortement. — Art. 317. — « Quiconque, par aliments, breuvages, médicaments, violences ou par tout autre moyen, aura procuré l'avortement d'une femme enceinte, soit qu'elle y ait consenti ou non, sera puni de la réclusion.

« La même peine sera prononcée contre la femme qui se sera procuré l'avortement à elle-même ou qui aura consenti à faire usage des moyens à elle indiqués ou administrés à cet effet, si l'avortement s'en est suivi. Les médecins, chirurgiens et autres officiers de santé, ainsi que les pharmaciens qui auront indiqué ou administré ces moyens, seront condamnés à la peine des travaux forcés à temps dans le cas où l'avortement aurait eu lieu. »

Eléments constitutifs. — Il faut : 1° Qu'un fœtus ait été expulsé ou extrait du sein de la mère avant le terme de sa naissance ; 2° que l'avortement ait eu lieu par l'emploi d'un moyen quelconque, c'est-à-dire par aliments, breuvages, médicaments, violences ou par tout autre moyen ; 3° enfin que l'avortement ait été procuré avec intention de le produire.

L'avortement peut se commettre à toute époque de la grossesse.

Les moyens abortifs peuvent être classés en deux catégories : ceux qui décollent l'œuf et ceux qui en perforent les membranes.

Les premiers sont eu général peu efficaces, les boissons abortives amènent rarement le résultat cherché. Si l'on cherchait, dit Tardieu, à se rendre un compte exact des effets réels des substances réputées abortives, on voit que le plus grand nombre ne mérite pas cette qualification et que si l'action vénéneuse de l'if, de la sabine et surtout de la rue se combine avec une sorte d'influence spéciale sur la matrice, il n'en est pas de même de l'ergot de seigle, qui, impuissant à provoquer la contractilité de cet organe, n'agit sur lui que par une sorte de stimulation secondaire. Qu'on ne croie pas que ceux qui pratiquent l'avortement emploient des instruments spéciaux, tels que des stylets, des sondes à dards ; ils se servent, au contraire, des instruments les plus simples, d'une aiguille à tricoter, de bois ou de fer, d'une plume à écrire, d'une petite baguette ; une sage-femme se servait de la tringle d'un petit rideau qu'elle se hâtait ensuite de remettre en place.

Tentative. — La tentative d'avortement commise par toute autre personne que par la femme enceinte sur elle-même est punissable comme le crime d'avortement consommé. Pour ce qui concerne la femme enceinte, la tentative d'avortement sur elle-même n'est pas punissable (C. 22 septembre 1881).

Crimes et Délits électoraux.

Art. 109, C. P. — « Lorsque, par attroupement, voies de fait ou menaces, on aura empêché un ou plusieurs citoyens d'exercer leurs droits civiques, chacun des coupables sera puni d'emprisonnement et de l'interdiction du droit de voter et d'être éligible pendant cinq ans au moins et dix ans au plus ».

Art. 110. — « Si ce crime a été commis par suite d'un plan concerté pour être exécuté dans plusieurs communes, la peine sera le bannissement ».

Art. 111. — « Tout citoyen qui, étant chargé, dans un scrutin, du dépouillement des suffrages des citoyens, sera surpris falsifiant les bulletins de vote, ou en soustrayant de la masse, ou y en ajoutant, ou inscrivant sur les billets des votants non lettrés des noms autres que ceux qui lui auraient été déclarés, sera puni de la peine de la dégradation civique ».

Art. 112. — « Toutes autres personnes coupables des faits énoncés dans l'article précédent seront punies des peines prévues à l'article 109 ».

Art. 113. — « Tout citoyen qui aura, dans les élections, acheté ou vendu un suffrage à un prix quelconque, sera puni d'interdiction des droits de citoyen et de toute fonction ou emploi public pendant cinq ans au moins et dix ans au plus.

Décret du 2 février 1852. — Art. 31. — « Toute personne qui se sera fait inscrire sur la liste électorale sous de faux noms ou de fausses qualités, ou aura, en se faisant inscrire dissimulé une incapacité prévue par la loi, ou aura réclamé et obtenu une inscription sur plusieurs listes, sera puni d'emprisonnement ».

Art. 32. — Celui qui, déchu du droit de voter, aura voté, sera puni également de prison ».

Cultes.

Entraves au libre exercice. — Art. 260, C. P. — « Tout particulier qui, par des voies de fait ou des menaces, aura contraint ou empêché une ou plusieurs personnes d'exercer l'un des cultes autorisés, d'assister à l'exercice de ce culte, de célébrer certaines fêtes, d'observer certains jours de repos, et, en conséquence, d'ouvrir ou de fermer leurs ateliers, boutiques ou magasins, et de faire ou quitter certains travaux, sera puni, pour ce seul fait, d'une amende de 16 à 200 francs, et d'un emprisonnement de six jours à deux mois ».

Art. 261. — « Ceux qui auront empêché, retardé ou interrompu les exercices d'un culte par des troubles ou désordres causés dans le temple ou autre lieu destiné ou servant actuellement à ces exercices, seront punis d'une amende de 16 à 300 francs et d'un emprisonnement de six jours à trois mois ».

Art. 262. — « Toute personne qui aura, par paroles ou gestes, outragé les objets d'un culte dans les lieux destinés ou servant actuellement à son exercice, ou les ministres de ce culte dans leurs fonctions, sera punie d'une amende de 16 à 200 cents francs, et d'un emprisonnement de quinze jours à six mois ».

Art. 263. — « Quiconque aura frappé le ministre d'un culte dans ses fonctions sera puni de la dégradation civique ».

Dégradation de Monuments.

Art. 257, C. P. — « Quiconque aura détruit, abattu, mutilé ou dégradé des monuments, statues ou autres objets destinés à l'utilité ou à la décoration publique, et élevés par l'autorité publique ou avec son autorisation, sera puni d'un emprisonnement d'un mois à deux ans et d'une amende de 100 à 500 francs ».

L'article 257 protège les urinoirs, les becs de gaz ou réverbères publics, les cloches d'église, les appareils télégraphiques lorsque le service n'a pas été interrompu, les drapeaux placés par des particuliers à l'occasion du 14 juillet, car si, dans ce dernier cas, l'objet n'est pas placé directement par l'autorité publique, il l'est du moins avec son autorisation tacite (C. 9 janv. 1882).

Délits des fournisseurs des armées de terre ou de mer.

Art. 430 du C. P. — « Tous individus chargés, comme membres de compagnie ou individuellement, de fournitures, d'entreprises ou régies pour le compte des armées de terre et de mer, qui, sans y avoir été contraints par une force majeure, ont fait manquer le service dont ils sont chargés, sont punis de la peine de la réclusion et d'une amende qui ne peut excéder le quart des dommages-intérêts, ni être au-dessous de 500 francs ; le tout sans préjudice de peines plus fortes en cas d'intelligence avec l'ennemi ».

Eléments constitutifs du crime. — Il faut : 1º que l'agent soit chargé d'une fourniture ; 2º que cette fourniture soit faite pour le compte des armées ; 3º que le service dont a été chargé le fournisseur ait manqué soit totalement, soit partiellement. L'élément intentionnel n'est pas exigé.

Complicité. – Les règles de la complicité sont applicables au crime défini par l'article 430.

Art. 433. — « Quoique le service n'ait pas manqué, si, par négligence, les livraisons et les travaux ont été retardés, ou s'il y a eu fraude sur la nature, la qualité ou la quantité des travaux ou main-d'œuvre ou des choses fournies, les coupables sont punis d'un emprisonnement de six mois au moins et de cinq ans au plus et d'une amende qui ne peut excéder le quart des dommages-intérêts ni être moindre de 100 francs ».

Déni de justice.

Art. 185, C. P. — « Tout juge ou tribunal, tout administrateur ou autorité administrative, qui sous quelque prétexte que ce soit, même du silence ou de l'obscurité de la loi, aura dénié de rendre la justice aux parties, après en avoir été requis, et qui aura persévéré dans son déni, après avertissement ou injonction de ses supérieurs, sera puni d'une amende de 200 à 500 francs ».

Dénonciation calomnieuse.

Art. 373 du C. P. — « Quiconque aura fait par écrit une dénonciation calomnieuse contre un ou plusieurs individus, aux officiers de justice ou de police administrative ou judiciaire, sera puni d'emprisonnement. »

La qualification d'officiers de police judiciaire ou administrative, au sujet des dénonciations qui leur sont adressées, ne doit pas être prise dans un sens restreint ; elle comprend tous ceux qui, dans les administrations publiques, exercent une autorité disciplinaire sur leurs subordonnés et peuvent être entraînés, par une dénonciation calomnieuse, à frapper injustement de suspension, de destitution ou de toute autre mesure répressive la personne dénoncée (C. 12 avril 1851).

Destruction d'Edifices.

Art. 437 du C. P. — « Quiconque, volontairement, a détruit ou renversé par quelque moyen que ce soit, en tout ou en partie, des édifices, des ponts, digues ou chaussées ou autres constructions qu'il savait appartenir à autrui, ou causé l'explosion d'une machine à vapeur, est puni de la réclusion et d'une amende qui ne peut excéder le quart des restitutions et indemnités ni être au-dessous de 100 francs. — S'il y a eu homicide ou blessures, le coupable est, dans le premier cas, puni de mort, et dans le second cas, puni de la peine des travaux forcés à temps. »

Destruction de Clôtures. — Suppression ou déplacement de Bornes.

Art. 456 du C. P. — « Quiconque a, en tout ou en partie, comblé des fossés, détruit des clôtures, de quelques matériaux qu'elles soient faites, coupé ou arraché des haies vives ou sèches ; quiconque a déplacé ou supprimé des bornes ou pieds corniers, ou autres arbres plantés ou reconnus pour établir les limites entre différents héritages, est puni d'un emprisonnement qui ne peut être au-dessous d'un mois ni excéder une année, et d'une amende. »

Clôtures. — On doit considérer comme destruction de clôture le fait d'avoir, à l'aide d'un levier, forcé les barreaux de fer qui garnissent la fenêtre d'une maison, ou d'avoir brisé une palissade en planches destinée à clore une propriété, ou une chaine fermant un passage (C. 31 janvier 1822, 6 juin 1856 et 14 juin 1884).

Bornes. — Il suffit, pour qu'il y ait délit, qu'il y ait déplacement matériel d'une borne et que ce déplacement ait eu lieu intentionnellement. Le prévenu prétendrait en vain qu'il n'a fait que replacer la borne conformément à son droit, ou encore que la borne enlevée a été replantée dans les mêmes limites et que ce fait n'a porté aucun préjudice aux tiers. Ces derniers motifs ne suffisent pas pour enlever au fait du déplacement le caractère d'un délit. En effet, la plantation des bornes séparatives des héritages forme, entre les propriétaires de champs voisins, un véritable titre de propriété, la conséquence nécessaire du déplacement de ces bornes, lors même qu'elles seraient replantées dans les mêmes limites et portées seulement du milieu d'un champ à son extrémité, est donc d'altérer ou de détruire un titre qui ne peut être modifié que de l'accord de tous les propriétaires contigus, et bien que le préjudice ne soit pas actuel, il résulte cependant que ce préjudice a existé pour les propriétaires voisins, de cela seul qu'à leur insu la borne qui limitait leurs propriétés a été changée de place (C. 8 avril 1854).

Destruction de Récoltes sur pied et plants.

ART. 444, C. P.— « Quiconque a dévasté des récoltes sur pied, ou des plants venus naturellement ou faits de main d'homme, est puni d'emprisonnement d'un an au moins et de cinq ans au plus, avec interdiction de séjour facultative. »

Le mode de dévastation, lorsqu'il ne résulte pas de l'emploi du feu, auquel cas c'est l'article 434 qui s'applique, est indifférent à caractériser le délit.

Par récoltes sur pied, il faut entendre non pas seulement celles qui sont déjà sorties du sol, mais encore celles qui ne sont qu'ensemencées. L'article 479, § 1er, s'occupe des récoltes abattues qui sont détruites par toute autre cause que l'incendie.

Les plants, venus naturellement ou faits de main d'homme, comprennent non seulement les plants d'arbres mais aussi les plants d'arbustes. L'article 444 ne fait aucune distinction, mais il ne s'applique qu'aux plants venus ou faits en champ ouvert ou dans les pépinières et non à des plants venus dans les bois et forêts. Ces derniers sont régis par l'article 195 du code forestier (Montpellier, 6 juin 1842).

Destruction de Titres.

ART. 439 du C. P. — « Quiconque a volontairement brûlé ou détruit d'une manière quelconque, des registres, minutes ou actes originaux de l'autorité publique, des titres, billets, lettres de change, effets de commerce ou de banque contenant ou opérant obligation, disposition ou décharge, est puni ainsi qu'il suit : si les pièces détruites sont des actes de l'autorité publique, ou des effets de commerce ou de banque, la peine est la réclusion ; s'il s'agit de toute autre pièce, le coupable est puni d'un emprisonnement de deux ans à cinq ans. »

Ne pas confondre ce délit soit avec le *détournement* qui constitue tantôt une soustraction frauduleuse, tantôt une escroquerie, tantôt un abus de confiance, suivant les conditions et les circonstances dans lesquels il intervient, soit avec la *radiation*, le *bâtonnement*, la *biffure* de la totalité ou de partie de l'acte qui constitue un faux (C. 5 mai 1849 et 20 juin 1844).

Détérioration de Marchandises.

Art. 443 du C. P. — « Quiconque, à l'aide d'une liqueur corrosive ou par tout autre moyen, a volontairement détérioré des marchandises, matières ou instruments quelconques servant à la fabrication, est puni d'un emprisonnement d'un mois à deux ans et d'une amende. La peine est plus forte si le coupable est un commis ou un ouvrier de la maison de commerce. »

Il faut entendre par le mot marchandises les choses qui font l'objet d'un commerce et ne se consomment pas par le premier usage. On doit donc reconnaître ce caractère aux pierres de taille (C. 27 septembre 1850).

Détournement de Mineurs.

Rapt de violence. — Art. 354 du C. P. — « Quiconque aura, par fraude ou par violence, enlevé ou fait enlever des mineurs, ou les aura entraînés, détournés ou déplacés, ou les aura fait entraîner, détourner ou déplacer des lieux où ils étaient mis par ceux à l'autorité ou à la direction desquels ils étaient soumis ou confiés, subira la peine de la réclusion. »

l'ar violence, il faut entendre aussi bien la contrainte physique que la contrainte morale ; la fraude, c'est la ruse ; elle existe dès qu'on peut relever et constater à la charge de l'inculpé des manœuvres frauduleuses tendant à surprendre le consentement de la victime ou des personnes qui ont autorité sur elle. Il y a fraude lorsqu'on a eu recours à des fausses lettres ou à des assurances mensongères (C. 25 avril 1839).

L'article 354 est applicable aux femmes aussi bien qu'aux hommes qui se rendent coupables de détournement de mineurs.

Age. — Il concerne l'enlèvement de tout mineur, quel que soit son sexe et son âge, pourvu qu'il n'ait pas atteint vingt et un ans.

Circonstance aggravante. — Art. 355. — « Si la personne ainsi enlevée ou détournée est une fille au-dessous de seize ans accomplis, la peine sera celle des travaux forcés à temps. »

Tentative. Complicité. — Les règles générales de la tentative et de la complicité sont applicables.

Rapt de séduction. — Art. 356. — « Quand la fille au-dessous de seize ans aurait consenti à son enlèvement ou suivi volontairement le ravisseur, si celui-ci était majeur de vingt et un ans ou au-dessus, il sera condamné aux travaux forcés à temps. Si le ravisseur n'avait pas encore vingt et un ans, il sera puni d'un emprisonnement de deux à cinq ans. »

Détournement d'Objets saisis.

Art. 400, § 2 et 3. — « Le saisi qui aura détruit, détourné ou tenté de détruire ou de détourner des objets saisis sur lui et confiés à sa garde, sera puni des peines portées en l'article 406. Il sera puni des peines portées en l'article 401, si la garde des objets saisis qu'il aura détruits ou détournés ou tenté de détruire ou de détourner avait été confiée à un tiers. »

Il faut les trois éléments constitutifs suivants :

1° Que l'objet soit régulièrement placé sous la main de justice ;

2° Qu'il ait été détourné ou détruit ou qu'on ait tenté de le détourner ou de le détruire ;

3° Que le prévenu ait agi de mauvaise foi.

Complicité. — Celui qui aura recélé sciemment les objets détournés de la saisie sera puni des peines portées à l'article 400, § 6.

Disparition.

Le maire ou le commissaire de police, devant lequel une déclaration de disparition de personne est faite, fait procéder immédiatement à des recherches dans sa commune et, si elles sont vaines, dresse ensuite un procès-verbal en double expédition qu'il transmet au procureur de la République et au préfet ou au sous-préfet.

Ce procès-verbal indiquera le signalement de la personne disparue et les vêtements qu'elle portait le jour de son départ.

Des recherches sont alors faites par la voie administrative.

Echafaudages.

L'article 10 du décret du 10 mars 1894 rendu en exécution de l'article 3 de la loi du 12 juin 1893, exige que les échafaudages soient munis sur toutes leurs faces de garde-corps de 90 centimètres de haut (V. formule).

Emblèmes séditieux.

Depuis la loi du 29 juillet 1881, qui a abrogé l'article 6 du décret du 11 août 1848, il n'existe aucune disposition de loi contre le port ou l'exposition des emblêmes, signes ou symboles séditieux.

Mais en 1894, il a été pris, dans chaque département, à la suite d'instructions ministérielles, un arrêté préfectoral prohibant l'exhibition et le port de drapeaux, soit sur la voie publique, soit dans les édifices, emplacements et locaux librement ouverts au public, en exceptant de cette mesure les drapeaux aux couleurs nationales et ceux servant d'insignes aux sociétés autorisées et approuvées.

Aux termes d'un arrêt de cassation en date du 23 janvier 1896, le drapeau tricolore qui porte sur les couleurs un emblême religieux ne saurait être considéré comme le drapeau national ni comme l'insigne d'une société autorisée. Cette exhibition constitue dès lors une contravention à l'arrêté préfectoral sur les emblèmes séditieux.

Enfants.

Enlèvement. — ART. 345. — « Les coupables d'enlèvement, de recelé ou de suppression d'un enfant, de substitution d'un enfant à un autre, ou de supposition d'un enfant à une femme qui ne sera pas accouchée seront punis de la réclusion ».

Il faut que l'enfant soit retiré de la maison où il se trouve, et déposé ailleurs, de façon à ce qu'on ne puisse pas le retrouver.

Dépôt d'un enfant dans un hospice. — ART. 348. — « Ceux qui auront porté à un hospice un enfant au-dessous de l'âge de sept ans accomplis, qui leur aurait été confié afin qu'ils en prissent soin ou pour toute autre cause, seront punis d'emprisonnement. Toutefois aucune peine ne sera prononcée s'ils n'étaient pas obligés de pourvoir gratuitement à la nourriture et à l'entretien de l'enfant et si personne n'y avait pourvu ».

Cet article ne comprend dans sa répression ni le père ni la mère.

Il a pour but unique de réprimer l'abus de confiance de celui qui porte à l'hospice l'enfant dont il avait pris soin.

Violences envers les enfants. — *Loi du 19 avril 1898.* Art. 1er. — « Quiconque aura fait volontairement des blessures ou porté des coups à un enfant au-dessous de l'âge de quinze ans accomplis ou qui l'aura volontairement privé d'aliments ou de soins au point de compromettre sa santé, sera puni d'un emprisonnement de un à trois ans et d'une amende de 16 à 1.000 francs ».

La peine est aggravée s'il en est résulté des blessures, s'il y a eu préméditation ou guet-apens, si les coupables sont les pères et mères légitimes, naturels ou adoptifs, ou autres ascendants légitimes, ou toutes autres personnes ayant autorité sur l'enfant ou ayant sa garde.

Dépôt d'un enfant dans un lieu solitaire. — *Loi du 19 avril 1898.* — Art. 2 et Art. 349. — « Ceux qui auront exposé ou fait exposer, délaissé ou fait délaisser en un lieu solitaire un enfant ou un incapable, hors d'état de se protéger eux-mêmes, à raison de leur état physique ou mental, seront, pour ce seul fait, condamnés à un emprisonnement de un an à trois ans »

Il était impossible que la loi donnât une explication précise à cet égard, elle s'en rapporte aux juges ; car le lieu le plus fréquenté peut quelquefois être solitaire et le lieu solitaire être très fréquenté : tels un marché, une église, etc.

Dépôt d'enfant dans un lieu non solitaire. — *Loi du 19 avril 1898.* Art. 352. — « Ceux qui auront exposé ou fait exposer, délaissé ou fait délaisser en un lieu non solitaire un enfant au-dessous de l'âge de sept ans, ou un incapable hors d'état de se protéger eux-mêmes à raison de leur état physique seront punis d'un emprisonnement de trois mois à un an ».

Enfants trouvés. — Dès qu'un commissaire de police ou un garde champêtre est informé d'une manière quelconque qu'un enfant âgé de moins de sept ans a été exposé dans un lieu, il doit se rendre à l'endroit de l'exposition, dresser procès-verbal de l'état de l'enfant, de son âge apparent, des marques extérieures, vêtements ou autres indices qui peuvent éclairer sur sa naissance, recevoir les déclarations de ceux qui auraient quelques connaissances relatives à l'exposition et qui pourraient amener la découverte des auteurs ou complices de cet abandon.

L'enfant est sur-le-champ mis à la disposition de l'assistance publique.

Enfants abandonnés. — Quand un enfant âgé de moins de douze ans est présenté soit à la mairie soit au commissariat de police, le fonctionnaire délégué du maire (commissaire ou garde champêtre) reçoit une déclaration motivée sur les causes de l'abandon, sur la situation des père et mère et sur les circonstances par suite desquelles les déclarants se sont trouvés chargés de l'enfant.

Si le placement est sollicité par les parents (l'abandon fait par les filles-mères est fréquent), à raison de leur état de misère, il faut accueillir leur demande, mais en même temps leur faire remarquer qu'aux termes des règlements de l'administration des hospices ils ne pourront pas voir leur enfant, ni savoir où il est placé et que de plus le placement constitue un abandon définitif et non temporaire (V. formule).

Enfants employés dans les professions ambulantes. — Tout individu, qui fait exécuter par des enfants de moins de seize ans des tours de forces périlleux ou des exercices de dislocation est passible d'un emprisonnement de six mois à deux ans et d'une amende de 16 à 200 francs (L. 7 déc. 1874, art. 1er).

On a jugé que l'exercice dit la pyramide humaine était périlleux, de même que le fait par un enfant de se renverser en arrière, de faire rejoindre la tête et les pieds et de rouler ainsi en boule (Trib. de la Roche-sur-Yon, 7 juin 1875).

Tout individu, autre que les père et mère, pratiquant les

professions d'acrobate, saltimbanque, charlatan, montreur d'animaux ou directeur de cirque, qui emploie, dans ses représentations, des enfants âgés de moins de seize ans, est puni d'un emprisonnement de six mois à deux ans et d'une amende de 16 à 200 francs.

La même peine est applicable aux père et mère, exerçant les professions ci-dessus indiquées qui emploient dans leurs représentations leurs enfants âgés de moins de douze ans (L. 1874, art. 1er).

Tout individu exerçant l'une des professions énumérées à l'article 1er de la loi de 1874 doit être porteur de l'extrait des actes de naissance des enfants placés sous sa conduite et justifier de leur origine et de leur identité par la production d'un livret ou d'un passeport.

Toute infraction à cette disposition est punie d'un emprisonnement de un mois à six mois et d'une amende de 16 à 50 francs (même loi, art. 4).

C'est aux autorités municipales qu'il appartient de requérir la justification, conformément aux dispositions de l'article 4, de l'origine et de l'identité de tous les enfants placés sous la conduite des individus sus-désignés. A défaut de cette justification, il doit en être donné avis immédiat au parquet (art. 5).

Enfants employés à la mendicité (v. Mendicité). — *L. du 19 avril 1898.* Art. 3. — Les père, mère, tuteurs ou patrons et généralement toutes personnes ayant autorité sur un enfant ou en ayant la garde, qui auront livré, soit gratuitement, soit à prix d'argent, leurs enfants, pupilles ou apprentis âgés de moins de seize ans aux individus exerçant les professions ci-dessus spécifiées ou qui les auront placés sous la conduite de vagabonds, de gens sans aveu ou faisant métier de la mendicité, seront punis des peines portées en l'article 1er.

L'individu qui a reçu l'enfant des personnes ci-dessus qualifiées, peut être poursuivi par application de l'article 1er ou de l'article 4, suivant qu'il l'emploie à ses représentations ou à la mendicité.

Détournement. — Un emprisonnement de six mois à deux ans et une amende de 16 à 200 francs sont également applicables à quiconque a déterminé des enfants de moins de seize ans à quitter le domicile de leurs parents ou tuteurs, pour suivre des individus exerçant l'une des professions énumérées ci-dessus (L. 1874, art. 2).

« Ce texte ne fait pas double emploi avec l'article 354 du Code pénal relatif à l'enlèvement et au détournement de mineurs. En effet, il n'est pas question ici d'enlèvement. Si, dans une espèce, l'enlèvement se rencontre, c'est-à-dire s'il y a rapt de l'enfant pour lui faire suivre un saltimbanque, ce sera sans doute l'article 354 qui sera appliqué, parce que le fait le plus grave domine le fait le plus léger, mais des manœuvres plus ou moins captieuses pour déterminer l'enfant à quitter ses parents volontairement, dans ce cas il y aura un simple délit que la loi de 1874 vient réprimer (Rapport de M. Lenoël, séance du 7 déc. 1874).

Enfants acteurs dans les spectacles sédentaires. — La loi du 2 novembre 1892, article 8, défend en principe, sous la sanction d'une amende de 5 à 15 francs pour la première infraction et d'une amende de 16 à 100 francs en cas de récidive (art. 26 et 27), l'emploi des enfants des deux sexes âgés de moins de treize ans comme acteurs, figurants, etc., aux représentations publiques dans les théâtres et cafés-concerts. Toutefois, des autorisations peuvent être accordées exceptionnellement à Paris par le ministre de l'Instruction publique et par les préfets dans les départements pour la représentation de pièces déterminées.

Enfants acteurs dans une troupe en tournée. — En exécution de la même loi, tout directeur de troupe se proposant d'exécuter une tournée en province et désirant employer des enfants âgés de moins de treize ans, doit adresser une demande au ministre de l'Instruction publique.

Les autorisations délivrées doivent être communiquées à l'arrivée dans chaque ville, au commissaire de police.

Travail des enfants dans les industries. — La loi du 2 novembre 1892, qui a remplacé la loi du 19 mai 1874, réglemente aujourd'hui le travail des enfants ainsi que celui des filles mineures et des femmes dans les manufactures, etc.

Elle a eu notamment pour but de diminuer les heures de travail, de n'admettre les enfants dans les établissements industriels qu'à partir d'un certain âge, de leur interdire le travail de nuit et de leur assurer un jour de repos par semaine.

Constatations des infractions. — Cette loi après avoir, dans les premiers paragraphes de l'article 20, chargé les inspecteurs du travail d'en assurer l'exécution, ne déroge point aux règles du droit commun. La loi du 12 janvier 1893 sur l'hygiène et la sécurité des travailleurs contient une prescription identique.

Si des pouvoirs spéciaux ont été conférés plus particulièrement aux inspecteurs du travail pour assurer l'exécution des dites lois à l'intérieur des établissements industriels, il n'en est pas de même des contraventions commises en dehors de ces établissements et qui ne peuvent être relevées que par les agents à qui incombe la police de la voie publique, c'est-à-dire par les agents de police, les gendarmes, les gardes champêtres et tous officiers de police judiciaire.

Nous rappelons ci-après la partie importante du décret du 13 mai 1893, rendu en exécution de la loi de 1892 :

ART. 10. — Il est interdit d'employer des enfants de moins de seize ans à des travaux exécutés à l'aide d'échafaudages volants pour la réfection ou le nettoyage des maisons.

ART. 11. — Les jeunes ouvriers ou ouvrières au-dessous de dix-huit ans employés dans l'industrie ne peuvent porter, tant à l'extérieur des manufactures, usines, ateliers et chantiers, des fardeaux d'un poids supérieur aux suivants :

Garçons au-dessous de 14 ans..........	10 kil.
Garçons de 14 à 18 ans.................	15 —
Ouvrières au-dessous de 16 ans........	9 —
Ouvrières de 16 à 18 ans..............	10 —

Il est interdit de faire traîner ou pousser par lesdits jeunes ouvriers et ouvrières, tant à l'intérieur des établissements industriels que sur la voie publique, des charges correspondant à des efforts plus grands que ceux ci-dessus indiqués.

Conditions d'équivalence des deux genres de travail :

Arrêté ministériel du 31 juillet 1894 :

La limite supérieure de la charge qui peut être traînée ou poussée par les jeunes ouvriers ou ouvrières au-dessous de dix-huit ans, tant à l'intérieur des établissements industriels que sur la voie publique, est fixée ainsi qu'il suit, *véhicule compris* :

1° Wagonnets circulant sur la voie ferrée :

Garçons au-dessous de 14 ans........	300 kil.
Garçons de 14 à 18 ans.............	300 —
Ouvrières au-dessous de 16 ans.....	150 —
Ouvrières de 16 à 18 ans...........	300 —

2° Brouettes :

Garçons de 14 à 18 ans.............	40 kil.

3° Voitures à trois ou quatre roues dites *placières, pousseuses, pousse-à-main* :

Garçons au-dessous de 14 ans.......	35 kil.
Garçons 14 à 18 ans...............	60 —
Ouvrières au-dessous de 16 ans.....	35 —
Ouvrières de 16 à 18 ans...........	50 —

4° Charrettes à bras, dites *haquets, brancards, charretons, voitures à bras*, etc.

Garçons de 14 à 18 ans.............	130 kil.

Tous les procès-verbaux constatant les contraventions sont adressés au Parquet, pour que le procureur de la République puisse en surveiller la suite après l'avoir transmis au tribunal de simple police.

Epidémies.

Dans les épidémies les maires, les commissaires et agents de police doivent redoubler de soins pour assurer la propreté des rues et places publiques.

L'Académie de médecine de Paris a signalé comme causes principales d'insalubrité : les amas de fumiers que les habitants des campagnes ont coutume de former à proximité de leurs maisons ; le défaut d'aération, l'humidité et la malpropreté d'un grand nombre d'habitations ; la situation des cimetières au centre des communes, et la profondeur insuffisante des fosses destinées aux sépultures ; enfin le mauvais état d'entretien et le défaut de pente des rues et voies publiques des communes rurales.

Loi du 30 novembre 1892. Art. 15. — Tout docteur, officier de santé ou sage-femme est tenu de faire à l'autorité publique, sous peine d'une amende de 50 à 200 francs (art. 21), son diagnostic établi, la déclaration des cas de maladies épidémiques tombées sous son observation.

Escroquerie.

Art. 405, C. P. — « Quiconque, soit en faisant usage de faux noms ou de fausses qualités, soit en employant des manœuvres frauduleuses pour persuader l'existence de fausses entreprises, d'un pouvoir ou d'un crédit imaginaires, ou pour faire naître l'espérance ou la crainte d'un succès, d'un accident ou de tout autre événement chimérique, se sera fait remettre ou délivrer des fonds, des meubles ou des obligations, dispositions, billets, promesses, quittances ou décharges, et aura, par un de ces moyens, escroqué ou tenté d'escroquer la totalité ou partie de la fortune d'autrui, sera puni d'un emprisonnement d'un an au moins et de cinq ans au plus ».

Faux nom. — L'usage de faux nom suffit à lui seul pour constituer l'escroquerie, si la remise de fonds, marchandises, etc., s'en est suivie.

Fausse qualité. — C'est s'attribuer un titre, une fonction, un emploi, une parenté qu'on n'a pas, mais ce n'est pas prendre une fausse qualité que de se donner une capacité civile que l'on ne possède pas, si, par exemple, étant mineur, on se dit majeur, ou si, femme mariée, on se fait passer pour veuve ou fille (C. 21 mars 1807).

L'usage d'un faux nom ou d'une fausse qualité dans un écrit constitue tantôt un élément du délit d'escroquerie, tantôt le crime de faux. L'usage d'un faux nom par écrit constitue le crime de faux, quand l'acte dans lequel il est pris peut produire une obligation et causer un préjudice, ou lorsque ce nom est destiné à constater les faits qui y sont consignés. Cet usage, au contraire, se range parmi les moyens d'escroquerie, lorsque l'acte ne renferme ni obligation, ni convention de nature à léser des tiers et qu'il n'a pas caractère pour constater les faits qui y sont énoncés (C. 25 sept. 1834).

Manœuvres frauduleuses. — Les allégations purement mensongères, qui ne seraient appuyées ni par une mise en scène, ni par aucun fait extérieur et matériel, ni par aucune intervention d'un tiers, ne constitueraient pas des manœuvres frauduleuses.

Pour que ces manœuvres soient punissables il faut qu'elles aient pour objet soit de persuader l'existence de fausses entreprises, etc., et qu'elles aient été la cause directe de la remise de l'objet convoité (C. 9 mai 1885).

Fausse entreprise. — Non seulement elle existe quand elle est de tous points chimérique, mais encore lorsque, ayant un fonds certain, elle présente, dans quelques parties, des circonstances entièrement fausses (C. 2 janv. 1863).

Crédit imaginaire. — Il existe lorsqu'on s'attribue des titres, une position sociale, une fortune, des relations, une autorité ou une influence que l'on n'a pas.

Espérance d'un succès ou de tout autre événement chimérique.
— C'est donner l'espérance d'un profit, d'un fait heureux,
c'est inspirer la crainte d'accidents qui ne doivent pas arriver, c'est faire croire à un droit, à une obligation illusoire :
prétendre, par exemple, que l'on a commerce avec les saints,
Jésus-Christ et Dieu lui-même et, par ce moyen trouver des
gens assez crédules pour y ajouter foi (C. 2 juin 1843).

Le jeu de hasard, dit bonneteau, dont la dextérité manuelle
garantit le succès de celui qui le pratique, est une escroquerie.

La divination (astrologie, cartomancie, nécromancie, chi-
rographie, marc de café, etc.) ne constitue généralement
qu'une contravention de police réprimée par l'article 479, nᵒ 7,
mais elle devient une véritable escroquerie lorsqu'elle est
accompagnée de manœuvres frauduleuses tendant à faire
croire à un pouvoir imaginaire.

Tentative. — Elle existe dès que l'inculpé a tenté de se faire
remettre ou délivrer des fonds, etc,, en employant l'une des
manœuvres indiquées plus loin.

Espionnage.

Avant la loi du 18 avril 1886, aucune disposition législative
ne visait et ne réprimait aucun fait d'espionnage, en dehors
de certains crimes de haute trahison. Les articles 75 à 79 du Code
Pénal ne punissaient que les manœuvres et intelligences avec
l'ennemi. Dans les Codes militaires (loi de 9 juin 1857 pour l'armée de terre et du 4 juin 1858 pour l'armée de mer), les dispositions d'ailleurs peu nombreuses, qui se rapportent à la matière,
ne s'appliquent que devant l'ennemi et en état de guerre. De
même, les articles 80 à 82 du Code Pénal concernent bien
la communication de certains secrets d'Etat à une puissance étrangère « ennemie ou non » mais seulement lorsqu'il
s'agit des trois sortes de documents suivants : « secrets d'une
négociation, d'une expédition, plans de fortifications, arse-
naux, rades et ports ». Et encore faut-il que cette communi-

cation ait été faite par le fonctionnaire ou l'agent qui a été instruit officiellement du secret d'Etat ou qui était chargé de la garde des plans.

Ainsi, la loi était muette sur les cas de communication aux particuliers et au public de documents ou renseignements dont la nature commande le secret le plus absolu. Elle était muette même quand cette communication avait été faite par la voie de la presse, même quand ces documents avaient été livrés par un fonctionnaire qui, à raison de ses fonctions, en était le gardien ou le confident. Elle était muette à plus forte raison sur les indiscrétions, sur les négligences, insignifiantes en apparence, mais qui peuvent entraîner, à un moment donné, des conséquences terribles. Ce sont ces lacunes qu'est venue combler la loi du 18 avril 1886 (Rapp. de M. Gadaud, *Journal officiel* du 16 avril).

Cette loi atteint aujourd'hui :

1° Tout fonctionnaire public, agent ou préposé du gouvernement qui aura livré ou communiqué à une personne non qualifiée pour en prendre connaissance, ou qui aura divulgué en tout ou en partie les plans, écrits ou documents secrets intéressant la défense du territoire ou la sûreté extérieure de l'Etat, qui lui étaient confiés et dont il avait connaissance à raison de ses fonctions ;

2° Tout individu qui aura livré ou communiqué à une personne non qualifiée pour en prendre connaissance ou qui aura divulgué en tout ou en partie les documents ci-dessus énoncés qui lui ont été confiés ou dont il aura eu connaissance ;

3° Toute personne, autre que celles énoncées dans l'article précédent, qui, s'étant procuré les dits documents, les aura livrés ou communiqués en tout ou en partie ;

4° Celui qui par négligence ou par inobservation des règlements aura laissé soustraire, enlever ou détruire les mêmes plans, écrits ou documents secrets qui lui étaient confiés à raison de ses fonctions ;

5° Toute personne qui, à l'aide d'un déguisement ou d'un faux nom ou en dissimulant sa qualité, sa profession ou sa nationalité, s'est introduite dans une place forte, un poste, un navire de l'Etat ou dans un établissement militaire et maritime;

6° Toute personne qui, déguisée ou sous un faux nom, etc., a levé des plans, reconnu des voies de communication ou recueilli des renseignements intéressant la défense du territoire ou la sûreté extérieure de l'Etat;

7° Celui qui, sans autorisation de l'autorité militaire ou maritime, a exécuté des levés ou opérations de topographie dans un rayon d'un myriamètre autour d'une place forte, d'un poste ou d'un établissement militaire ou maritime, à partir des ouvrages avancés.

Tentative. — L'article 8 de la présente loi assimile la tentative au délit lui-même.

Excuse. — L'article 10 exempte de la peine le coupable qui, avant la consommation de l'un des délits prévus par la dite loi ou avant toute poursuite commencée en a donné connaissance aux autorités administratives ou de police judiciaire, ou qui, même après les poursuites commencées, a procuré l'arrestation des coupables ou de quelques-uns d'entre eux.

Etablissements dangereux, incommodes et insalubres.

Il est des établissements industriels qui, soit à raison des dangers d'incendies qu'ils présentent pour le voisinage, soit à cause des inconvénients qu'ils peuvent avoir pour la salubrité ou des odeurs incommodes qu'ils répandent, ne peuvent être formés qu'en vertu d'une permission de l'autorité administrative (Décr. 15 oct. 1810, art. 1er).

La nomenclature de ces établissements a été donnée d'une manière générale par le décret du 3 mai 1886, qui a été lui-même complété par divers autres décrets.

Les maires, et aussi les commissaires de police par délégation des maires ou des préfets, sont chargés de procéder aux enquêtes de *commodo* ou *incommodo* prescrites pour autoriser ou refuser l'établissement de ces diverses industries (v. formule).

Etrangers.

Etrangers résidant en France. — *Décret du 2 octobre 1888.* — Tout étranger non admis à domicile qui se proposera d'établir sa résidence en France devra, dans le délai de quinze jours à partir de son arrivée, en faire la déclaration à la mairie.

En cas de changement de domicile, une nouvelle déclaration sera faite devant le maire de la commune où l'étranger aura fixé sa nouvelle résidence.

Les infractions au présent décret sont punies de peines de simple police.

Séjour des étrangers en France et protection du travail national. — *Loi du 8 août 1893.* — Tout étranger non admis à domicile, arrivant dans une commune pour y exercer une profession, un commerce ou une industrie, devra faire à la mairie une déclaration de résidence et justifier de son identité dans les huit jours de son arrivée, sous peine d'une amende de 50 à 200 francs.

Toute personne qui emploiera *sciemment* un étranger non muni du certificat d'immatriculation sera passible des peines de simple police.

Etrangers dangereux pour la sûreté publique. — En vertu de la loi du 3 décembre 1849, le ministre de l'Intérieur peut, par mesure de police, enjoindre à tout étranger voyageant ou résidant en France de sortir immédiatement du territoire français et le faire conduire à la frontière.

Dans les départements frontières, le préfet a le même droit à l'égard de l'étranger non résidant, à la charge d'en référer immédiatement au ministre de l'Intérieur.

Explosifs.

Sous la rubrique « explosifs », sont compris :

Poudres à feu ; poudres détonantes et fulminantes ; artifices ; tir d'armes à feu ; dynamite et explosifs à base de nitro-glycérine ; fabrication et détention sans autorisation d'explosifs et d'engins meurtriers ; crimes commis à l'aide d'explosifs.

Poudres à feu. — La loi du 13 fructidor, an V (30 août 1797), qui réserve à l'Etat le privilège exclusif de la fabrication et de la vente des poudres à feu et qui interdit cette fabrication et cette vente, s'applique non seulement aux poudres fabriquées dans les mêmes conditions et par les mêmes procédés que celles de l'Etat, mais encore à toute agrégation de matières susceptibles d'explosion par l'action du feu, produisant des effets identiques et destinée à remplacer, d'une manière générale, soit les poudres de guerre, de chasse ou de mine. Les dispositions de cette loi s'appliquent à une substance qui, bien que ne s'enflammant pas d'une manière instantanée, produit néanmoins, par une combustion lente et successive, des effets utiles pour l'exploitation des mines et la destruction des roches.

Peu importe que cette substance diffère de la poudre de mine par le dosage du soufre et du salpêtre, par la substitution de la sciure de bois au charbon pilé et l'addition de quelques éléments secondaires (C. 2 janv. 1858).

Poudre-coton. — Elle rentre également dans la prohibition de la fabrication, vente ou détention applicable à la poudre de salpêtre (Cir. int. 14 déc. 1846).

Direction et surveillance. — La direction de la fabrication des poudres et autres substances explosibles monopolisées est confiée à un corps spécial d'ingénieurs se recrutant directement à l'Ecole polytechnique, placé sous l'autorité directe du ministre de la Guerre et dont les membres portent le nom d'ingénieurs des poudres et salpêtres (L. 13 mars 1875).

Vente. — La vente des poudres de chasse, de mine et de commerce est exclusivement exploitée par les contributions indirectes.

Transport. — Un arrêté pris à la date du 9 janvier 1888 par les ministres de la Guerre et des Travaux publics règlemente le transport des poudres de guerre, de mine ou de chasse et des munitions de guerre.

Détention. — Tout individu qui, sans y être légalement autorisé, est détenteur d'une quantité quelconque de poudre de guerre ou de plus de deux kilogrammes de toute autre poudre, est puni d'un emprisonnement d'un mois à deux ans (L. 24 mai 1834, art. 2).

Poudres détonantes et fulminantes. — Les fabriques de poudres ou matières détonantes et fulminantes, les fabriques d'allumettes, d'étoupilles ou autres objets du même genre, préparés avec ces sortes de poudres ou matières, font partie de la première classe des établissements classés (Ord. roy., 30 oct. 1836).

Fabricants. — Ils doivent tenir un registre légalement coté et paraphé sur lequel ils inscrivent, jour par jour, de suite et sans aucun blanc, les quantités fabriquées et rendues, ainsi que les noms, qualités et demeures des personnes auxquelles ils les ont livrées.

Les fabricants d'étoupilles et autres objets de la même espèce, préparés avec des poudres ou matières détonantes et fulminantes, tiennent également registre sur lequel ils inscrivent, au fur et à mesure de chaque achat le nom et la demeure des fabricants qui leur ont vendu les dites poudres ou matières (Ord. roy. 25 juin 1823, art. 3 et 4).

Marchands. — Ils ne sont point rangés dans la première classe des établissements classés ; mais ils sont tenus de renfermer ces différentes préparations dans les lieux sûrs et séparés dont ils ont seuls la clef.

Il leur est défendu de se livrer à ce commerce sans en avoir préalablement fait leur déclaration par écrit, savoir : dans Paris, à la Préfecture de police, et dans les communes, à la mairie, afin qu'il soit vérifié si leur local est convenablement disposé pour cet usage (même ord. 25 juin 1823, art. 5).

Artifices. — Les fabriques de pièces d'artifices sont rangées dans la première classe des établissements dangereux, incommodes ou insalubres (Décr. 3 mai 1886 ; v. Etabliss. classés).

Tirs d'armes à feu. — Les maires et le préfet de police à Paris ont le droit de défendre, par un règlement, de tirer sous quelque prétexte et en quelque occasion que ce soit, des armes à feu dans l'intérieur de la ville, dans les cours, jardins ou enclos, etc. (C. 28 juillet 1855).

Bien plus, la loi du 3 mai 1844 sur la chasse n'a restreint en rien le droit que donne aux autorités municipales la législation relative à la sûreté des campagnes et bien que la chasse ait été déclarée ouverte, d'une manière générale, par un arrêté du préfet, elle peut cependant être temporairement défendue par le maire dans *certains cantons* où l'exercice de la chasse pourrait être une cause d'accidents, comme à proximité des vignes, pendant la vendange (C. 14 février 1874).

Dynamite et explosif à base de nitroglycérine. — Par dérogation à la loi du 13 fructidor an V, la dynamite et les explosifs à base de nitroglycérine peuvent être fabriqués dans des établissements particuliers, moyennant le paiement d'un impôt et l'autorisation du gouvernement (L. 8 mars 1875 ; v. Etablissements classés).

Cette disposition de la loi ne s'applique pas aux établissements de l'Etat, qui ne sont pas soumis à l'observation des règlements sur les manufactures dangereuses, insalubres ou incommodes (Cons. d'Etat, 17 sept. 1844).

Transport. — La dynamite ne peut circuler ou être mise en vente que renfermée dans des cartouches recouvertes de papier ou de parchemin, non amorcées et dépourvues de tout moyen d'ignition. Ces cartouches doivent être emballées dans une première enveloppe, bien étanche, de carton, de bois, de zinc ou de caoutchouc, à parois non résistantes.

Les vides sont remplis au moyen de sable fin ou de sciure de bois. Le tout est renfermé dans une caisse ou dans un baril en bois consolidé exclusivement au moyen de cerceaux et de chevilles en bois, et pourvu de poignées non métalliques.

Chaque caisse ou baril ne peut renfermer un poids net de dynamite excédant 25 kilogrammes.

Les emballages portent sur toutes leurs faces, en caractères très lisibles les mots : *Dynamite, matière explosive.*

Chaque cartouche est revêtue d'une étiquette semblable (Décr. 24 août 1873).

Mise en vente, dépôts et débits. — Toute demande en autorisation de dépôt ou de débit de dynamite est soumise aux formalités prescrites par les règlements pour les établissements classés (même décret).

Emploi de la dynamite par les particuliers. — Toute personne qui veut faire usage de dynamite ou de tout autre explosif à base de nitroglycérine doit, au préalable, adresser au préfet du département où se trouve le dépôt une déclaration écrite, visée par le maire de sa commune ou, à Paris, par le commissaire de police de son quartier (Décr. 28 oct. 1882).

Fabrication et détention sans autorisation d'explosifs et d'engins meurtriers. — Tout individu, fabricant ou détenteur, sans motifs légitimes, de machines ou engins meurtriers ou incendiaires agissant par explosion ou autrement, ou de poudre fulminante, quelle que soit sa composition, est puni d'un emprisonnement de six mois à cinq ans et d'une amende de 50 à 3.000 francs (L. 19 juin 1871, art. 3, § 1er, modifié par L. 18 déc. 1893).

L'expression « explosif quelconque » est aussi large que possible et comprend non seulement la mélinite, la dynamite, la plancartite, les fulminates, etc., mais encore les poudres de mine, de guerre et même de chasse. Toutefois, en ce qui concerne cette dernière, les poursuites ne sauraient évidemment être engagées que si la détention se produisait dans des conditions particulièrement suspectes (Le Poittevin).

Fabrication et détention de substances destinées à la composition d'un explosif. — Tout individu fabricant ou détenteur, sans motifs légitimes, de toute substance ne constituant pas par elle-même un explosif, mais destinée à entrer dans la composition d'un explosif est puni d'un emprisonnement de six mois à cinq ans et d'une amende de 50 à 3.000 francs (mêmes lois).

Crimes commis à l'aide d'explosifs. — L'article 434 du Code pénal punit ceux qui ont détruit volontairement en tout ou en partie ou tenté de détruire par l'effet d'une mine ou de toute substance explosible, les édifices, habitations, etc.

Le dépôt dans une intention criminelle sur une voie publique ou privée, d'un engin explosible, est assimilé à la tentative du meurtre prémédité (L. 2 avril 1892, C. P., art. 435).

Excuse absolutoire. — Les personnes coupables des crimes ci-dessus sont exemptes de peine, si, avant la consommation de ces crimes et avant toutes poursuites, elles en ont donné connaissance et révélé les auteurs aux autorités constituées, ou si, même après les poursuites commencées, elles ont procuré l'arrestation des autres coupables.

Menace d'incendie et de destruction (v. Incendie).

Extorsion de Signatures. — Chantage.

Extorsion de signature. — Art. 400, § 1er, C. P. — « Quiconque aura extorqué par force, violence ou contrainte, la signature ou la remise d'un écrit, d'un acte, d'un titre, d'une pièce quelconque contenant ou opérant obligation, disposition ou décharge, sera puni de la peine des travaux forcés à temps ».

Ce crime existe à la condition : 1º qu'il y ait eu extorsion par force, violence ou contrainte ; mais l'emploi de ces trois moyens d'extorsion n'est pas cumulativement exigé par la loi, il suffit que l'un existe pour qu'il y ait extorsion ; 2º que la violence ait eu pour objet d'extorquer la signature ou la remise d'un écrit, etc. (C. 15 janv. 1824).

Chantage. — Art. 400, § 2. — « Quiconque à l'aide de la menace écrite ou verbale de révélations ou d'imputations diffamatoires, aura extorqué ou tenté d'extorquer, soit la remise de fonds ou valeurs, soit la signature ou la remise des écrits énumérés ci-dessus, c'est-à-dire d'écrits opérant obligation, disposition ou décharge, sera puni d'un emprisonnement d'un an à cinq ans et d'une amende de 50 francs à 3.000 francs ».

Nature du chantage. — Le chantage n'est pas l'escroquerie de l'article 405 ni la menace des articles 305 et 306. Le chantage a pour objet d'arracher une somme d'argent en influençant la volonté par la crainte d'un mal véritable et sérieux. C'est une extorsion. Si le mal était craint pour la personne, ce serait une violence physique ; comme il est craint pour la réputation et pour l'honneur, c'est une violence morale. Le chantage est donc une extorsion à l'aide d'une contrainte morale. Voilà son caractère. (Exp. des motifs de la loi du 13 mai 1863).

Eléments constitutifs. — Trois circonstances sont nécessaires : 1º mauvaise foi ; 2º menace écrite ou verbale dans un but de cupidité illégitime ; 3° menace de révéler ou de dénoncer un fait diffamatoire, c'est-à-dire portant atteinte à l'honneur ou à la considération de la personne menacée.

Mauvaise foi. — Elle résulte, tout à la fois, et du moyen dont se sert le coupable, et du but qu'il poursuit sans qu'il y ait à établir autre chose (C. 24 février 1866).

Menace écrite ou verbale. — Elle doit être de nature à peser sur la volonté de la victime, mais il n'est pas nécessaire que l'objet de la révélation ou de l'imputation diffamatoire soit énoncé ni précisé dans la menace, il suffit que cette menace y fasse une allusion suffisante pour que la victime puisse craindre une révélation ou une imputation de la nature de celles précisées dans l'article 400, § 2 (C. 4 janv. 1877).

Cupidité illégitime. — Le délit et la tentative de délit de chantage se caractérisent par le mobile de cupidité. Mais ce premier caractère n'est pas suffisant, il faut encore que le gain que veut obtenir le coupable soit illégitime.

Fait diffamatoire. — Qu'importe si la révélation annoncée porte sur un fait vrai ou sur un fait mensonger. La calomnie laisse toujours quelque chose après elle !

Fausse monnaie.

ART. 132, C. P. — « Quiconque aura contrefait ou altéré les monnaies d'or ou d'argent ayant cours légal en France, ou participé à l'émission ou exposition des dites monnaies, ou à leur introduction sur le territoire français, sera puni des travaux forcés à perpétuité. Celui qui aura contrefait ou altéré des monnaies de billon ou de cuivre, ayant cours légal en France, ou participé à l'émission ou exposition des dites monnaies, ou à leur introduction sur le territoire français, sera puni des travaux forcés à temps ».

Contrefaçon. — C'est l'imitation de la monnaie légale par un moyen quelconque. Elle est indépendante du plus ou moins de ressemblance de la monnaie contrefaite avec la monnaie légale, il suffit qu'il y ait une somme d'apparence suffisante pour que la circulation puisse en être obtenue (C. 25 mars 1837).

Altération. — Elle consiste dans le fait de soustraire à une monnaie légale une partie de sa valeur, soit à l'aide de la lime, soit par l'emploi d'un agent chimique ou par tout autre moyen (C. 19 brum. an X).

Emission. — Il y a émission de monnaie contrefaite ou altérée lorsque cette monnaie est mise en circulation. Aucune distinction n'est à établir entre le cas d'une première émission et celui d'une émission subséquente, la loi s'applique à toutes les émissions, elle punit la seconde, la troisième et les suivantes, aussi bien que la première, qu'importe la quantité de pièces mises en circulation.

Exposition. — Elle consiste à mettre la monnaie en montre, à l'offrir ainsi au regard du public.

Introduction. — La faire entrer sur le territoire français, et à préparer, par conséquent, une émission, ou une exposition.
Art. 133. — « Tout individu qui aura, en France, contrefait ou altéré des monnaies étrangères ou participé à l'émission, exposition ou introduction en France, de monnaies étrangères, contrefaites ou altérées, sera puni des travaux forcés à temps.

Modes d'exécution. — La contrefaçon des monnaies étrangères est complètement assimilée à celle des monnaies nationales, dont les modes de perpétration ont été examinés ci-dessus.

Coloration des monnaies. — Art. 134. — « Sera puni d'un emprisonnement de six mois à trois ans, quiconque aura coloré les monnaies ayant cours légal en France ou les monnaies étrangères dans le but de tromper sur la nature du métal, ou les aura émises ou introduites sur le territoire français. — Seront punis de la même peine ceux qui auront participé à l'émission ou à l'introduction des monnaies ainsi colorées ».

Pour donner lieu à l'application de l'article qui précède il faut que le fait de blanchir ou de dorer les monnaies ait eu lieu sans qu'on leur ait fait subir aucune altération dans leur essence et tout en conservant les caractères et signes indicatifs de la valeur tels que la puissance publique les a exprimés. Autrement il y aurait altération de monnaie et par conséquent ce serait, suivant le cas, l'article 132 ou l'article 133 qu'il faudrait appliquer.

Le fait de coloration frauduleuse n'existe pas, s'il a simplement le caractère d'un amusement ou expérimentation scientifique (Circ. just. 30 mai 1863).

Cause de non culpabilité. — Celui qui a émis, exposé ou introduit en France une pièce de monnaie contrefaite, altérée ou colorée, l'a reçue pour bonne et remise en circulation dans l'ignorance de sa falsification, continuant à la considérer comme bonne, ne commet ni crime ni délit. Le fait matériel n'étant pas accompagné d'une intention criminelle ne peut constituer une infraction punissable.

Excuses absolutoires. — L'article 138 exempte de peines les coupables des crimes mentionnés en l'article 132, si avant la consommation de ces crimes et avant toutes poursuites, ces coupables ont donné connaissance et révélé les auteurs aux autorités constituées, ou si, même après les poursuites commencées, ils ont procuré l'arrestation des autres coupables (v. Formule).

Faux.

Des faux en écritures publiques ou authentiques, et de commerce ou de banque. — Art. 145. — « Tout fonctionnaire ou officier public qui, dans l'exercice de ses fonctions, aura commis un faux, soit par fausses signatures, soit par supposition de personnes, soit par des écritures faites ou intercalées sur des registres ou d'autres actes publics, depuis leur confection ou clôture, sera puni des travaux forcés à perpétuité ».

Art. 146. — « Sera aussi puni des travaux forcés à perpétuité tout fonctionnaire ou officier public qui en rédigeant des actes de son ministère, en aura frauduleusement dénaturé la substance ou les circonstances, soit en écrivant des conventions autres que celles qui auraient été tracées ou dictées par les parties, soit en constatant comme vrais des faits faux ou comme avoués des faits qui ne l'étaient pas ».

Ces articles ne concernent que les fonctionnaires ou officiers de l'ordre civil.

Par fonctionnaire on doit entendre non pas seulement le citoyen qui est investi d'une manière permanente d'une délégation de l'autorité publique, mais aussi celui qui n'exerce ses fonctions que d'une manière temporaire (C. 25 novembre 1880).

Art. 147. — « Seront punis des travaux forcés à temps toutes autres personnes qui auront commis un faux en écriture authentique et publique ou en écriture de commerce ou de banque, soit par contrefaçon ou altération d'écritures ou de signatures, soit par fabrication de conventions, dispositions, obligations ou décharges, ou par leur insertion après coup dans ces actes, soit par addition ou altération de clauses, de déclarations ou de faits que ces actes avaient pour objet de recevoir et de constater ».

Art. 148. — « Dans tous les cas exprimés au présent paragraphe, celui qui aura fait usage des actes faux sera puni des travaux forcés à temps ».

Des faux commis dans les passeports, feuilles de route et certificats. — *L. 13 mai 1863.* — Art. 153, C. P. — « Quiconque fabriquera un faux passeport ou un faux permis de chasse, ou falsifiera un passeport ou un permis de chasse originairement véritable, ou fera usage d'un passeport ou d'un permis de chasse fabriqué ou falsifié, sera puni d'un emprisonnement de six mois au moins et de trois ans au plus ».

Art. 154. — « Quiconque prendra, dans un passeport ou dans un permis de chasse, un nom supposé, ou aura concouru comme témoin à faire délivrer le passeport sous le nom supposé, sera puni d'un emprisonnement de trois mois à un an. La même peine sera applicable à tout individu qui aura fait usage d'un passeport ou d'un permis de chasse délivré sous un autre nom que le sien (V. Aubergistes, Logeurs).

Art. 155. — « Les officiers publics qui délivreront ou feront délivrer un passeport à une personne qu'ils ne connaitront pas personnellement, sans avoir fait attester ses noms et qualités par deux citoyens à eux connus, seront punis d'un emprisonnement d'un mois à six mois. Si l'officier public, instruit de la supposition du nom, a néanmoins délivré ou fait délivrer le passeport sous le nom supposé, il sera puni d'un emprisonnement d'une année au moins et de quatre ans au plus.

Art. 156. — Quiconque fabriquera une fausse feuille de route, ou falsifiera une feuille de route originairement véritable, ou fera usage d'une feuille de route fabriquée ou falsifiée, sera puni, savoir : d'un emprisonnement de six mois au moins et de trois ans au plus, si la fausse feuille de route n'a eu pour objet que de tromper la surveillance de l'autorité publique ; d'un emprisonnement d'une année au moins et de quatre au plus si le trésor public a payé au porteur de la fausse feuille des frais de route qui ne lui étaient pas dus ou qui excédaient ceux auxquels il pouvait avoir droit, le tout néanmoins au-dessous de 100 francs et d'un emprisonnement de deux ans au moins et de cinq ans au plus si les sommes indûment reçues par le porteur de la feuille s'élèvent à 100 francs ou au-delà.

Art. 157. — « Les peines portées en l'article précédent seront appliquées, selon les distinctions qui y sont posées, à toute personne qui se sera fait délivrer, par l'officier public, une feuille de route sous un nom supposé ou qui aura fait usage d'une feuille de route délivrée sous un autre nom que le sien ».

Art. 158. — Si l'officier public était instruit de la supposition de nom lorsqu'il a délivré la feuille, il sera puni, savoir : dans le premier cas posé par l'article 156, d'un emprisonnement d'une année au moins et de quatre ans au plus.

Dans le second cas du même article, d'un emprisonnement de deux ans au moins et de cinq ans au plus.

Et dans le troisième cas de la réclusion.

Art. 159. — Toute personne qui, pour se rédimer elle-même ou en affranchir un autre d'un service public, quelconque, fabriquera, sous le nom d'un médecin, chirurgien ou autre officier de santé, un certificat de maladie ou d'infirmité, sera puni d'un emprisonnement d'une année au moins et de trois ans au plus.

Art. 160. — Tout médecin, chirurgien ou autre officier de santé qui, pour favoriser quelqu'un, certifiera faussement des maladies ou infirmités propres à dispenser d'un service public, sera puni d'un emprisonnement d'une année au moins et de quatre ans au plus.

S'il y a été mu par dons ou promesses, la peine de l'emprisonnement sera d'une année au moins et de quatre ans au plus. Les corrupteurs seront punis de la même peine.

Art. 161. — « Quiconque fabriquera, sous le nom d'un fonctionnaire ou officier public, un certificat de bonne conduite, indigence ou autres circonstances propres à appeler la bienveillance du Gouvernement ou des particuliers sur la personne y désignée et à lui procurer places, crédit ou secours, sera puni d'un emprisonnement de six mois à deux ans.

La même peine sera appliquée, — 1° à celui qui falsifiera un certificat de cette espèce, originairement véritable, pour l'approprier à une personne autre que celle à laquelle il a été primitivement délivré ; — 2° à tout indivdu qui se sera servi du certificat ainsi fabriqué ou falsifié.

Si ce certificat est fabriqué sous le nom d'un simple particulier, la fabrication et l'usage seront punis de quinze jours à six mois d'emprisonnement ».

Les certificats auxquels se rapporte l'article 161 ne sont autres que des recommandations purement officieuses, délivrées spontanément à la personne y désignée par le fonctionnaire ou officier public qui les a revêtus de sa signature et dans l'unique objet d'appeler sur cette personne, soit de la part du Gouvernement, soit de la part des particuliers, des témoignages également spontanés d'intérêt ou de bienveillance. Il y a donc lieu de les distinguer des certificats présentant le caractère d'un acte émanant de fonctionnaires procédant en vertu d'un mandat de la loi, exerçant un droit ou une obligation inhérente à leur qualité.

Fabriquer un faux certificat de bonne conduite sous le nom d'un conseil d'administration d'un régiment, c'est commettre le crime de faux en écriture publique et authentique, mais c'est tomber sous l'application de l'article 161 que de rédiger sous le nom d'officiers généraux et supérieurs de l'armée de faux certificats, dans la vue de procurer à ceux qui en seraient porteurs des récompenses honorifiques, ou de fabriquer un faux certificat pour mendier. Enfin le fait d'avoir apposé sur un certificat d'indigence ayant pour but unique de surprendre la bienveillance publique et inspirer plus de confiance, de fausses signatures et une fausse empreinte de timbre d'une mairie, constitue le délit prévu par cet article et non le crime prévu par l'article 142 (C. 15 déc. 1836, 10 juin 1808, 6 janv. 1860).

Caractères généraux du faux. — Trois circonstances sont essentielles à l'existence du faux : 1° l'altération de la vérité ; 2° l'intention de nuire ; 3° la possibilité d'un préjudice.

Altération de la vérité. — Elle peut provenir soit d'un fait matériel, falsification ou altération physique des écritures, altération qui peut s'opérer par la voie d'une addition, d'une modification ou d'une suppression, soit d'un acte intellectuel, altération dans les dispositions constitutives d'un document non falsifié matériellement. Le faux matériel existe dans l'apposition d'une fausse signature sur une lettre de change, dans l'altération d'une signature sur un billet soldé et remboursé ; il y a faux intellectuel lorsqu'un notaire, en rédigeant des actes de son ministère, dénature frauduleusement leur substance ou leurs circonstances ; enfin le faux peut résulter d'une omission frauduleuse, par un comptable public, de sommes qu'il a reçues (C. 22 juil. 1858, 18 déc. 1862, 5 oct. 1865, 30 déc. 1858).

Intention frauduleuse. — Pour qu'il y ait faux il est nécessaire qu'il y ait intention frauduleuse. Deux conditions sont donc nécessaires : la connaissance que l'on commet un faux et le dessein de nuire à autrui en le commettant (C. 18 juin 1852).

Préjudice. — L'altération de la vérité et l'intention de nuire ne suffisent pas pour qu'il y ait faux en écriture, il est encore requis que le faux puisse de lui-même causer un préjudice (C. 20 janv. 1837).

Faux témoignage.

Art. 361. — « Quiconque sera coupable de faux témoignage en matière criminelle, soit contre l'accusé, soit en sa faveur, sera puni de la réclusion ».

Art. 362. — « En matière correctionnelle, il sera puni d'un emprisonnement de deux ans au moins et de cinq ans au plus.

En matière de police, il sera puni d'un an au moins et de trois ans au plus ».

Art. 363. — « En matière civile il est puni d'un emprisonnement de deux à cinq ans ».

Le faux témoignage consiste aussi bien dans l'affirmation

d'un fait mensonger que dans la négation d'un fait véritable.

On peut dire qu'il y a faux témoignage toutes les fois que la vérité est altérée de façon à tromper la justice, à engendrer un préjudice actuel ou possible.

Dès qu'un témoin a juré de dire la vérité et toute la vérité, il ne peut, d'après une jurisprudence constante, être dispensé de ce devoir par aucune considération personnelle, encore que par suite de sa déposition, il s'exposerait lui-même à une poursuite (C. 25 fév. 1836 et 22 avril 1847).

Le simple refus de répondre ne peut constituer le faux témoignage (C. 20 mai 1808).

Subornation de témoins. — Art. 365. — « Le coupable de subornation de témoins sera passible des mêmes peines que le faux témoin, selon les distinctions contenues dans les articles 361, 362, 363 et 364 ».

La subornation de témoins est un acte de complicité du faux témoignage ; elle n'existe qu'autant que le faux témoignage lui-même a été porté et consommé (C. 5 févr. 1846).

Tentative. — Par suite du caractère en quelque sorte accessoire de la subornation de témoins, on ne peut incriminer comme tentative l'instigation non *suivie d'effet* à commettre un faux témoignage, alors même qu'elle est appuyée de dons, promesses ou de menaces (C. 6 oct. 1853).

Filouterie d'Aliments ou Grivèlerie.

Art. 401 du C. P. — « Quiconque, sachant qu'il est dans l'impossibilité absolue de payer, se sera fait servir des boissons ou des aliments qu'il aura consommés en tout ou en partie dans des établissements à ce destinés, sera puni d'un emprisonnement de six jours au moins et de six mois au plus, et d'une amende de 16 francs au moins et de 200 francs au plus. »

Eléments constitutifs. — Il faut que les boissons ou les aliments aient été consommés en tout ou en partie.

Cet article s'appliquant limitativement aux boissons et aux aliments ne saurait être étendu à l'individu qui s'est fait admettre à crédit chez un cabaretier ou un aubergiste qui lui a fourni à crédit la nourriture et le logement (Paris et Douai, 22 février et 14 novembre 1883).

La filouterie d'aliments n'est punissable qui si elle est commise au préjudice, non d'un particulier qui ne fait pas métier de servir des aliments ou boissons, mais du propriétaire d'un établissement à ce destiné, auberge, cabaret, restaurant, café, hôtel.

La mauvaise foi du prévenu ne peut être établie qu'à la condition qu'il ne possède pas effectivement des ressources pour payer la dépense, il ne suffirait pas qu'il refuse de payer. La loi du 26 juillet 1873 n'a, en effet, entendu punir que les individus qui consommeraient des aliments sachant qu'ils étaient dans l'impossibilité de payer et non ceux qui refusent absolument de payer, alors qu'ils ont des ressources suffisantes (Toulouse, 10 mars 1881).

D'autre part, il est nécessaire que le prévenu ait su qu'il était dans l'impossibilité de payer. Mais, alors même que le consommateur aurait su qu'il était dans l'impossibilité de payer, s'il est logé dans l'hôtel où il a pris sa nourriture, la loi du 26 juillet 1873 (art. 401) ne lui sera pas applicable (Narbonne, 2 février 1891).

Il y a dans cette circonstance consentement tacite au crédit (v. Formule).

Fraudes commerciales.

Art. 423 du C. P. — « Quiconque aura trompé l'acheteur sur le titre des matières d'or ou d'argent, sur la qualité d'une pierre fausse vendue pour fine, sur la nature de toutes marchandises; quiconque, par usage de faux poids ou de fausses mesures, aura trompé sur la quantité des choses vendues, sera puni de l'emprisonnement pendant trois mois au moins, un an au plus, et d'une amende qui ne pourra excéder le quart des restitutions et dommages-intérêts, ni être au-dessous de 50 francs.

« Les objets du délit, ou leur valeur, s'ils appartiennent encore au vendeur, seront confisqués ; les faux poids et les fausses mesures seront aussi confisqués et, de plus, seront brisés. »

Marchandise. — L'article 423 s'étend à toute marchandise mobilière, quelle qu'elle soit, et, par conséquent, aux substances alimentaires ou médicamenteuses et aux boissons, sous la seule réserve résultant d'une falsification de ces produits et des dispositions spéciales réglant les engrais, les beurres, etc.

Le mot marchandise dont se sert l'article 423 s'entend même des choses dont la vente est prohibée (C. 8 juin 1855).

Vente consommée. — Pour qu'il y ait délit de tromperie, selon les termes de l'article 423, il faut que la vente ait été consommée. Le délit dont il s'agit ne saurait donc résulter d'une simple mise en vente, cette mise en vente ne constituant qu'une tentative du délit de tromperie, tentative non punissable en l'absence d'une disposition de loi qui l'assimile à une tromperie consommée (C. 1er juillet 1859).

La vente est consommée à l'instant où il y a consentement sur la chose et sur le prix, car dès ce moment, la vente est parfaite (C. 14 mai 1875).

Tromperie sur la nature de la marchandise vendue. — Il importe de bien déterminer ce qu'on entend par nature de la chose et de distinguer la nature de la qualité, car le Code pénal n'atteint pas la tromperie sur la qualité de la marchandise. La nature d'une marchandise est ce qui fait son essence ; sa composition d'où dérivent ses propriétés, ses usages ; la qualité d'une marchandise, au contraire, en modifie seulement les propriétés, sans rendre la chose impropre à sa destination.

Le fait de vendre du drap d'Elbeuf sous la dénomination
de drap de Louviers, alors que l'acheteur entendait acheter
un drap provenant de ce dernier lieu de fabrication, ou
encore d'avoir vendu comme provenant d'une source mi-
nérale une eau artificielle fabriquée à Paris, doit être qualifié
de tromperie sur la nature de la chose vendue. C'est souvent,
en effet, le lieu de production ou de fabrication qui, dans la
volonté de l'acheteur, fait la spécialité industrielle de la marchandise (C. 5 mai 1883).

Tromperie sur la quantité des choses vendues. — La loi
de 1851 a abrogé la partie de l'article 423 qui concernait le
délit de tromperie sur la quantité et celle de l'article 479, n° 5,
relative à la détention de faux poids ou de fausses mesures.
Elle n'a laissé subsister que l'article 479, n° 6, sur la contravention résultant de l'emploi de poids ou de mesures autres
que les poids ou mesures établis par les lois en vigueur.

Loi du 27 mars 1851. — ART. 1er. — Seront punis des
peines portées par l'article 423 du Code pénal :

1° Ceux qui falsifieront des substances ou denrées alimentaires ou médicamenteuses destinées à être vendues ; 2° ceux
qui vendront ou mettront en vente ces mêmes substances
qu'ils sauront être falsifiées ou corrompues ; 3° ceux qui
auront trompé ou tenté de tromper sur la quantité des choses
livrées, les personnes auxquelles ils vendent ou achètent, soit
par l'usage de faux poids ou de fausses mesures ou d'instruments inexacts servant au pesage ou mesurage, soit par des
manœuvres ou procédés tendant à fausser l'opération du
pesage ou mesurage, ou à augmenter frauduleusement le
poids ou le volume de la marchandise, même avant cette
opération ; soit, enfin, par des indications frauduleuses tendant à faire croire à un pesage ou mesurage antérieur et
exact.

(L'article 2 porte aggravation s'il s'agit de marchandises
contenant des mixtions nuisibles à la santé).

ART. 3. — Sont punis d'une amende de 16 francs à 25 francs,
et d'un emprisonnement de six à dix jours, ceux qui, sans

motifs légitimes, auront dans leurs magasins, boutiques, ateliers ou maisons de commerce, ou dans les halles, foires ou marchés, soit des poids ou mesures faux, ou autres appareils inexacts servant au pesage ou au mesurage, soit des substances alimentaires ou médicamenteuses qu'ils sauront être falsifiées ou corrompues.

Cette loi ne détache par elle-même de l'article 423 la répression des fraudes résultant d'une falsification que lorsque cette falsification porte sur des substances et denrées alimentaires ou sur des substances médicamenteuses.

On doit entendre par denrées les substances qui servent à la fois à l'alimentation de l'homme et à celle des animaux (Rouen, 9 juin 1855).

Quant aux substances médicamenteuses et produits pharmaceutiques, ce sont ceux qui sont définis par la législation spéciale à la police de la pharmacie (Loi 21 germinal an XI), que la loi de 1851 a entendu protéger contre la falsification.

Les substances médicamenteuses ne doivent donc pas être limitées aux substances susceptibles d'être consommées ou, du moins, d'être absorbées par les parties du corps sur lesquelles on les applique, elles doivent s'entendre de toute substance ou objet mis directement en contact avec le corps de l'homme pour exercer, dans l'intérêt de la santé, une action médicale (C. 5 février 1858).

Falsification. — On entend par falsification toute altération de substances alimentaires ou médicamenteuses destinées à être vendues.

Toute falsification d'une substance alimentaire ou médicamenteuse constitue le délit prévu par l'article 1er de la loi de 1851, soit qu'elle ait pour effet de dénaturer le produit falsifié, soit qu'elle en ait seulement affaibli la qualité. « La simple tromperie sur la qualité des marchandises, dit le rapporteur de la loi de 1851, qui échappait à l'article 423, pourra être punie comme falsification par la loi nouvelle, si cette tromperie s'exerce sur des denrées alimentaires ou médicamenteuses ; car il y a falsification non seulement dans l'introduction d'une denrée d'une autre nature, mais dans la mixtion d'une nature identique et d'une qualité notablement inférieure. »

Substances corrompues. — L'état de corruption d'une marchandise consiste dans un degré d'altération produit par les lois naturelles de la fermentation et de la décomposition à partir duquel une substance cesse d'être recherchée pour un usage alimentaire ou médical.

Les caractères de la vente ou de la mise en vente que réprime la loi de 1851, sont les mêmes à l'égard des substances corrompues qu'à l'égard des substances falsifiées.

Fraudes spéciales. Beurre et margarine. — La loi du 16 avril 1897, article 1er, interdit de désigner, d'exposer, de mettre en vente, ou de vendre, d'importer ou d'exporter, sous le nom de beurre, avec ou sans qualificatif, tout produit qui n'est pas exclusivement fait avec du lait ou de la crème provenant du lait.

L'article 3 de la même loi est ainsi conçu :

« Il est interdit à quiconque se livre à la fabrication ou à la préparation du beurre de fabriquer et de détenir dans ses locaux de la magarine ou de l'oléo-margarine, ni d'en laisser fabriquer et détenir par une autre personne dans les locaux occupés par lui.

« La même interdiction est faite aux entrepositaires, commerçants et débitants de beurre.

« La margarine et l'oléo-margarine ne pourront être introduites sur les marchés qu'aux endroits spécialement désignés par l'autorité municipale. »

Vins. — Aux termes des dispositions combinées des deux lois des 14 août 1889 et 11 juillet 1891 :

1º Nul ne peut expédier, vendre ou mettre en vente, sous la dénomination de vin, un produit autre que celui de la fermentation des raisins frais (Loi 1889, art. 1er).

2º Le produit de la fermentation des marcs de raisins frais avec de l'eau, qu'il y ait ou non addition de sucre, le mélange de ce produit avec le vin, dans quelque proportion que ce soit, ne peut être expédié, vendu ou mis en vente que sous le nom de vin de marcs ou vin de sucre (Loi 1891, art. 1ᵉʳ).

3º Le produit de la fermentation des raisins secs avec de l'eau ne peut être expédié, vendu ou mis en vente que sous la dénomination de vin de raisins secs; il en est de même du mélange de ce produit, quelles qu'en soient les proportions, avec du vin (Loi 1889, art. 3).

Les fûts ou récipients contenant des vins de sucre ou des vins de raisins secs doivent porter en gros caractères : « Vin de sucre, vin de raisins secs. »

Les livres, factures, lettres de voitures doivent contenir les mêmes indications, suivant la nature du produit livré (Loi 1889, art. 4).

Lait. — Avant d'arriver au consommateur, le lait est souvent l'objet de fraudes dont la plus fréquente est le mouillage. De plus pour dissimuler cette addition, pour masquer la teinte bleuâtre que prend le lait allongé d'eau, le falsificateur y introduit des substances étrangères telles que : sucre de canne ou de fécule, farine, amidon, dextrine, blancs d'œufs, cassonade, gélatine, etc.

Pour déterminer approximativement les proportions du mouillage, il suffit de procéder à une opération très simple à l'aide du *lacto-densimètre*, qui indique la densité du lait par rapport à celle de l'eau, et du thermomètre qui indique la température du lait essayé. Les indications données par ces deux instruments sont ramenées à leur véritable point au moyen de tables de correction. D'après celles-ci, on peut voir que si un lait pèse au lacto-densimètre 18º, ce qui indiquerait 1/10 d'eau, et que la température obtenue par le thermomètre est de 23º, la densité doit être ramenée à 29,9 qui est dans l'accolade « lait pur ».

Avec un peu d'habitude, on peut se passer de la table de correction, en se rappelant que le lait augmente ou diminue d'un degré du lacto-densimètre par chaque variation de 5 degrés de température.

Mais les instruments basés sur la densité du lait sont en défaut toutes les fois qu'on a ajouté au lait, en même temps que l'eau, des substances étrangères. Le lacto-densimètre accuse alors une densité normale, sans déceler la nature des matières en solution ou en suspension et qui font elles-mêmes cette densité. Ces fraudes ne se reconnaissent que par l'analyse chimique.

Grains. — Fourrages.

ART. 449 du C. P. — « Quiconque a coupé des grains ou des fourrages qu'il savait appartenir à autrui est puni d'un emprisonnement qui ne peut être au-dessous de six jours ni au-dessus de deux mois. »

La peine est plus élevée s'il a été coupé du grain en vert (Art. 450).

Hydrocarbures.

Les décrets du 19 mai 1873, du 5 mars 1887, du 20 mars 1885 et du 12 juillet 1884 régissent le pétrole et ses dérivés, les huiles de schiste et de goudron, les essences et autres hydrocarbures, en ce qui concerne : la classification comme établissement dangereux, les usines, les entrepôts et magasins de vente en gros et la vente au détail.

Inamovibilité.

Les magistrats de tous les tribunaux civils, à l'exception des membres du ministère public (procureurs généraux, procureurs de la République, avocats généraux, substituts, commissaires de police) et des juges de paix, sont inamovibles, c'est-à-dire qu'ils ne peuvent être révoqués ni même déplacés à la volonté du ministre de la justice. Ils ne peuvent être déplacés malgré eux que sur l'avis conforme du Conseil supérieur de la magistrature, institué par la loi du 30 août 1883.

Incendie.

C. P. Art. 434 ; *Loi du 13 mai 1863.* — « Quiconque a volontairement mis le feu à des édifices, navires, bateaux, magasins, chantiers, quand ils sont habités ou servant à l'habitation, qu'ils appartiennent ou n'appartiennent pas à l'auteur du crime, est puni de mort.

« Est puni de la même peine quiconque a volontairement mis le feu, soit à des voitures contenant des personnes, soit à des voitures ou wagons ne contenant pas des personnes, mais faisant partie d'un convoi qui en contient.

« Quiconque a volontairement mis le feu à des édifices, navires, bateaux, magasins, chantiers, lorsqu'ils ne sont ni habités ni servant à l'habitation, ou à des forêts, bois-taillis ou récoltes sur pied, lorsque ces objets ne lui appartiennent pas, est puni de la peine des travaux forcés à perpétuité.

« Celui qui, en mettant le feu à l'un des objets énumérés dans le paragraphe 3 de l'article 434 et à lui-même appartenant, a volontairement causé un préjudice quelconque à autrui, est puni des travaux forcés à temps.

« Quiconque a volontairement mis le feu, soit à des pailles ou récoltes en tas ou en meules, soit à des bois disposés en tas ou en stères, soit à des voitures ou wagons chargés ou non chargés de marchandises ou autres objets mobiliers et ne faisant point partie d'un convoi contenant des personnes, si ces objets ne lui appartiennent pas, est puni des travaux forcés à temps ».

Menace. — C. P. Art. 436. — *Loi du 2 avril 1892.* — « La menace d'incendier ou de détruire par l'effet d'une mine ou de tout autre explosif, les objets énumérés (édifices, habitations, digues, chaussées, navires, etc.) est punie de la peine portée contre la menace d'assassinat et d'après les distinctions établies par les articles 305, 306 et 307.

Incendie par imprudence ou négligence. — Art. 458. — « L'incendie des propriétés mobilières ou immobilières d'autrui qui a été causé par la vétusté ou le défaut soit de réparation, soit de nettoyage des fours, cheminées, forges, maisons ou usines prochaines, ou par des feux allumés dans les champs à moins de cent mètres des maisons, édifices, forêts, bruyères, bois, vergers, plantations, haies, meules, tas de grains, pailles, foins, fourrages ou tout autre dépôt de combustibles, ou par des feux ou lumières portés ou laissés sans précaution suffisante, ou par des pièces d'artifice allumées ou tirées par négligence ou imprudence, est puni d'une amende de 50 francs au moins et de 500 francs au plus » (V. formule).

Inhumations.

C. P. Art. 358. — « Ceux qui, sans l'autorisation préalable de l'officier public, dans le cas où elle est prescrite, auront fait inhumer un individu décédé, seront punis de six jours à deux mois d'emprisonnement et d'une amende de 16 francs à 50 francs, sans préjudice de la poursuite des crimes dont les auteurs de ce délit pourraient être prévenus dans cette circonstance ».

Cet article est applicable à l'inhumation d'un enfant mort-né du moment où il s'agit d'un fœtus formé dans ses organes essentiels ; mais il n'atteint que l'individu qui a fait inhumer ; il est sans application au fossoyeur et au prêtre qui a fait la levée du corps et procédé à la cérémonie religieuse. Contre ces derniers des poursuites en simple police peuvent seules être dirigées par application du décret du 4 thermidor an XIII.

Inondation des Chemins ou Propriétés d'autrui.

C. P. Art. 457. — « Sont punis d'une amende qui ne peut excéder le quart des restitutions et des dommages-intérêts, ni être au-dessous de 50 francs, les propriétaires ou fermiers, ou toute personne jouissant de moulins, usines ou étangs qui, par l'élévation du déversoir de leurs eaux au-dessus de la hauteur déterminée par l'autorité compétente, ont inondé les chemins ou les propriétés d'autrui. S'il est résulté quelques dégradations, la peine est, outre l'amende, un emprisonnement de six jours à un mois ».

Cet article ne s'applique qu'autant que le délit a été commis par l'une des personnes qu'il désigne limitativement et que l'inondation a été le résultat de l'élévation du déversoir au-dessus de la hauteur déterminée par l'administration.

En dehors de ces cas, c'est à l'article 15 de la loi de 1791 qu'il convient de recourir (C. 23 janv. 1819).

Instruments d'Agriculture.

C. P. Art. 451. — Toute rupture, toute destruction d'instruments d'agriculture, de parcs de bestiaux, de cabanes de gardiens, est punie d'un emprisonnement d'un mois au moins et d'un an au plus ».

Il n'y a pas à s'occuper des moyens de destruction : que ce soit par violence ou par le feu, l'article 451 est applicable.

Il est évident qu'il s'agit ici de parcs et de cabanes mobiles. S'il était question de constructions immobilières, leur destruction serait réprimée par l'article 437 (C. 6 août 1869).

Ivresse.

La loi du 23 janvier 1873 ne punit l'ivresse qu'autant qu'elle est manifeste.

Que faut-il entendre par « ivresse manifeste » ?

Il y a dans la loi pénale des délits dont la définition est difficile. L'ivresse est de ce nombre, attendu qu'il est impossible d'en déterminer les caractères précis. Il faut la prendre telle qu'elle est, telle que tout le monde peut l'apprécier. Si l'on a ajouté le mot « manifeste » au mot « ivresse », c'est dans une pensée de protection et d'équité, afin qu'il n'y eut pas d'hésitation ni aucun doute dans l'esprit des juges. L'ivresse manifeste c'est celle qui par sa seule vue, produit un scandale public.

La loi de 1873, dans son article 1er, punit de 1 à 5 francs ceux qui sont trouvés en état d'ivresse manifeste dans les rues, chemins, places, cafés, cabarets ou autres lieux.

C'est une peine légère qui est augmentée, en cas de récidive dans les douze mois et dans le ressort du même tribunal, par les articles 474 et 483 du Code pénal.

Dans le cas de nouvelle récidive dans les douze mois qui ont suivi la deuxième condamnation, l'inculpé est traduit devant le tribunal de police correctionnelle et puni d'un emprisonnement de six jours à un mois et d'une amende de 16 à 300 francs (art. 2, loi de 1873).

Mesure de police. — « Toute personne trouvée en état d'ivresse dans les rues, chemins, cafés, cabarets ou autres lieux publics, peut être, par mesure de police, conduite à ses frais au poste le plus voisin pour y être retenue jusqu'à ce qu'elle ait recouvré la raison (même loi, art. 11).

Cet article, contient donc, non plus une disposition pénale, mais une mesure de police. La décence et la sûreté publiques commandaient d'apporter cette restriction à la liberté individuelle. C'est là d'ailleurs une faculté attribuée aux agents de l'autorité et on ne saurait leur faire une obligation d'en user toujours et indistinctement (Rapp.).

Réception de gens ivres. Boissons servies à des mineurs. — « Sont punis d'une amende de 1 à 5 francs, les cafetiers, cabaretiers et autres débitants qui ont donné à boire à des gens manifestement ivres, ou qui les ont reçus dans leurs établissements, ou ont servi des liqueurs alcooliques à des mineurs âgés de moins de seize ans accomplis (art. 4) ».

Le cabaretier ne serait passible d'aucune peine s'il avait refusé de leur donner à boire depuis que l'ivresse s'était manifestée et s'il avait requis des gendarmes pour les faire sortir, pas plus que celui qui, au lieu d'attirer ou retenir dans son établissement des gens manifestement ivres et leur donner à boire, fait tous ses efforts pour les renvoyer (C. 7 novembre 1873).

« Les gardes champêtres sont chargés de rechercher, chacun sur le territoire sur lequel il est assermenté, les infractions à la loi de 1873 (Art. 13).

Transmission des procès-verbaux. — « Les procès-verbaux constatant les infractions prévues dans les articles précédents doivent être transmis au procureur de la République dans les trois jours au plus tard, y compris celui où a été reconnu le fait sur lequel ils sont dressés (Art. 10) »

Affichage de la loi. — Le texte de la loi de 1873 doit être affiché à la porte de toutes les mairies et dans la salle principale de tous les cabarets, cafés et autres débits de boissons. Toute personne qui lacère ou détruit le texte affiché est condamnée à une amende de 1 à 5 francs, et aux frais du rétablissement de l'affiche. Est puni de même le cabaretier, cafetier ou débitant chez lesquels le dit texte n'est pas trouvé affiché (Art. 12) (V. formule).

Jeux de hasard.

Le Code pénal ne donne ni l'énumération, ni la définition des jeux de hasard. La formule donnée par la Cour suprême varie suivant qu'on la prend avant ou après 1877. Jusqu'à cette date elle voit des jeux de hasard dans les jeux où le hasard seul préside, et elle refuse d'appliquer l'article 475, § 5, à tous les jeux exigeant dans une mesure quelconque, de la part des joueurs, de l'habileté et certaines combinaisons ; aujourd'hui, au contraire, pour qu'un jeu soit réputé jeu de hasard, il suffit que le hasard prédomine sur l'adresse et les combinaisons de l'esprit.

Toutefois, il n'est pas nécessaire, pour qu'un jeu puisse être qualifié jeu de hasard, que l'enjeu soit exposé et perdu sans compensation, il y a jeu de hasard alors même qu'il serait convenu que la personne recevra en échange de la mise un objet désigné par le sort (C. 29 août 1863).

Les jeux dont les chances ne dépendent que du hasard appelés *à tout coup l'on gagne*, *tournevires*, *petits chevaux*, *mâts de cocagne*, etc., etc., que l'on rencontre dans les fêtes locales et dans les foires, sont de véritables loteries, comprises dans les prohibitions de la loi. Celle-ci n'a, nous le répétons, pas distingué entre les jeux ou l'enjeu serait de l'argent ou des objets d'une autre nature.

Un contrevenant ne peut être excusé par le motif que le maire l'aurait autorisé à tenir un jeu de hasard (C. 27 avr. 1852).

Compétence. — Le tribunal de simple police est, en principe, seul compétent pour juger l'infraction prévue par l'article 475 ; en cas de récidive la contravention rentre dans la compétence du tribunal correctionnel (C. P., art. 478).

Logements insalubres.

Dans la loi du 13 avril 1850, le législateur a entendu viser par les mots *logements* et *dépendances*, les édifices de tout ordre qui constituent l'habitation de l'homme : chambres à coucher, salle à manger, salon, cuisine, cabinets d'aisances, chambres de domestiques, boutiques ou ateliers attenant aux pièces servant à l'habitation (Cons. d'Ét., 6 août 1878).

C'est à l'initiative du Conseil municipal qu'il appartient de provoquer la création de la commission des logements insalubres.

Maisons de jeu. Loteries. Prêt sur gage ou nantissement. Entrave à la liberté des Enchères.

C. P. Art. 410. — « Ceux qui auront tenu une maison de jeu de hasard et y auront admis le public soit librement, soit sur la présentation des intéressés ou affiliés, les banquiers de cette maison, tous ceux qui auront établi ou tenu des loteries non autorisées par la loi, tous administrateurs, préposés ou agents de ces établissements, seront punis d'un emprisonnement de deux mois au moins et de six mois au plus et d'une amende de 100 francs à 6.000 francs.

« Dans tous les cas seront confisqués tous les fonds ou effets qui seront trouvés exposés au jeu ou mis à la loterie, les meubles, instruments, ustentiles, appareils employés ou destinés au service des jeux ou des loteries, les meubles et les effets mobiliers dont les lieux seront garnis ou décorés ».

Maisons de jeu. — L'admission du public est la condition essentielle de l'existence de la maison de jeu.

L'article 410 désigne non pas seulement les maisons de jeux clandestines, mais tout établissement même public (café, cabaret, auberge ou autre) dans lequel les jeux où le hasard seul détermine le résultat, sont tolérés habituellement ou d'une manière suivie.

La tenue d'un jeu de hasard dans un lieu public est une contravention à l'article 475, n° 5 du Code pénal, si le jeu est tenu accidentellement et d'une manière passagère ; mais s'il est tenu d'une façon permanente il constitue le délit prévu par l'article 410.

Personnes punissables. — Les banquiers, les administrateurs, préposés ou gérants des maisons de jeux ; mais le joueur qui n'a été appelé qu'à diriger et tenir le jeu, n'est pas punissable.

Loteries. — L'article 410 ne punit que les loteries non autorisées, mais il s'applique non seulement aux loteries qui forment un établissement permanent, mais encore à celles qui consistent dans une seule opération (C. 5 mai 1836).

La loi du 21 mai 1836, dans son article 1er, prohibe toute espèce de loterie.

Cette loi ayant été votée dans la pensée de donner une nouvelle force et plus d'extension aux dispositions pénales des lois antérieures qui pouvaient s'appliquer aux loteries, les articles 475 et 477 du Code pénal n'en subsistent pas moins dans toute leur vigueur.

Prêts sur gage ou nantissement. — L'article 411 du Code pénal punit d'un emprisonnement de quinze jours à trois mois ceux qui auront établi ou tenu des maisons de prêt sur gages ou nantissement; sans autorisation légale, ou qui, ayant une autorisation, n'auront pas tenu un registre conforme aux règlements.

Enchères (Entraves à la liberté des). — Art. 412. — « Ceux qui, dans les adjudications de la propriété, de l'usufruit ou de la location des choses mobilières et immobilières, d'une entreprise, d'une fourniture, d'une exploitation ou d'un ser-vice quelconque ont entravé ou troublé la liberté des enchères ou des soumissions par voies de fait, violences ou menaces, soit avant, soit pendant les enchères ou les soumissions sont punis d'un emprisonnement de quinze jours au moins et de trois mois au plus. La même peine a lieu contre ceux qui, par dons ou promesses, ont écarté les enchérisseurs ».

Marchandises neuves.

La loi du 25 juin 1841 interdit les ventes au détail de marchandises neuves, à cri public, soit aux enchères, soit au rabais, soit à prix fixe proclamé, avec ou sans l'assistance des officiers ministériels.

Ne sont pas comprises dans cette défense les ventes prescrites par la loi, ou faites par autorité de justice non plus que les ventes après décès, faillite ou cessations de commerce, ou les ventes à cri public de comestibles et objets de peu de valeur, connus dans le commerce sous le nom de « menue mercerie ».

Menaces.

C. P. Art. 305. — « Quiconque aura menacé, par écrit anonyme ou signé, d'assassinat, d'empoisonnement ou de tout autre attentat contre les personnes, qui serait punissable de la peine de mort, des travaux forcés à perpétuité ou de la déportation, sera, dans le cas où la menace aurait été faite avec ordre de déposer une somme d'argent dans un lieu indiqué, ou de remplir tout autre condition, puni d'un emprisonnement de deux à cinq ans et d'une amende de 150 francs à 1,000 francs ».

La menace conditionnelle comprend, dans la généralité de ses termes, aussi bien la condition de ne pas faire, de s'abstenir que celle d'exécuter, sans exiger que l'ordre soit injuste, et que la condition soit préjudiciable au droit de celui à qui elle est adressée.

Art. 306. — « Si cette menace n'a été accompagnée d'aucun ordre ou condition, la peine sera d'un emprisonnement d'une année au moins et de trois ans au plus ».

Art. 307. — « Si la menace faite avec ordre ou sous condition a été verbale, le coupable sera puni d'un emprisonnement de six mois à deux ans ».

Menacer de mort, s'il avance, un agent de l'autorité publique, qui se propose de constater un délit, c'est commettre le délit puni par l'article 307 (Rouen, 29 févr. 1844).

L'article 308 punit d'un emprisonnement de six jours à trois mois les menaces conditionnelles de voies de fait ou de violences, non prévues par l'article 305 ; mais, a dit le rapporteur de la loi, pour éviter d'incriminer de simples paroles irréfléchies, échappées à un moment de colère, la loi exige que la menace ait eu lieu pour exercer une contrainte, c'est-à-dire qu'elle ait été faite avec ordre ou sous condition.

Minières, Tourbières et Carrières.

Minières. — Avant de commencer l'exploitation d'une minière à ciel ouvert, le propriétaire est tenu seulement d'en faire la déclaration au préfet.

Cette disposition s'applique aux minerais de fer en couches et filons.

Si l'exploitation doit être souterraine, elle ne peut avoir lieu qu'avec une permission du préfet (L. 21 avril 1810, art. 57, ainsi modifié par la loi du 9 mai 1866, art. 30).

Tourbières. — Les tourbes ne peuvent être exploitées que par le propriétaire du terrain ou de son consentement, après déclaration à la sous-préfecture et obtenu autorisation (L. 21 avril 1810, art. 83 et 84).

Carrières. — L'exploitation des carrières à ciel ouvert a lieu en vertu d'une simple déclaration faite au maire de la commune et transmise au préfet (L. 21 avril 1810, art. 81, modifié par la loi du 17 juill. 1880).

Les contraventions commises ne sont passibles que de la simple police (C. 20 août 1845).

Objets trouvés.

Aucun texte de loi n'oblige aujourd'hui celui qui trouve un objet perdu à le remettre aux autorités locales. Le dépôt qui en est fait n'est donc, en droit, qu'un acte de déférence aux règlements de police, mais c'est aussi un acte de prudence, car il éloigne toute intention frauduleuse, de la part de celui qui l'a trouvé, de s'approprier l'objet perdu. Par suite, il ne pourra être inquiété pour vol comme celui qui, au moment du fait matériel de la prise de possession, avait l'intention frauduleuse de s'approprier la chose trouvée.

Outrages aux bonnes mœurs.

La loi du 16 mars 1898 a modifié ainsi qu'il suit l'article 1ᵉʳ de la loi du 2 août 1882 : « Sera puni d'un emprisonnement de un mois à deux ans et d'une amende de 100 à 5.000 francs, quiconque aura commis le délit d'outrage aux bonnes mœurs :

« Par la vente ou la mise en vente d'écrits ou imprimés autres que le livre, de prospectus, dessins, gravures, peintures, emblèmes, images ou objets oscènes ou de nature à provoquer à la débauche.

« Par leur distribution, même gratuite, par leur remise à la poste, ou à tout agent de distribution ou de transport ;

« Par leur exposition ou affichage sur la voie publique ou dans un lieu public ;

« Par des discours, chants ou cris de même nature proférés publiquement ;

« Par des annonces ou correspondances publiques d'un caractère licencieux ou de nature à provoquer à la débauche.

« Les écrits, dessins, affiches, etc., incriminés et les objets ayant servi à commettre le délit seront saisis ou arrachés. La destruction en sera ordonnée par le jugement de condamnation.

« Les peines pourront être portées au double si le délit a été commis envers des mineurs ».

Loi du 2 août 1882. Art. 2. — « Les complices de ces délits seront punis de la même peine ».

Le fait d'avoir chanté à tue-tête dans les rues, pendant la nuit, des paroles obscènes, de manière à troubler la tranquillité des habitants, constitue le délit d'outrages aux bonnes mœurs et non la simple contravention de tapage nocturne (C. 14 juin 1884).

Paris. — Courses.

La loi assimile le pari au jeu. « La gageure ou le pari, disait M. **Siméon** au Tribunal, a les mêmes vices originels et les mêmes dangers que le jeu : comme lui, elle ne donne aucune action lorsqu'elle n'a de base que la recherche ou l'amour du gain ; comme lui, elle est tolérée lorsqu'elle a un objet raisonnable où plausible, des actes, par exemple de force ou d'adresse, ou qu'elle n'est pas immodérée ».

Il faut donc, pour le pari, comme pour le jeu, distinguer les paris qui sont légalement exécutoires de ceux qui ne le sont pas.

En principe, la loi n'accorde aucune action pour le paiement d'un pari et le débiteur actionné en paiement d'une dette de cette nature peut opposer à la demande une exception péremptoire dite exception de jeu. A cette règle il est apporté un double tempérament : 1° l'article 1966 du Code civil accorde à titre exceptionnel une action au gagnant lorsqu'il s'agit de jeux tenant à l'adresse et à l'exercice du corps ; 2° l'article 1967, dans le cas même où l'action est refusée au gagnant suivant le principe de l'article 1965, dénie néanmoins au perdant la faculté de *répéter les sommes* qu'il aurait volontairement payées en exécution de la dette de jeu.

Aux termes de l'article 1966 du Code civil, les jeux propres à exercer au fait des armes, les courses à pied ou à cheval, les courses de chariot, le jeu de paume et autres jeux de même nature qui tiennent à l'adresse et à l'exercice du corps sont exceptés de la disposition précédente.

Du pari aux courses. — « Quiconque aura, en quelque lieu et sous quelque forme que ce soit, exploité le pari sur les courses de chevaux, en offrant à tous venants de parier ou en pariant avec tous venants, soit directement, soit par intermédiaire, sera passible des peines portées à l'article 410 du Code pénal.

« Seront réputés complices du délit ci-dessus déterminé et punis comme tels :

« 1° Quiconque aura servi d'intermédiaire pour les paris dont il s'agit ou aura reçu le dépôt préalable des enjeux ;

« 2° Quiconque aura, en vue des paris à faire, vendu des renseignements sur les chances de succès des chevaux engagés ;

« 3° Tout propriétaire ou gérant d'établissement public qui aura laissé exploiter le pari dans son établissement. » (L. 2 juin 1891, art. 4).

Par application de la dite loi, certaines mesures répressives avaient eu pour résultat de faire exercer des poursuites contre les tenanciers du pari au livre ; mais ces derniers ont bénéficié soit d'un acquittement, soit d'une ordonnance de non lieu, les tribunaux ou parquets compétents ayant jugé que le pari au livre ne constituait un délit que s'il était pratiqué avec « *tout venant* ».

Les faits constitutifs du délit sont donc ainsi limités :

1° Inscription de la cote sur un tableau mis ostensiblement sous les yeux du public ;

2° Annonce à haute voix de la cote des chevaux faite indistinctement au public ;

3° Remise ou échange d'argent ou tickets pendant les courses avec le public.

Pêche.

Les dispositions législatives et ministérielles qui régissent la pêche sont réunies dans les lois du 15 avril 1829 et du 31 mai 1865, dans les décrets du 7 novembre 1896 et 5 septembre 1897 et dans une circulaire des ministres de l'Agriculture et des Travaux publics du 18 novembre 1897.

En outre, chaque année les préfets prennent un arrêté pour la réglementation de la pêche, après les propositions du service des eaux et forêts et les avis des Conseils généraux.

Pigeons voyageurs.

Loi du 22 juillet 1896. — Art. 1er.— Toute personne voulant ouvrir un colombier de pigeons voyageurs doit en obtenir préalablement l'autorisation du préfet de son déparment.

Art. 2. — Toute personne qui reçoit, à titre permanent ou

transitoire, des pigeons voyageurs, est tenue d'en faire la déclaration et d'en indiquer la provenance à la mairie dans un délai de deux jours.

ART. 3. — Chaque année, à la date fixée par le ministre de l'Intérieur, un recensement des pigeons voyageurs sera fait dans toutes les communes de France, par les soins des municipalités ».

Pénalités. — 100 francs à 500 francs d'amende pour infraction aux articles 1 et 2, et emprisonnement de trois mois à deux ans s'il y a eu emploi de pigeons voyageurs à des relations nuisibles à la sûreté de l'État.

Un décret du 22 juillet 1896, dont suit le texte a complété la loi qui précède :

ART. 1er. — L'introduction en France des pigeons voyageurs, à quelque emploi qu'ils sont destinés, n'est autorisée que pour les espèces originaires du pays qui usent à cet égard de réciprocité réelle et de fait avec le nôtre.

ART. 2. — Les pigeons voyageurs d'origine ou de provenance étrangère désignés à l'article précédent ne peuvent pénétrer en France, soit par les voies ferrées, maritimes ou fluviales, soit par toutes autres voies ou tous autres moyens de transport, que par les points ci-après désignés :

Longwy (Meurthe-et-Moselle), Givet (Ardennes); Anor, Jeumont, Feignies, Blanc-Misseron, Baisieux, Tourcoing (Nord); Calais, Boulogne-sur-Mer (Pas-de-Calais) ; Dieppe, le Havre (Seine-Inférieure); Saint-Malo (Ille-et-Vilaine), Cerbère, (Pyrénées-Orientales), Aulus (Ariège) et Hendaye (Basses-Pyrénées).

ART. 3. — Les lâchers de pigeons voyageurs d'origine ou de provenance étrangère ne sont autorisés que pour les espèces originaires ou provenant des pays indiqués à l'article 1er du présent décret.

ART. 4. — Les lâchers de pigeons voyageurs des espèces ci-dessus désignées sont interdits dans les départements frontières de terre, dans toute l'étendue des places fortes militaires ou maritimes et de leurs dépendances et dans les périmètres de protection des établissements militaires et maritimes.

14

Art. 5. — Il est interdit aux étrangers de toutes nationalités de créer et d'entretenir en France des colombiers de pigeons voyageurs, ainsi que de se faire adresser et de recevoir des volatiles de cette espèce, sans y être spécialement autorisés par le ministre de l'Intérieur.

Loi du 4 mars 1898 modifiant l'article 6. — « Sera puni d'une amende de 16 à 100 francs, sans préjudice de tous autres dommages et intérêts et de l'application, le cas échéant, de peines portées aux articles 454 et 401 du Code pénal, toute personne qui en n'importe quel lieu ou quel temps, par n'importe quel moyen, aura capturé ou détruit, ou tenté de capturer ou de détruire des pigeons voyageurs ne lui appartenant pas.

Pillage ou Dégâts.

Denrées, Marchandises ou Propriétés mobilières. — C. P. Art. 440. — « Tout pillage, tout dégât de denrées ou marchandises, effets, propriétés mobilières, commis en réunion ou bande et à force ouverte, est puni des travaux forcés à temps ; chacun des coupables est de plus condamné à une amende de 200 francs à 5.000 francs ».

L'article 441 atténue la peine pour ceux des coupables qui ont été entraînés par des provocations ou sollicitations à prendre part à ces violences.

Art. 442. — Si les denrées pillées ou détruites sont des grains, grenailles ou farines, substances farineuses, pain, vin ou autre boisson, la peine sera pour les chefs, instigateurs ou provocateurs du maximum des travaux forcés à temps ».

Police.

La police est cette branche de l'administration, qui a pour objet la surveillance et la protection de tous les intérêts généraux et particuliers.

Maintenir l'ordre et la tranquillité publique, étudier les besoins du pays, signaler les abus à détruire, les améliorations possibles à réaliser, garantir à chacun sa propriété et sa sûreté individuelle, telle est la mission de la police.

Il suffit de dire quel est le rôle de cette institution essentiellement protectrice, pour en démontrer l'utilité.

« Une police bien faite, a dit un philosophe, est le chef-d'œuvre de la civilisation ».

« Il n'y a pas de plus belle charge », a dit aussi M. Henry Fouquier.

Pourquoi cependant cette institution, dont l'objet est de donner la sécurité aux honnêtes gens et d'inspirer aux méchants une crainte salutaire, est-elle si diversement jugée ? parce qu'on donne moins d'attention au bien qui est fait qu'au mal qui est poursuivi ; parce que pour faire le bien, la police doit poursuivre le mal, et que l'éclat de la répression frappe plus vivement les esprits superficiels, et ne leur permet pas de voir le bien qui en résulte.

La police se divise en police administrative et police judiciaire.

Police administrative.

Elle a pour objet le maintien habituel de l'ordre public dans chaque lieu et dans chaque partie de l'administration générale. Son but principal est de prévenir les délits. Elle fait exécuter les lois, ordonnances et règlements d'ordre public.

La police administrative se divise elle-même en police générale et police municipale.

Police générale.

La police générale embrasse dans sa prévoyance l'universalité des citoyens. Elle veille à l'exécution des lois qui touchent à tous les intérêts moraux et physiques de la société, telles sont les lois sur la presse, l'imprimerie, la librairie, les théâtres, les cultes, les passeports, la mendicité et le vagabondage, les associations de toute nature, les attroupements, les épidémies, la provocation publique aux crimes et délits, la police industrielle et sanitaire, etc.

Elle est exercée, sous l'autorité immédiate du ministre de l'Intérieur, à Paris, par le Préfet de police; dans les départements par les préfets et sous-préfets, et sous leurs ordres par les maires et les commissaires de police.

Police municipale.

Elle s'occupe exclusivement des intérêts de la commune. Sa compétence et ses attributions sont déterminées par la loi du 5 avril 1884 dont nous donnons ci-après un extrait.

Art. 91. — Le maire est chargé, sous la surveillance de l'administration supérieure, de la police municipale, de la police rurale et de l'exécution des actes de l'autorité supérieure qui y sont relatifs.

Art. 92. — Le maire est chargé sous l'autorité de l'administration supérieure : 1° de la publication et de l'exécution des lois et règlements ; 2° de l'exécution ou des mesures de sûreté générale ; 3° des fonctions spéciales qui lui sont attribuées par les lois.

Art. 93. — Le maire ou à son défaut le sous-préfet pourvoit d'urgence à ce que toute personne décédée soit ensevelie et inhumée décemment, sans distinction de culte ni de croyance.

Art. 94. — Le maire prend des arrêtés à l'effet : 1° d'ordonner les mesures locales sur les objets confiés par les lois à sa vigilance et à son autorité ; 2° de publier de nouveau les lois et les règlements de police et de rappeler les citoyens à leur observation.

Art. 95. — Les arrêtés pris par les maires sont immédiatements soumis au sous-préfet ou, dans l'arrondissement du chef-lieu de département, au préfet. Le préfet peut les annuler ou en suspendre l'exécution. Ceux de ces arrêtés qui portent règlement permanent ne sont exécutoires qu'un mois après la remise de l'ampliation constatée par les récépissés délivrés par le sous-préfet ou le préfet. Néanmoins, en cas d'urgence, le préfet peut en autoriser l'exécution immédiate.

ART. 96. — Les arrêtés du maire ne sont obligatoires qu'après avoir été portés à la connaissance des intéressés, par voie de publications et d'affiches, toutes les fois qu'ils contiennent des dispositions générales, et, dans les autres cas, par voie de notification individuelle. La publication est constatée par une déclaration certifiée par le maire. La notification est établie par le récépissé de la partie intéressée, ou, à son défaut par l'original de la notification conservé dans les archives de la mairie. Les arrêtés, actes de publication et de notification sont inscrits à leur date sur le registre de la mairie.

ART. 97. — La police municipale a pour objet d'assurer le bon ordre, la sûreté et la salubrité publiques.

Elle comprend notamment :

1º Tout ce qui intéresse la sûreté et la commodité du passage dans les rues, quais, places et voies publiques, ce qui comprend le nettoiement, l'éclairage, l'enlèvement des encombrements, la démolition ou la réparation des édifices menaçant ruine, l'interdiction de rien exposer aux fenêtres ou autres parties des édifices qui puisse nuire par sa chute ou celle de rien jeter qui puisse endommager les passants ou causer des exhalaisons nuisibles ;

2º Le soin de réprimer les atteintes à la tranquillité publique, telles que les rixes et disputes accompagnées d'ameutement dans les rues, le tumulte excité dans les lieux d'assemblée publique, les attroupements, les bruits et rassemblements nocturnes qui troublent le repos des habitants, et tous actes de nature à compromettre la tranquillité publique ;

3º Le maintien du bon ordre dans les endroits où il se fait de grands rassemblements d'hommes, tels que les foires, marchés, réjouissances et cérémonies publiques, spectacles, jeux, cafés, églises et autres lieux publics ;

4º Le mode de transport des personnes décédées, les inhumations et exhumations, le maintien du bon ordre et de la décence dans les cimetières, sans qu'il soit permis d'établir des distinctions ou des prescriptions particulières à raison des croyances ou du culte du défunt ou des circonstances qui ont accompagné sa mort ;

5° L'inspection sur la fidélité du débit des denrées qui se vendent au poids ou à la mesure, et sur la salubrité des comestibles exposés en vente ;

6° Le soin de prévenir, par des précautions convenables, et celui de faire cesser, par la distribution des secours nécessaires, les accidents et les fléaux calamiteux, tels que les incendies, les inondations, les maladies épidémiques ou contagieuses, les épizooties, en provoquant, s'il y a lieu, l'intervention de l'administration supérieure ;

7° Le soin de prendre provisoirement les mesures nécessaires contre les aliénés dont l'état pourrait compromettre la morale publique, la sécurité des personnes ou la conservation des propriétés ;

8° Le soin d'obvier ou de remédier aux événements fâcheux qui pourraient être occasionnés par la divagation des animaux malfaisants ou féroces.

Art. 98. — Le maire a la police des routes nationales et départementales, et des voie de communication dans l'intérieur des agglomérations, mais seulement en ce qui touche à la circulation sur lesdites voies.

Il peut, moyennant le payement de droits fixés par un tarif dûment établi, sous les réserves imposées par l'article 7 de la loi du 11 frimaire an VII, donner des permis de stationnement ou de dépôt temporaire sur la voie publique, sur les rivières, ports et quais fluviaux et autres lieux publics.

Les alignements individuels, les autorisations de bâtir, les autres permissions de voirie sont délivrées par l'autorité compétente, après que le maire aura donné son avis dans le cas où il ne lui appartient pas de les délivrer lui-même.

Les permissions de voirie à titre précaire ou essentiellement révocable sur les voies publiques qui sont placées dans les attributions du maire et ayant pour objet notamment, l'établissement dans le sol de la voie publique des canalisations destinées au passage ou à la conduite soit de l'eau, soit du gaz, peuvent, en cas de refus du maire, non justifié par l'intérêt général, être accordées par le préfet.

Art. 99. — Les pouvoirs qui appartiennent au maire en vertu de l'article 91, ne font pas obstacle au droit du préfet de prendre, pour toutes les communes du département ou plusieurs d'entre elles, et dans tous les cas où il n'y aurait pas été pourvu par les autorités municipales, toutes mesures relatives au maintien de la salubrité, de la sûreté et de la tranquillité publiques.

Ce droit ne pourra être exercé par le préfet à l'égard d'une seule commune qu'après une mise en demeure au maire restée sans résultats.

Art. 100. — Les cloches des églises sont spécialement affectées aux cérémonie du culte.

Néanmoins, elles peuvent être employées dans les cas de péril commun qui exigent un prompt secours et dans les circonstances où cet emploi est prescrit par des dispositions de lois ou règlements, ou autorisé par les usages locaux.

Les sonneries religieuses, comme les sonneries civiles, feront l'objet d'un règlement concerté entre l'évêque et le préfet, ou entre le préfet et les consistoires, et arrêté, en cas de désaccord, par le ministre des cultes.

Art. 101. — Une clef du clocher sera déposée entre les mains des titulaires ecclésiastiques, une autre entre les mains du maire, qui ne pourra en faire usage que dans les circonstances prévues par les lois ou règlements.

Si l'entrée du clocher n'est pas indépendante de celle de l'église, une clef de la porte de l'église sera déposée entre les mains du maire.

Art. 102. — Toute commune peut avoir un ou plusieurs gardes champêtres. Les gardes champêtres sont nommés par le maire ; ils doivent être agréés et commissionnés par le sous-préfet ou par le préfet dans l'arrondissement du chef-lieu. Le préfet ou le sous-préfet devra faire connaître son agrément ou son refus d'agréer dans le délai d'un mois. Ils doivent être assermentés. Ils peuvent être suspendus par le maire. La suspension ne pourra durer plus d'un mois ; le préfet seul peut les révoquer.

En dehors de leurs fonctions relatives à la police rurale, les gardes champêtres sont chargés de rechercher, chacun dans le territoire pour lequel il est assermenté, les contraventions aux règlements et arrêtés de police municipale. Ils dressent des procès-verbaux pour constater ces contraventions.

Art. 103. — Dans les villes ayant plus de 40.000 habitants, l'organisation du personnel chargé du service de la police est réglée, sur l'avis du conseil municipal, par décret du Président de la République.

Si un conseil municipal n'allouait pas des fonds exigés pour la dépense, ou n'allouait qu'une somme insuffisante, l'allocation nécessaire serait inscrite au budget par décret du Président de la République, le Conseil d'Etat entendu.

Dans toutes les communes, les inspecteurs de police, les brigadiers et sous-brigadiers et les agents de police nommés par le maire doivent être agréés par le sous-préfet ou par le préfet. Ils peuvent être suspendus par le maire, mais le préfet seul peut les révoquer ».

Art. 104. — Le préfet du Rhône exerce dans certaines communes les mêmes attributions que celles qu'exerce le préfet de police dans les communes suburbaines de la Seine.

Art. 105. — Les maires de ces communes restent investis de tous les pouvoirs de police conférés aux administrations municipales par les paragraphes 1er, 4, 5, 6, 7 et 8 de l'art. 97.

Art. 106. — Les communes sont évidemment responsables des dégâts et dommages résultant des crimes ou délits commis à force ouverte ou par violence sur leur territoire par des attroupements ou rassemblements armés ou non armés, soit envers les personnes, soit contre les propriétés publiques ou privées.

Art. 107. — Si les attroupements ou rassemblements ont été formés d'habitants de plusieurs communes, chacune d'elles est responsable des dégâts et dommages causés dans la proportion qui sera fixée par les tribunaux.

Les dispositions des articles 106 et 107 ne sont pas applicables :

1° Lorsque la commune peut prouver que toutes les mesures qui étaient en son pouvoir ont été prises à l'effet de prévenir les attroupements ou rassemblements et d'en faire connaître les auteurs ;

2° Dans la commune où la municipalité n'a pas la disposition de la police locale ni de la force armée ;

3° Lorsque les dommages causés sont le résultat d'un fait de guerre.

Art. 109. — La commune déclarée responsable peut exercer un recours contre les auteurs et complices du désordre.

Jurisprudence. — Il n'appartient pas à l'autorité municipale de statuer par voie réglementaire sur un objet qui a été expressément réglé, soit par une loi spéciale, soit par un règlement d'administration publique.

De même, si l'article 94 autorise les maires à prendre des mesures locales sur les objets confiés à leur surveillance par les lois et règlements de police, les maires ne sauraient prendre des arrêtés contraires aux lois ou règlements émanés d'autorités supérieures.

D'autre part, ils ne peuvent dans l'exercice de leur pouvoir réglementaire ni porter atteinte à la liberté du commerce, du travail et de l'industrie, ni créer un monopole en faveur de certains citoyens au préjudice de tous les autres. En d'autres termes, il faut que le règlement soit général et qu'il ne crée pas arbitrairement de situation privilégiée au profit de tels ou tels habitants de la commune (C. 16 déc. 1886, 19 juin 1885 et 12 févr. 1881).

Commissaires de police. — Ils ne sont, en ce qui concerne la police municipale, que les délégués du pouvoir municipal, auxquels ils doivent un compte habituel et journalier de leurs opérations, pour tout ce qui touche au bon ordre, à la tranquillité et à la sûreté des habitants.

Police rurale.

La police rurale, qui rentre dans la police municipale, a pour objet la tranquillité, la salubrité et la sûreté des campagnes.

Loi du 21 juin 1898. — Art. 1er. — Les maires sont chargés, sous la surveillance de l'administration supérieure, d'assurer, conformément à la loi du 5 avril 1884, le maintien du bon ordre, de la sécurité et de la salubrité publiques, sauf dans les cas où cette attribution appartient aux préfets. Ils sont également chargés de l'exécution des actes de l'autorité supérieure relatifs à la police rurale.

De la sécurité publique. — Art. 2. — Les maires veillent à tout ce qui intéresse et garantit la sécurité publique.

Ils doivent, par des précautions convenables, prévenir les accidents et les fléaux calamiteux, pourvoir d'urgence à toutes les mesures d'assistance et de secours, et s'il y a lieu, provoquer l'intervention de l'administration supérieure.

Bâtiment menaçant ruine. — Art. 3. — Le maire peut prescrire la réparation ou la démolition des murs, bâtiments ou édifices quelconques longeant la voie ou la place publique, lorsqu'ils menacent ruine et qu'ils pourraient, par leur effondrement, compromettre la sécurité.

Art. 4. — Dans les cas prévus par l'article 3, l'arrêté prescrivant la réparation ou la démolition du bâtiment menaçant ruine est notifié au propriétaire, avec sommation d'avoir à effectuer les travaux dans un délai déterminé et, s'il conteste le péril, de faire connaître un expert chargé de procéder contradictoirement, et au jour fixé par l'arrêté, à la constatation de l'état du bâtiment et de dresser rapport.

Si, au jour indiqué, le propriétaire n'a pas fait cesser le péril et s'il n'a pas cru devoir désigner un expert, il sera passé outre à la visite par l'expert seul nommé par l'administration.

L'arrêté et les rapports d'experts sont transmis immédiatement au conseil de préfecture. Dans les huit jours qui suivent le dépôt au greffe, le conseil, s'il y a désaccord entre les deux experts, désigne un homme de l'art pour procéder à la même opération.

Péril imminent. — Art. 5. — En cas de péril imminent, le maire, après avertissement adressé au propriétaire, provoque la nomination, par le juge de paix d'un homme de l'art qui est chargé d'examiner l'état des bâtiments dans les vingt-quatre heures qui suivent sa nomination.

Si le rapport de cet expert constate l'urgence ou le péril grave et imminent, le maire ordonne les mesures provisoires nécessaires pour garantir la sécurité.

Dans le cas où ces mesures n'auraient point été exécutées dans le délai imparti par la sommation, le maire a le droit de faire exécuter d'office, et aux frais du propriétaire, les mesures indispensables.

Il est ensuite procédé conformément aux dispositions édictées dans l'article précédent.

Travaux. — Art. 6. — Lorsqu'à défaut du propriétaire le maire a dû prescrire l'exécution des travaux, ainsi qu'il a été prévu aux articles 4 et 5, le montant des frais est avancé par la commune; il est recouvré comme en matière de contributions directes.

Inondation. Incendie. Éboulements. — Art. 7. — Dans le cas de danger grave et imminent, comme inondation, rupture de digues, incendie d'une forêt, avalanche, éboulements de terres ou de rochers, ou tout autre accident naturel, le maire prescrit l'exécution des mesures de sûreté exigées par les circonstances. Il informe d'urgence le préfet et lui fait connaitre les mesures qu'il a prescrites.

Ramonage. — Art. 8. — Le maire prescrit que le ramonage des fours, fourneaux et cheminées des maisons, des usines, etc., doit être effectué au moins une fois chaque année.

Fours, fourneaux et cheminées. — Il ordonne, s'il y a lieu, la réparation ou, en cas de nécessité, la démolition des fours, fourneaux et cheminées dont l'état de délabrement ferait craindre un incendie ou d'autres accidents.

Les règles prescrites par les articles 4, 5 et 6 sont applicables en cas de réparation ou de démolition.

Mesures contre les dangers d'incendie. Toitures. — ART. 9. — Le préfet, sur l'avis conforme du conseil général, peut interdire, dans l'étendue du département, l'emploi de certains matériaux pour la construction des bâtiments ou celle des toitures, ou prescrire les précautions qui devront être adoptées pour cette construction.

Feux dans les champs. — ART. 10. — Le préfet, sur l'avis du conseil général et des chambres consultatives d'agriculture, prescrit les précautions nécessaires pour écarter les dangers d'incendie, et notamment l'interdiction d'allumer des feux dans les champs à moins d'une distance déterminée des bâtiments, vignes, vergers, haies, bois, bruyères, meules de grains, de paille, des dépôts régulièrement autorisés de bois et autres matières inflammables appartenant à autrui.

Il peut, sur l'avis du maire, lever temporairement l'interdiction, afin de permettre ou de faciliter certains travaux.

Meules. — ART. 11. — Les maires peuvent prescrire que les meules de grains, de paille, de fourrage, etc., seront placés à une distance déterminée des habitations et de la voie publique.

Appareils agricoles. — ART. 12. — Le préfet, après avis du conseil général et des chambres consultatives d'agriculture, détermine les mesures à prendre dans toute exploitation agricole où il est fait usage constant ou momentané d'appareils mécaniques, afin d'éviter les dangers spéciaux pouvant résulter de ces appareils, dangers d'incendie ou dangers concernant les personnes.

Puits. Excavations — ART. 13. — Le maire peut prescrire aux propriétaires, usufruitiers, usagers, fermiers ou à tous autres possesseurs ou exploitants d'entourer d'une clôture suffisante les puits et les excavations présentant un danger pour la sécurité publique.

Animaux dangereux. — Art. 14. — Les animaux dange-reux doivent être enfermés, attachés, enchaînés et de manière qu'ils ne puissent causer aucun accident, soit aux personnes, soit aux animaux domestiques.

Animaux errants. — Art. 15. — Lorsque des animaux errants sans gardien, ou dont le gardien refuse de se faire connaître, sont trouvés pacageant sur des terrains apparte-nant à autrui, sur les accotements ou dépendances des rou-tes, canaux, chemins ou sur des terrains communaux, le propriétaire lésé ou son représentant a le droit de les con-duire ou de les faire conduire immédiatement au lieu de dépôt désigné par l'autorité municipale.

Le maire, s'il connaît le propriétaire responsable du dom-mage, lui en donne avis. Dans le cas contraire, il est procédé à la vente de ces animaux, conformément aux dispositions de l'article 1er du titre VI, livre Ier du Code rural.

Volailles. Oiseaux de basse-cour. Pigeons. — Lorsque les animaux errants qui causent le dommage sont des volailles, des oiseaux de basse-cour de quelque espèce que ce soit, ou des pigeons, le propriétaire, le fermier ou métayer du champ envahi pourra les tuer, mais seulement sur le lieu, au moment où ils auront causé le dégât et sans pouvoir se les approprier.

Si, après un délai de vingt-quatre heures, celui auquel appartiennent les volailles tuées ne les a pas enlevées, le propriétaire, fermier ou métayer du champ envahi est tenu de les enfouir sur place.

Chiens. — Art. 16. — Les maires prennent toutes les mesu-res propres à empêcher la divagation des chiens; ils peuvent ordonner que les chiens seront tenus en laisse ou muselés. Ils prescrivent que les chiens errants et qui seraient trouvés sur la voie publique ou dans les champs non munis d'un collier portant le nom et le domicile de leur maître seront conduits à la fourrière et abattus après un délai de quarante-huit heures s'ils n'ont point été réclamés et si le propriétaire reste inconnu.

Le délai est porté à huit jours francs pour les chiens avec collier ou portant la marque de leur maître.

Les propriétaires, fermiers ou métayers ont le droit de saisir ou de faire saisir par le garde-champêtre ou tout autre agent de la force publique les chiens que leurs maîtres laissent divaguer dans les bois, les vignes ou les récoltes. Les chiens saisis sont conduits au lieu de dépôt désigné par l'autorité communale, et si, dans les délais ci-dessus fixés, ces chiens n'ont point été réclamés et si les dommages et les autres frais ne sont point payés, ils peuvent être abattus sur l'ordre du maire.

Abeilles. — Art. 17. — Les maires prescrivent aux propriétaires de ruches toutes les mesures qui peuvent assurer la sécurité des personnes, des animaux et aussi la préservation des récoltes et des fruits.

A défaut de l'arrêté préfectoral prévu par l'article 8 du livre Ier, titre IV, du Code rural, les maires déterminent à quelle distance des habitations, des routes, des voies publiques les ruchers découverts doivent être établis.

Toutefois, ne sont assujettis à aucune prescription de distance les ruches isolées des propriétés voisines ou des chemins publics par un mur ou une palissade en planches jointes à hauteur de clôture.

De la salubrité publique. — Art. 18. — Les maires sont chargés de veiller à tout ce qui intéresse la salubrité publique.

Ils assurent l'exécution des dispositions légales et réglementaires qui ont pour but de prévenir les maladies contagieuses ou épizootiques.

Ils doivent donner avis d'urgence au préfet de tout cas d'épidémie, de tout cas d'épizootie qui leur seraient signalés dans le territoire de la commune.

Ils peuvent prendre les mesures provisoires qu'ils jugent utiles pour arrêter la propagation du mal.

Police sanitaire. — *Fosses à purin et puisards*. — Art. 19. — En cas d'insalubrité constatée par le Conseil d'hygiène et de salubrité de l'arrondissement, le maire ordonne la suppression des fosses à purin non étanches et puisards d'absorption.

Dépôt de vidanges. — Sur l'avis du même conseil, le maire peut interdire les dépôts de vidange ou de gadoue qui seraient de nature à compromettre la salubrité publique.

Écoulement sur la voie publique. — Il détermine les mesures à prendre pour empêcher l'écoulement sur la voie publique des liquides provenant des dépôts de fumiers et des étables.

Les décisions des maires peuvent toujours être l'objet d'un recours au préfet.

Substances nuisibles. — ART. 20. — Il est interdit de laisser écouler, de répandre ou de rejeter soit sur les places et voies publiques, soit dans les fontaines, dans les mares et abreuvoirs, soit sur les lieux de marchés ou de rassemblements d'hommes ou d'animaux, des substances susceptibles de nuire à la salubrité publique.

Ruisseaux. Rivières. — ART. 21. — Les maires surveillent, au point de vue de la salubrité, l'état des ruisseaux, rivières, étangs, mares ou amas d'eau. Les questions relatives à la police des eaux restent réglées par les dispositions des titres II et V du livre II du Code rural sur le régime des eaux.

Mares et eaux stagnantes. — ART. 22. — Le maire doit ordonner les mesures nécessaires pour assurer l'assainissement et s'il y a lieu, après avis du Conseil municipal, la suppression des mares communales placées dans l'intérieur des villages ou dans le voisinage des habitations, toutes les fois que ces mares compromettent la salubrité publique.

A défaut du maire, le préfet peut, sur l'avis du Conseil d'hygiène et après enquête *de commodo et incommodo*, décider la suppression immédiate de ces mares, ou prescrire, aux frais de la commune, les travaux reconnus utiles.

La dépense est comprise parmi les dépenses obligatoires prévues à l'article 136 de la loi du 5 avril 1884.

Art. 23. — Le maire prescrit aux propriétaires de mares ou fossés à eau stagnante établis dans le voisinage des habitations d'avoir soit à les supprimer, soit à exécuter les travaux, ou à prendre les mesures nécessaires pour cesser toutes causes d'insalubrité.

En cas de refus ou de négligence, le maire dénonce à l'administration préfectorale l'état d'insalubrité constatée.

Le préfet, après avis du Conseil d'hygiène et du service hydraulique, peut ordonner la suppression de la mare dangereuse ou prescrire que les travaux reconnus nécessaires seront exécutés d'office aux frais du propriétaire, après mise en demeure préalable.

Art. 24. — Le préfet peut interdire la vidange des étangs et autres amas d'eau non courante dans les cas et dans les lieux où cette opération serait de nature à compromettre la salubrité publique.

Chanvre. Lin. — Art. 25. — Il est interdit de faire rouir du chanvre, ou du lin, ou toutes autres plantes textiles dans les abreuvoirs et lavoirs publics.

Le préfet peut réglementer ou même interdire le rouissage des plantes textiles dans les eaux courantes et dans les étangs. Cette interdiction n'est prononcée qu'après avis du Conseil d'hygiène et de salubrité.

Routoirs agricoles. — Les routoirs agricoles, c'est-à-dire ceux exclusivement destinés à l'usage des cultivateurs, ne sont point, comme les routoirs industriels, assujettis aux prescriptions des décrets des 15 octobre 1810 et 31 décembre 1866, relatifs aux établissements insalubres.

Toutefois, le préfet peut ordonner, sur la demande du Conseil municipal ou des propriétaires voisins, la suppression de tout routoir établi à proximité des habitations et dont l'insalubrité serait constatée.

Le maire peut désigner, par un arrêté, les lieux où les routoirs publics seront établis, ainsi que la distance à observer dans le choix des emplacements destinés au séchage de plantes textiles après le rouissage.

Art. 26. — Le Président de la République peut, par décret rendu en la forme des règlements d'administration publique, interdire les cultures qui pourraient être nuisibles à l'hygiène et à la salubrité publique, ou ne les autoriser que dans des conditions déterminées.

Art. 27. — La chair des animaux morts d'une maladie quelle qu'elle soit ne peut être vendue et livrée à la consommation.

Animaux morts. — Tout propriétaire d'un animal mort de maladie non contagieuse est tenu, soit de le faire transporter dans les vingt-quatre heures à un atelier d'équarrissage régulièrement autorisé, soit, dans le même délai, de le détruire par un procédé chimique ou par combustion, soit de le faire enfouir dans une fosse située autant que possible à 100 mètres des habitations, et de telle sorte que le cadavre soit recouvert d'une couche de terre ayant au moins 1 mètre d'épaisseur.

Il est défendu de jeter des bêtes mortes dans les bois, dans les rivières, dans les mares ou à la voirie, et de les enterrer dans les étables, dans les cours attenant à une habitation ou à proximité des puits, des fontaines et abreuvoirs publics.

Art. 28. — Le maire fait livrer à un atelier d'équarrissage régulièremeut autorisé, ou enfouir, ou détruire par un procédé chimique, ou par combustion, le corps de tout animal trouvé mort sur le territoire de la commune et dont le propriétaire, après un délai de douze heures, reste inconnu.

Police sanitaire des animaux. — *Épizooties.* — Art. 29. — Les maladies réputées contagieuses et qui donnent lieu à déclaration et à l'application des mesures de police sanitaires ci-après sont :

Rage. — La rage dans toutes les espèces ;

Peste bovine. — La peste bovine dans toutes les espèces de ruminants ;

Péripneumonie. Charbon. Tuberculose. — La péripneumonie contagieuse, le charbon emphysémateux ou symptomatique et la tuberculose dans l'espèce bovine ;

Clavelée. Gale. — La clavelée et la gale dans les espèces ovine et caprine ;

Fièvre aphteuse. — La fièvre aphteuse dans les espèces bovine, ovine, caprine et porcine ;

Morve. Farcin. Dourine. — La morve et le farcin, la dourine dans les espèces chevaline, asine et leurs croisements ;

La fièvre charbonneuse ou sang de rate dans les espèces chevaline, bovine, ovine et caprine ;

Rouget. — Le rouget, la pneumoentérite infectieuse dans l'espèce porcine.

Art. 30. — Un décret du Président de la République, rendu sur le rapport du ministre de l'Agriculture après avis du comité consultatif des épizooties, pourra ajouter à la nomenclature des maladies réputées contagieuses dans chacune des espèces d'animaux énoncés ci-dessus, toutes autres maladies contagieuses dénommées ou non qui prendraient un caractère dangereux.

Les mesures de police sanitaire pourront être étendues, par un décret rendu dans la même forme, aux animaux d'espèces autres que celles ci-dessus désignées.

Responsabilités des propriétaires ou gardiens. — Art. 31. Tout propriétaire, toute personne ayant, à quelque titre que ce soit, la charge des soins ou la garde d'un animal atteint ou soupçonné d'être atteint de l'une des maladies contagieuses prévues par les articles 29 et 30, est tenu d'en faire immédiatement la déclaration au maire de la commune où se trouve l'animal.

Traitement des maladies contagieuses sur les animaux. — L'animal atteint ou soupçonné d'être atteint d'une maladie contagieuse doit être immédiatement, et avant même que l'autorité administrative ait répondu à l'avertissement, séquestré, séparé et maintenu isolé autant que possible des autres animaux susceptibles de contracter cette maladie.

La déclaration et l'isolement sont obligatoires pour tout animal mort d'une maladie contagieuse ou soupçonnée contagieuse, ainsi que pour tout animal abattu, en dehors des cas prévus par le présent livre, qui, à l'ouverture du cadavre, est reconnu atteint ou suspect d'une maladie contagieuse.

Sont également tenus de faire la déclaration tous vétérinaires appelés à visiter l'animal vivant ou mort.

Il est interdit de transporter l'animal ou le cadavre avant que le vétérinaire sanitaire l'ait examiné. La même interdiction est applicable à l'enfouissement, à moins que le maire, en cas d'urgence, n'en ait donné l'autorisation spéciale.

Art. 32. — Le maire doit, dès qu'il a été prévenu, s'assurer de l'accomplissement des prescriptions contenues dans l'article précédent et y pourvoir d'office, s'il y a lieu.

Aussitôt que la déclaration prescrite par l'article précédent a été faite, ou, à défaut de déclaration, dès qu'il a connaissance de la maladie, le maire fait procéder sans retard par le vétérinaire sanitaire à la visite de l'animal ou à l'autopsie du cadavre.

Ce vétérinaire constate et au besoin prescrit la complète exécution des dispositions de l'article 31 et les mesures de désinfection immédiatement nécessaires.

Il donne d'urgence communication au maire des mesures qu'il a prescrites et, dans le plus bref délai, il adresse son rapport au préfet.

Mesures préventives. — Art. 33. — Après la constatation de la maladie, le préfet statue sur les mesures à mettre à exécution dans le cas particulier.

Il prend, s'il est nécessaire, un arrêté portant déclaration d'infection.

Cette déclaration peut entraîner, dans le périmètre qu'elle détermine, l'application des mesures suivantes :

1° L'isolement, la séquestration, la visite, le recensement et la marque des animaux et troupeaux dans ce périmètre ;

2° La mise en interdit de ce même périmètre ;

3° L'interdiction momentanée ou la réglementation des foires et marchés, du transport et de la circulation du bétail ;

4° La désinfection des écuries, étables, voitures ou autres moyens de transport, la désinfection ou même la destruction des objets à l'usage des animaux malades ou qui ont été souillés par eux, et généralement des objets quelconques pouvant servir de véhicules à la contagion.

Art. 34. — Lorsqu'un arrêté du préfet a constaté l'existence de la peste bovine dans une commune, les animaux qui en sont atteints et ceux de l'espèce bovine qui auraient été contaminés, alors même qu'ils ne présenteraient aucun signe apparent de maladie, sont abattus par ordre du maire, conformément à la proposition du vétérinaire sanitaire et après évaluation.

Il est interdit de suspendre l'exécution desdites mesures pour traiter les animaux malades, sauf dans les cas et sous les conditions qui seraient spécialement déterminées par le ministère de l'Agriculture, sur l'avis du comité consultatif des épizooties.

Art. 35. — Les animaux malades sont abattus sur place, ou sur le lieu d'enfouissement si le transport du cadavre est déclaré par le vétérinaire plus dangereux que celui de l'animal vivant; le transport en vue de l'abatage peut être autorisé par le maire, conformément à l'avis du vétérinaire sanitaire, pour ceux qui ont été seulement contaminés.

Les animaux des espèces ovine et caprine qui ont été exposés à la contagion sont isolés et soumis aux mesures sanitaires déterminées par le règlement d'administration publique rendu pour l'exécution de la loi.

Art. 36. — Dans les cas de morve et de farcin, de turberculose dûment constatés, les animaux doivent être abattus sur ordre du maire.

Quand il y a contestation sur la nature de la maladie entre le vétérinaire sanitaire et le vétérinaire que le propriétaire aurait fait appeler, le préfet désigne un troisième vétérinaire, conformément au rapport duquel il est statué.

Art. 37. — Dans le cas de péripneumonie contagieuse, le préfet ordonne dans le délai de deux jours, après la constatation de la maladie par le vétérinaire délégué, l'abatage des animaux malades et l'inoculation des animaux de l'espèce bovine dans le périmètre déclaré infecté.

L'inoculation n'est pas obligatoire pour les animaux que le propriétaire prend l'engagement de livrer à la boucherie dans un délai maximum de vingt et un jours à partir de la date de l'arrêté de déclaration d'infection.

Art. 38. — La rage, lorsqu'elle est constatée chez des animaux de quelque espèce qu'ils soient, entraîne l'abatage qui ne peut être différé sous aucun prétexte.

Les chiens et les chats suspects de rage doivent être immédiatement abattus. Le propriétaire de l'animal suspect est tenu, même en l'absence d'un ordre des agents de l'administration, de pourvoir à l'accomplissement de cette prescription.

Art. 39. — Dans les épizooties de clavelée, lorsque le propriétaire d'un troupeau infecté ne fera pas claveliser les animaux de ce troupeau, le préfet pourra, par un arrêté pris sur l'avis du vétérinaire délégué, ordonner l'exécution de cette mesure.

Art. 40. — L'exercice de la médecine vétérinaire dans les maladies contagieuses des animaux est interdit à quiconque n'est pas pourvu du diplôme de vétérinaire.

Art. 41. — L'exposition, la vente ou la mise en vente des animaux atteints ou soupçonnés d'être atteints de maladies contagieuses sont interdites.

Art. 42. — La chair des animaux morts de maladies contagieuses ne peut être livrée à la consommation.

Les cadavres des animaux morts ou abattus comme atteints de maladies contagieuses doivent, au plus tard dans les vingt-quatre heures, être détruits par un procédé chimique ou par combustion, ou enfouis préalablement recouverts de chaux vive, et de telle sorte que la couche de terre au-dessus du cadavre ait au moins 1 mètre d'épaisseur.

Les cadavres des animaux morts de maladies charbonneuses, ceux des animaux morts ou ayant été abattus comme atteints de peste bovine ne peuvent être enfouis qu'avec la peau tailladée.

Art. 43. — Lorsque des animaux ont dû être abattus comme atteints de péripneumonie contagieuse, de tuberculose et de pneumoentérite infectieuse, la chair ne pourra être livrée à la consommation qu'en vertu d'une autorisation spéciale du maire, sur l'avis conforme, écrit et motivé, délivré par le vétérinaire sanitaire.

Toutefois, les poumons et autres viscères de ces animaux devront être détruits ou enfouis, en observant les précautions ordonnées par l'article précédent.

Le maire adresse immédiatement au préfet copie de l'autorisation qu'il a accordée; il y joint un duplicata de l'avis formulé par le vétérinaire sanitaire et l'attestation que les poumons et autres viscères ont été détruits ou enfouis en sa présence ou en présence de son délégué.

Le règlement prévu par l'article 33 spécifiera les cas dans lesquels la chair des animaux atteints des maladies ci-dessus pourra être livrée à la consommation.

Art. 44. — La chair des animaux abattus comme ayant été en contact avec des animaux atteints de la peste bovine ne peut être livrée à la consommation que sur l'avis du vétérinaire sanitaire; dans tous les cas, leurs peaux, abats et issues ne peuvent être enlevés du lieu de l'abatage qu'après avoir été désinfectés dans les conditions prescrites par le règlement d'administration publique.

Art. 45. — Tout entrepreneur de transport par terre ou par eau qui aura transporté des animaux est tenu, en tout temps, de désinfecter, dans les conditions prescrites par le règlement d'administration publique, les véhicules qui auront servi à cet usage, ainsi que les étables, les écuries, quais et cours où les animaux ont séjourné.

Indemnités. — Art. 46. — Il est alloué aux propriétaires des animaux abattus pour cause de peste bovine, en vertu de l'article 34, une indemnité des trois quarts de leur valeur avant la maladie, et pour cause de péripneumonie contagieuse, ou morts par suite de l'inoculation, dans les conditions prévues par l'article 37, une indemnité ainsi réglée :

La moitié de leur valeur avant la maladie, s'ils en sont reconnus atteints ;

Les trois quarts, s'ils ont seulement été contaminés ;

La totalité, s'ils sont morts des suites de l'inoculation.

L'indemnité à accorder ne peut dépasser la somme de 400 francs pour la moitié de la valeur de l'animal, celle de 600 francs pour les trois quarts, et celle de 800 francs pour la totalité de sa valeur.

Art. 47. — Il n'est alloué aucune indemnité aux propriétaires d'animaux importés des pays étrangers, abattus pour cause de péripneumonie contagieuse dans les trois mois qui ont suivi leur introduction en France.

Art. 48. — Lorsque l'emploi des débris d'un animal abattu pour cause de peste bovine ou de péripneumonie contagieuse a été, conformément à l'article 43 ou à l'article 44, autorisé pour la consommation ou un usage industriel, le propriétaire est tenu de déclarer le produit de la vente de ces débris.

Ce produit appartient au propriétaire; s'il est supérieur à la portion de la valeur laissée à sa charge, l'indemnité due par l'État est réduite de l'excédent.

Art. 49. — Avant l'exécution de l'ordre d'abatage, il est procédé à une évaluation des animaux par le vétérinaire délégué et un expert désigné par la partie.

A défaut, par la partie, de désigner un expert, le vétérinaire délégué opère seul.

Il est dressé un procès-verbal de l'expertise; le maire le contresigne et donne son avis.

Art. 50. — La demande d'indemnité doit être adressée au ministre de l'Agriculture, dans le délai de trois mois à dater du jour de l'abatage, sous peine de déchéance.

L'indemnité est fixée par le ministre sauf recours au Conseil d'État.

Art. 51. — Toute infraction aux dispositions relatives à la police sanitaire prescrites par le présent titre et aux règlements rendus pour leur exécution peut entraîner la perte de l'indemnité prévue par l'article 46.

La décision appartient au ministre, sauf recours au Conseil d'État.

Art. 52. — Il n'est alloué aucune indemnité aux propriétaires d'animaux abattus par suite de maladie contagieuse autre que la peste bovine ou la péripneumonie contagieuse, dans les conditions spéciales visées aux articles 34 et 37, et la tuberculose bovine dans les conditions ci-dessous :

Saisie de viande. — Dans le cas de saisie de viande pour cause de tuberculose, des indemnités seront accordées aux propriétaires qui se seront conformés aux prescriptions des lois et règlements sur la police sanitaire.

Le montant de cette indemnité sera réglé conformément aux proportionnalités établies dans la loi de finances de l'exercice 1898.

Art. 53. — En cas d'épizooties, et à défaut des propriétaires, le maire désigne un enclos dans lequel devront être portés et enfouis, dans les conditions prescrites par les deuxième et troisième paragraphes de l'article 42, tous les cadavres des animaux contaminés.

Enfouissement. — Art. 54. — Il est défendu de faire paitre aucun animal sur le terrain d'enfouissement affecté aux cadavres des animaux morts de maladie contagieuse ou de livrer à la consommation les fourrages qui pourraient y être récoltés.

Importation et exportation des animaux. — *Importation d'animaux.* — Art. 58. — Les mesures sanitaires à prendre à la frontière sont ordonnées par les maires dans les communes rurales, par les commissaires de police dans les gares frontières et dans les ports de mer, conformément à l'avis du vétérinaire désigné par l'administration pour la visite du bétail.

En attendant l'intervention de ces autorités, les agents des douanes peuvent être requis de prêter main-forte.

Art. 63. — Les communes dans lesquelles il existe des foires et marchés aux chevaux ou aux bestiaux, des abattoirs ou des clos d'équarrissage, seront tenues de préposer, à leurs frais, et sauf à se rembourser par l'établissement d'une taxe sur les animaux amenés, un ou plusieurs vétérinaires pour l'inspection sanitaire des animaux qui y sont conduits.

Cette dépense est obligatoire pour la commune.

De la protection des animaux domestiques. — *Mauvais traitements.* — Art. 65. — Il est interdit d'exercer abusivement des mauvais traitements envers les animaux domestiques.

Art. 66. — Tout entrepreneur de transport par terre ou par eau doit pourvoir, toutes les douze heures au moins, à l'abreuvement et à l'alimentation des animaux confiés à sa garde.

Si les animaux transportés sont accompagnés d'un gardien, l'entrepreneur est tenu de fournir gratuitement les seaux, auges et autres ustensiles pour permettre l'alimentation et l'abreuvement, et aussi l'eau nécessaire.

Art. 67. — Indépendamment des mesures locales prises par les maires, le préfet prescrit, pour l'ensemble des communes du département, les précautions à prendre pour la conduite et le transport à l'abattoir ou pour l'abatage des animaux.

Foires. Marchés. — Art. 68. — Les maires veillent à ce que, aussitôt après chaque tenue de foire ou de marché, le sol des halles, des marchés, des champs de foire, celui des hangars et étables, des parcs de comptage, la plate-forme des ponts à bascule et tous autres emplacements où les bestiaux ont stationné, ainsi que les lisses, les boucles d'attachement et toutes parties en élévation qu'ils ont pu souiller, soient nettoyés et désinfectés.

Auberges, Écuries, Vacheries. — Art. 69. — Les marchés, halles, stations d'embarquement ou de débarquement, les auberges, écuries, vacheries, bergeries, chenils et autres lieux ouverts au public, gratuitement ou non, pour la vente, l'hébergement, le stationnement ou le transport des animaux domestiques, sont soumis à l'inspection du vétérinaire sanitaire.

A cet effet, tous propriétaires, locataires ou exploitants, ainsi que tous régisseurs ou préposés à la garde et à la surveillance de ces établissements, sont tenus de laisser pénétrer le vétérinaire sanitaire en vue d'y faire telles constatations qu'il juge nécessaires.

Si la visite a lieu après le coucher du soleil, le vétérinaire sanitaire devra être accompagné du maire ou du représentant de la police locale.

Art. 70. — Le vétérinaire sanitaire, au cas où il trouve les locaux insalubres pour les animaux domestiques, indique les mesures à prendre; en cas d'inexécution, il adresse au maire et au préfet un rapport dans lequel il fait connaître les mesures de désinfection et de nettoyage qu'il a recommandées et qu'il juge utiles pour y remédier.

De la police rurale concernant les récoltes. — *Récoltes*. — Art. 73. — Les maires sont chargés de la police rurale concernant les récoltes.

Ils font constater par les gardes champêtres et tous autres agents sous leurs ordres les délits et les contraventions aux lois et aux règlements ayant pour but la protection des récoltes.

Bornes. Clôtures. — Art. 74. — Il est défendu de supprimer, de déplacer les bornes, les pieds corniers ou autres arbres plantés ou reconnus pour établir les limites entre les héritages; de recombler les fossés séparatifs, de dégrader les clôtures et les haies limitant la propriété d'autrui.

Haies vives. Greffes. — Il est interdit, sur la propriété d'autrui, de couper des branches dans les haies vives, d'enlever les bois secs des haies, de couper, de mutiler, de détériorer ou d'écorcer les arbres plantés dans les champs, dans les vignes, dans les bois, ou le long des routes et des chemins, de détruire les greffes des arbres fruitiers.

Il est interdit de dégrader les chemins, de déclore les héritages et de passer à travers les récoltes, de quelque nature qu'elles soient.

Glanage. Grappillage. — Art. 75. — Le glanage, le grappillage, même dans les contrées où les usages locaux les ont établis, sont interdits dans tout enclos.

Les grappilleurs ou les glaneurs ne peuvent entrer dans les vignes et dans les champs ouverts que pendant le jour et après complet enlèvement des récoltes.

Échenillage. Échardonnage. Gui. Cryptogames. Végétaux nuisibles. — Art. 76. — Les préfets prescrivent les mesures nécessaires pour arrêter ou prévenir les dommages causés à l'agriculture par des insectes, des cryptogames ou autres végétaux nuisibles, lorsque ces dommages prennent ou peuvent prendre un caractère envahissant ou calamiteux.

Art. 77. — Les propriétaires, les fermiers, les colons ou métayers, ainsi que les usufruitiers et les usagers, sont tenus d'exécuter sur les immeubles qu'ils possèdent et cultivent, ou dont ils ont la jouissance et l'usage, les mesures prescrites par l'arrêté préfectoral. Toutefois, dans les bois et forêts, ces mesures ne sont applicables qu'à une lisière de 30 mètres.

Ils doivent ouvrir leurs terrains, pour permettre la vérification ou la destruction, à la réquisition des agents.

L'État, les départements, les communes sont astreints, pour leur domaine public et privé, aux mêmes obligations que les particuliers. Il en est de même des établissements publics pour leurs propriétés.

Art. 78. — En cas d'inexécution par des particuliers ou des établissements publics, dans les délais fixés, des mesures prescrites, procès-verbal est dressé par le maire, l'officier de gendarmerie, le commissaire de police, le garde forestier ou le garde champêtre, et le contrevenant est cité devant le juge de paix.

La citation sera donnée par lettre recommandée ou par le garde champêtre.

Les parties pourront comparaître volontairement et sur un simple avertissement du juge de paix.

Les délais fixés par l'article 146 du Code d'instruction criminelle seront observés.

Art. 79. — A défaut d'exécution dans le délai imparti par le jugement, il est procédé à l'exécution d'office, aux frais des contrevenants, par les soins du maire ou du commissaire de police.

Le recouvrement des dépenses ainsi faites est opéré comme en matière de contributions directes, sur un rôle rendu exécutoire par le préfet.

Port illégal de Costume, d'Uniforme ou de Décoration.

C. P., Art. 259. — « Toute personne qui aura publiquement porté un costume, un uniforme ou une décoration qui ne lui appartiendrait pas, sera punie d'un emprisonnement de six mois à deux ans.

« Sera puni d'une amende de 500 à 10.000 francs quiconque, sans droit et en vue de s'attribuer une distinction honorifique, aura publiquement pris un titre, changé, altéré ou modifié le nom que lui assignent les actes de l'état civil.

« Le tribunal ordonnera la mention du jugement en marge des actes authentiques ou des actes de l'état civil dans lesquels le titre aura été pris indûment ou le nom altéré.

« Dans tous les cas prévus par le présent article, le tribunal pourra ordonner l'insertion intégrale ou par extrait du jugement dans les journaux qu'il désignera. Le tout aux frais du condamné. »

Le port illégal du costume religieux soit par le prêtre interdit, soit par le clerc tonsuré qui renonce à la prêtrise, existe dès qu'il a été pris une ordonnance épiscopale (C. 26 août 1880).

Presse.

Des crimes et délits commis par la voie de la presse ou par tout autre moyen de publication. — *Loi du 29 juillet 1881.* — Art. 23. — « Seront punis comme complices d'une action qualifiée crime ou délit ceux qui, soit par des discours, cris ou menaces proférés dans des lieux ou réunions publics, soit par des écrits, des imprimés vendus ou distribués, mis en vente ou exposés dans des lieux ou réunions publics, soit par des placards ou affiches exposés aux regards du public, auront directement provoqué l'auteur ou les auteurs à commettre ladite action, si la provocation a été suivie d'effet. »

Cette disposition sera également applicable lorsque la provocation n'aura été suivie que d'une tentative de crime prévue par l'article 2 du Code pénal.

Cris ou chants séditieux. — Art. 24, § 2. — « Les cris ou chants séditieux proférés dans les lieux ou réunions publics seront punis d'un emprisonnement de six jours à un mois et d'une amende de 16 à 200 francs. »

Les cris de « vive l'anarchie, vive Ravachol, vive Vaillant, vive la révolution sociale », proférés publiquement, en vue, non de manifester ses sympathies pour une théorie d'ordre et d'économie politique, mais de glorifier les crimes de meurtre commis au nom de l'anarchie, ne constituent pas simplement le délit de cris séditieux, ils constituent en réalité le délit d'apologie du crime de meurtre, prévu et puni par le paragraphe 3 de l'article 24 de la loi du 29 juillet, modifiée par la loi du 12 décembre 1893 (Toulouse, 19 janvier 1894).

Offense au Président de la République. — Art. 26. — « L'offense au Président de la République par l'un des moyens énoncés dans l'article 23 et dans l'article 28, est punie d'un emprisonnement de trois mois à un an et d'une amende de 100 francs à 3.000 francs, ou de l'une de ces deux peines seulement. »

On doit comprendre dans cette dénomination la diffamation et l'injure.

Fausses nouvelles. — Art. 27. — La publication ou reproduction de nouvelles fausses, de pièces fabriquées, falsifiées ou mensongèrement attribuées à des tiers, sera punie d'un emprisonnement d'un mois à un an et d'une amende de 50 francs à 1.000 francs, ou de l'une de ces deux peines seulement, lorsque la publication ou reproduction aura troublé la paix publique et qu'elle aura été faite de mauvaise foi. »

Trois délits spéciaux de publication de fausses nouvelles sont prévus :

Le premier par les articles 419 et 420 du Code pénal (faits

faux ou calomnieux semés à dessein dans le public et qui ont opéré la hausse ou la baisse du prix des denrées, etc.);

Le second, par l'article 40 du décret du 2 février 1852, qui punit les fausses nouvelles au moyen desquelles on surprend ou détourne des suffrages ou l'on détermine l'abstention d'un ou de plusieurs électeurs;

Le troisième, par la loi du 3 février 1893, qui punit quiconque, par des faits faux ou calomnieux semés à dessein dans le public ou par des voies ou moyens frauduleux quelconques, a provoqué ou tenté de provoquer des retraits de fonds des caisses publiques ou des établissements obligés par la loi à effectuer leurs versements dans les caisses publiques.

Diffamation. — Art. 29. — « Toute allégation ou imputation d'un fait qui porte atteinte à l'honneur ou à la considération de la personne ou du corps auquel le fait est imputé, est une diffamation. »

La diffamation envers les corps constitués et les fonctionnaires publics est punie d'un emprisonnement de huit jours à un an et d'une amende de 100 francs à 3.000 francs.

Celle commise envers les particuliers est punie de cinq jours à six mois de prison et d'une amende de 25 francs à 2.000 francs.

Celle exercée contre la mémoire des morts est passible des peines portées au paragraphe ci-dessus, mais dans le cas seulement où les auteurs de ces diffamations ou injures auraient eu l'intention de porter atteinte à l'honneur ou à la considération des héritiers vivants.

Eléments constitutifs. — Allégation ou imputation d'un fait précis, déterminé, de nature à porter atteinte à l'honneur ou à la considération d'une personne ou d'un corps; intention de nuire; publicité.

Imputer, c'est affirmer; *alléguer*, c'est annoncer sur la foi d'autrui, ou laisser à l'assertion l'ombre du doute.

Tout ce qui touche à la réputation, à la probité, touche à l'honneur.

Ainsi, dire méchamment qu'un négociant a éprouvé des pertes, qu'il gère avec inhabileté son négoce, annoncer faussement tel ou tel fait à l'appui de l'imputation, c'est laisser l'honneur intact, mais c'est nuire à la considération dont il jouit (Chambre des Députés, discussion de la loi de 1819).

La jurisprudence a décidé qu'il y avait injure et non diffamation dans les épithètes suivantes :

Fripon ; chevalier d'industrie ; bougre de sot, d'animal, de cochon ; canaille, vaurien, crapule, vagabond ; oiseau galeux ; cornard ; hypocrite, etc.

Pour constituer la diffamation, il n'est pas nécessaire que la personne ait été nominativement désignée : il suffit qu'elle l'ait été de manière à pouvoir être reconnue.

Il n'est même pas nécessaire que la désignation ait pu la faire reconnaître de tout le monde. Il suffit qu'une partie de la société n'ait pu s'y méprendre.

Injures. — Art. 29, § 2. — « Toute expression outrageante, terme de mépris ou invective, qui ne renferme l'imputation d'aucun fait, est une injure. »

L'injure est punie d'un emprisonnement de six jours à trois mois et d'une amende de 16 francs à 200 francs lorsqu'elle s'adresse à des fonctionnaires publics ou à des corps constitués.

Elle est punie d'un emprisonnement de cinq jours à deux mois et d'une amende de 16 francs à 300 francs, quand elle est commise envers des particuliers ou contre la mémoire des morts, mais il est nécessaire dans ce dernier cas que les auteurs aient eu l'intention de porter atteinte à la considération ou à l'honneur des héritiers vivants.

Injure simple. — L'abrogation édictée par l'article 68 de la loi du 29 juillet 1881 sur la presse, est limitative et ne porte que sur les dispositions législatives réprimant les injures commises soit par la voie de la presse, soit par des discours proférés dans des lieux ou réunions publiques. Dès lors, les dispositions de l'article 471, n° 11, du Code pénal, qui répriment l'injure verbale, sont toujours en vigueur et s'appliquent à la diffamation non publique qui est assimilée à l'injure verbale (C. 18 mars 1886).

Aujourd'hui donc, pour déterminer la compétence et la pénalité, une seule question doit être examinée : l'injure est-elle publique? c'est un délit. Ne l'est-elle pas? c'est une contravention.

Loi du 12 décembre 1893. — ART. UNIQUE. — Les articles 24, § 1er, 25 et 49 de la loi du 29 juillet 1881, sont modifiés ainsi qu'il suit .

« ART. 24. — Ceux qui, par l'un des moyens énoncés en l'article précédent, auront directement provoqué soit au vol, soit aux crimes de meurtre, de pillage et d'incendie, soit à l'un des crimes punis par l'article 435 du Code pénal, soit à l'un des crimes punis contre la sûreté extérieure de l'Etat prévus par les articles 75 et suivants, jusques et y compris l'article 85 du même Code, seront punis, dans le cas où cette provocation n'aurait pas été suivie d'effet, d'un an à cinq ans de prison et d'une amende de 100 à 3.000 francs.

« Ceux qui par les mêmes moyens, auront directement provoqué à l'un des crimes contre la sûreté intérieure de l'Etat, prévus par les articles 96 et suivants, jusque et y compris l'article 101 du Code pénal, seront punis des mêmes peines.

« Seront punis de la même peine ceux qui, par l'un des moyens énoncés en l'article 23, auront fait l'apologie des crimes de meurtre, de pillage ou d'incendie, ou du vol, ou de l'un des crimes prévus par l'article 435.

« ART. 25. — Toute provocation par l'un des moyens énoncés en l'article 23 adressée à des militaires, dans le but de les détourner de leurs devoirs, sera punie de la même peine. »

Apologie. — C'est la glorification de ces prétendus héros de l'anarchie donnés en exemple à des esprits faibles et dévoyés, qu'on dirige ainsi plus lentement, mais plus sûrement vers le but qu'on se propose (Garde des sceaux).

Circonstances constitutives communes aux délits de presse. — *Intention de nuire.* — Elle doit se rencontrer dans les délits qui se commettent par la voie de la presse ou de la parole.

Publicité. — Elle est nécessaire pour constituer les délits de presse.

Discours. Cris. — M. Fabreguettes définit ainsi le discours et le cri : « Un discours, par opposition au cri, c'est une émission orale produite sans colère, sans surexcitation, sans forcer la voix. » « Le cri est une violente émission du son exprimant d'une manière spontanée un sentiment qui fait explosion. Le nombre des mots dont se compose un cri est nécessairement fort restreint et consiste le plus souvent en une formule qui exprime, dans son laconisme plus ou moins énergique, l'admiration ou la haine, la joie ou la douleur. »

Lieux publics. — Ce sont les lieux qui sont ouverts ou accessibles à tout le monde, soit gratuitement, soit moyennant rétribution ou certaines conditions d'admissibilité.

Lieux publics par leur nature. — Chemins publics, rues, places, promenades, etc.

Lieux publics par destination. — Temples, églises, musées et bibliothèques publics, etc.

Lieux publics par accident. — Tout lieu privé où se tient une réunion publique devient un lieu public par accident. La loge d'un concierge et, par analogie, les dépendances communes, cours, escaliers, la salle d'une étude de notaire au moment d'une adjudication, sont des lieux publics.

Divers genres de publicité. — **Lettre missive.** — La lettre missive qui circule close ou renfermée dans une enveloppe, a par là même un caractère confidentiel et ne constitue pas en principe un fait de publicité. Mais si le mandataire fait de cette lettre communication à diverses personnes ou la publie par tout autre procédé, il y a là évidemment un fait très caractérisé de publicité. C'est d'ailleurs le destinataire seul qui est responsable du délit éventuel qui pourrait résulter de cet acte, à moins que l'auteur n'ait consenti lui-même à la publication (Chassan).

Lorsque les imputations délictueuses contenues dans une

lettre missive sont dirigées contre la personne même du destinataire, dans ce cas si celui-ci rend ces imputations publiques soit en communiquant, soit en exposant la lettre, il ne peut faire peser la responsabilité de la publication sur l'auteur de la lettre (C. 7 mai 1856).

Renseignements commerciaux. — La communication faite à plusieurs personnes, sans motifs plausibles, d'un bulletin de renseignements commerciaux, de nature à causer un préjudice à celui sur le compte duquel ces renseignements ont été donnés, constitue la publicité par distribution (Alger, 25 octobre 1888).

Procédure criminelle.

Une procédure criminelle, c'est l'ensemble des procès-verbaux dressés pour la constatation d'un crime ou d'un délit.

Elle peut comporter :

1° Plainte ou dénonciation ;

2° Rapport d'agents de police ;

3° Procès-verbal de *constat* (transport sur les lieux et constatations) ;

4° Plan des lieux ;

5° Procès-verbaux des déclarations des témoins ;

6° Procès-verbal constatant les recherches infructueuses du ou des prévenus, ou l'arrestation de ces derniers, la nomenclature et la saisie des objets trouvés sur eux ;

7° Procès-verbal de perquisition dans le domicile des prévenus ;

8° Procès-verbal descriptif des objets saisis et placés sous scellés ;

9° Interrogatoire des prévenus ;

10° Confrontations diverses : témoins avec inculpés, inculpés entre-eux ;

11° Procès-verbal de conclusions ;

12° Rapports d'experts.

Bien que la loi n'impose ni n'indique aucune forme pour l'assemblage de ces divers actes, le commissaire doit s'attacher à leur donner une classification facilement compréhensible.

Nous conseillons de numéroter les procès-verbaux dans l'ordre de leur rédaction, de manière à pouvoir se référer à tel acte par la seule indication de son numéro.

On peut aussi établir un procès-verbal dit d'ensemble, qui relate, avec leurs numéros, la succession des actes dressés.

Comme on le verra dans notre formulaire, ces deux modes d'établissement de la procédure employés à Paris, ont un grand avantage, au point de vue des magistrats surchargés, qui ont à lire, à étudier et à statuer.

Procès-verbaux.

En matière criminelle, les procès-verbaux sont spécialement les actes dans lesquels les officiers ou agents de la police judiciaire constatent les faits qualifiés par la loi crimes, délits ou contraventions, leurs circonstances, les traces qu'ils ont laissées et tous les indices propres à en signaler les auteurs.

Le but des procès-verbaux est déterminé par le Code d'instruction criminelle, articles 11, 16, 32 et 49.

Forme. — Pour garantir la vérité des témoignages qui y sont consignés, la loi a imposé aux procès-verbaux des formes, dont l'omission comporte la nullité en matière forestière, de pêche fluviale, de douanes et de contributions indirectes.

Les formalités générales communes à tous les procès-verbaux sont : le délai de leur rédaction, l'écriture de cet acte, ses énonciations, sa signature, sa date, son affirmation, son enregistrement et, en outre, en matière fiscale, quelques énonciations spéciales, les formalités des saisies, de la lecture, de la remise de la copie, de la signification ou de l'affiche.

Délai pour la rédaction. — En matière ordinaire, il n'est pas fixé ; l'article 15 du Code d'instruction criminelle se borne à prescrire la remise du procès-verbal dans les trois jours, et les articles 18 et 20 appliquent cette disposition aux gardes.

Les procès-verbaux doivent être rédigés dans les vingt-quatre heures en matière de délits ruraux, de chasse, de poids et mesures, et de suite en matière de douanes, de contributions indirectes et de garantie.

Les agents de la police judiciaire feront toujours bien en rédigeant leurs procès-verbaux de suite, sans s'occuper des délais que peut leur donner la loi.

Aucun délai n'est fixé pour la rédaction des procès-verbaux des gardes champêtres, ni des gardes forestiers (C. 20 juin 1861, Chambéry, 23 janvier 1862).

Ecriture. — Les officiers et agents ou gardes doivent écrire leurs procès-verbaux, mais s'ils ne les ont pas écrits eux-mêmes, ils ne sont point par cela seuls entachés de nullité.

Ils doivent être écrits sans ratures, renvois ou surcharges, ou avec approbation.

Aucune loi n'a prescrit de mode spécial pour l'approbation des renvois, ratures, surcharges et interlignes. Cette approbation peut se trouver soit en marge, soit à la fin d'un procès-verbal. Spécialement quant aux renvois, il suffit qu'ils soient parafés ou que la mention approbative soit suivie de la signature du rédacteur.

Nous donnons d'ailleurs des exemples dans notre formulaire.

Date. — Les procès-verbaux doivent être datés. En matière fiscale cette date est essentielle, mais en matière ordinaire son omission n'emporte pas nullité.

Heure. — Ne jamais omettre l'heure où l'on est appelé à verbaliser.

Affirmation. — L'affirmation est la déclaration faite avec serment devant un officier public, par le rédacteur d'un procès-verbal, que les faits consignés dans cet acte sont vrais.

Sont exempts de l'affirmation, les procès-verbaux des officiers de police judiciaire (sauf les gardes champêtres et forestiers), des agents forestiers, gardes généraux et gardes à cheval, de la gendarmerie, des employés des postes, agents voyers, agents de la police sanitaire, de la pêche maritime, de la police des ports.

Sont au contraire assujettis à cette formalité :

1° Devant le juge de paix ou l'un de ses suppléants : les procès-verbaux des préposés des contributions indirectes, des octrois et des douanes ;

2° Devant le juge de paix ou l'un de ses suppléants, et, à leur défaut, devant le maire ou l'un de ses adjoints : les procès-verbaux dressés par les portiers-consignes des places fortes ;

3° Soit devant le juge de paix ou l'un de ses suppléants, soit devant le maire ou l'un de ses adjoints : les procès-verbaux des gardes forestiers, des gardes champêtres et particuliers, des gardes de la pêche fluviale, des conducteurs des ponts et chaussées et cantonniers, des contrôleurs des mines, des gardes du génie, des agents des chemins de fer, des lignes télégraphiques, de la navigation ;

4° Devant le maire ou ses adjoints, les procès-verbaux des vérificateurs des poids et mesures.

Délai. — L'affirmation doit être faite :

1° Dans les vingt-quatre heures à partir de la clôture du procès-verbal : en matière de police rurale et de chasse, de douanes, lorsque le fait constitue une contravention de simple police, en matière de contravention à la police des places fortes ;

2° Dans le délai d'un jour entier : en matière forestière, de poids et mesures et de pêche fluviale ;

3° Dans les trois jours, non compris celui où le procès-verbal a été dressé : en matière d'octroi, de contributions indirectes, de douanes (quand le fait est de la compétence des tribunaux correctionnels), en matière de chemin de fer, de télégraphes, de contravention à la police des mines et de grande voirie.

Enregistrement. — L'enregistrement consiste dans une mention sommaire, sur un registre spécial tenu par les receveurs d'enregistrement, de la nature de l'acte soumis à cette formalité.

Tous les procès-verbaux des agents spéciaux adjoints sont soumis à l'enregistrement, mais l'omission de cette formalité n'emporte pas leur nullité, sauf en matière forestière, de pêche fluviale, de douanes et de contributions indirectes.

Délai. — Le délai est de quatre jours, lorsqu'il n'a pas été fixé par des lois spéciales. En matière de roulage, il est de trois jours. A la différence de ce qui a lieu pour l'affirmation, si le dernier jour du délai fixé pour l'enregistrement tombe un dimanche ou un jour de fête légale, ce dimanche ou jour de fête ne sera pas compris dans le délai et cette formalité pourra valablement être remplie le dimanche. Au contraire, si un dimanche ou un jour de fête est intercalé dans le délai, mais ne tombe pas le dernier jour, ce délai n'est pas augmenté.

Procès-verbaux à timbrer et à enregistrer en débet. — Ceux des gardes champêtres des communes, des gardes forestiers et de pêche, des vérificateurs des poids et mesures, des agents voyers et employés des ponts et chaussées, de la gendarmerie (sous-officiers, brigadiers et gendarmes), tous les procès-verbaux constatant des délits et contraventions à la police des chemins de fer, des lignes télégraphiques et du roulage, et enfin tous les procès-verbaux constatant des contraventions de simple police, de quelque agent qu'ils émanent.

Procès-verbaux à timbrer et à enregistrer au comptant. — Ceux des agents de l'autorité constatant les infractions aux règlements généraux d'imposition, ceux des gardes champêtres et forestiers des particuliers.

Procès-verbaux dispensés du timbre et de l'enregistrement. — Ceux des procureurs de la République, de leurs substituts, des juges d'instruction, des juges de paix, des officiers de gendarmerie, des maires, des adjoints, des commissaires de police, lorsqu'ils ne concernent ni les matières fiscales, ni la police des chemins de fer, ni celle des lignes télégraphiques, ni celle du roulage, ni les contraventions de simple police.

Les procès-verbaux qui relatent de simples renseignements ou qui rapportent le résultat d'une enquête faite par ordre du procureur de la République, sont aussi dispensés du timbre et de l'enregistrement.

Foi due aux procès-verbaux. — *Foi jusqu'à inscription de faux.* — Les procès-verbaux qui font foi jusqu'à inscription de faux sont ceux : des préposés des douanes et des contributions indirectes, des octrois, des bureaux de garantie, des agents et gardes forestiers, de la pêche fluviale, des gardes du génie, des portiers-consignes des places de guerre.

Ces procès-verbaux forment une preuve légale qui ne peut être l'objet d'aucun débat ni contradiction, et contre laquelle aucune preuve n'est admise : ils ne peuvent être attaqués que par la voie de l'inscription de faux.

Foi jusqu'à preuve contraire. — Ce sont les procès-verbaux des maires et adjoints, commissaires de police, officiers de gendarmerie, des sous-officiers et gendarmes agissant en vertu d'une délégation spéciale, des gardes champêtres et particuliers, des gardes forestiers, quand les rapports sont dressés par un seul garde et que la condamnation est de plus de cent francs, des officiers et agents de la grande voirie, des agents de surveillance des chemins de fer, des contrôleurs des mines, des agents des postes, des pêches maritimes, des poids et mesures, des agents voyers, etc.

La loi attache à ces procès-verbaux une présomption légale de vérité, mais ils peuvent être débattus par des preuves soit écrites, soit testimoniales.

Les dénégations et les explications du prévenu ne suffisent

pas ; il faut une preuve résultant d'une enquête faite à l'audience (C. 5 mars 1863).

En aucun cas il n'est permis au juge de police d'infirmer les énonciations d'un procès-verbal à raison de la connaissance personnelle des faits, s'il l'a puisée en dehors des débats (C. 3 mars 1866).

Le ministère public, pour corroborer le procès-verbal qui sert de base à la poursuite et combattre les moyens du prévenu qui offre la preuve contraire, peut demander à produire des preuves nouvelles. En principe le juge est tenu de faire droit à ses réquisitions (C. 11 février 1860).

Procès-verbaux qui ne valent que comme simples renseignements. — Ce sont ceux des agents ou appariteurs de police, des officiers publics qui n'ont aucune mission légale pour constater les délits et les contraventions, des officiers qui agissent en dehors de leur délégation ou qui n'ont recueilli que des renseignements. Dans ces divers cas, les agents peuvent être entendus comme témoins.

Constatations en matière de contraventions. — Les agents ne sont pas tenus de constater les contraventions en présence des prévenus, ni de les prévenir qu'ils vont dresser procès-verbal contre eux (C. 15 octobre 1829, 1er septembre 1855).

Quand un commissaire de police a verbalisé sur la déclaration d'un garde champêtre à propos d'une contravention constatée par celui-ci, il n'y a pas lieu à affirmation, si le commissaire constate en outre s'être transporté sur place et avoir vérifié l'exactitude de la déclaration (C. 12 mai 1864).

L'article 11 du Code d'instruction criminelle par sa rédaction même, donne aux commissaires de police le droit de s'introduire partout où l'exercice de leurs attributions exige leur présence (C. 17 décembre 1847).

L'introduction est régulière quand elle a lieu pour un objet spécial déterminé par une loi ou par un ordre émané d'une autorité publique (L. 3 fructidor an III, art. 359 ; 28 germinal an VI, art. 131 ; 22 frimaire an VIII, art. 76).

Ainsi, la loi du 22 juillet 1791, titre Ier, article 80, autorise

les officiers de police municipale à pénétrer dans les maisons
des citoyens pour la confection des états de recensement, la
vérification des registres des logeurs, et pour l'exécution des
lois sur les contributions directes; l'article 9 de la même loi
et l'article 129 de la loi du 28 germinal an VI, disent que les
officiers de police peuvent encore entrer dans les maisons
ouvertes au public pour y vérifier les poids et mesures, le
titre des matières d'or et d'argent, la salubrité des comestibles
et des médicaments, et les contraventions aux règlements.

Prostitution.

La police sur les maisons de débauche, ainsi que sur les
femmes qui se livrent à la prostitution, intéresse essentiellement le maintien du repos et de la tranquillité publique.
Elle exige non seulement des dispositions toutes spéciales
dans l'intérêt de la sécurité, de l'ordre et de la morale, mais
encore des mesures particulières concernant la santé publiques. Sous chacun de ces rapports, cette matière rentre
dans la classe des objets confiés à la vigilance de l'autorité
municipale, par les lois des 5 avril 1884 et 19-22 juillet 1791.

Rébellion. — Outrages. — Violences.

C. P. Art. 209. — « Toute attaque, toute résistance sans
violences et voies de faits envers les officiers ministériels,
les gardes champêtres ou forestiers, la force publique, les
préposés à la perception des taxes et des contributions, les
porteurs de contraintes, les préposés des douanes, les
séquestres, les officiers ou agents de la police administrative
ou judiciaire, agissant pour l'exécution des lois, des ordres
ou ordonnances de l'autorité publique, des mandats de justice
ou jugements, est qualifiée, selon les circonstances, crime ou
délit de rébellion. »

Attaque ou résistance. — La rébellion peut provenir soit d'une attaque, soit d'une résistance. La résistance se produit de diverses manières : elle n'est pas, dans tous les cas, active et violente, elle peut n'être que passive et ne recourir qu'à la force d'inertie. L'attaque, au contraire, procède toujours de la même façon, par les violences et les voies de fait. Elle ne peut pas ne consister que dans un fait passif. La résistance n'est punissable qu'autant qu'elle est accompagnée de violences et de voies de fait (C. 2 juillet 1835).

Les violences et les voies de fait peuvent exister sans que des coups aient été portés et même sans qu'il y ait eu directement main mise sur la personne. Il suffit qu'un acte matériel et violent ait eu lieu dans le but d'empêcher l'officier ministériel ou le préposé de l'autorité publique d'accomplir la mission dont il est chargé. Ainsi le fait de s'armer d'un fusil et de coucher en joue un officier ministériel dans l'exercice de ses fonctions constitue le délit de rébellion (C. 3 avril 1847 et 30 août 1849).

Les maires sont à la fois des fonctionnaires de l'ordre administratif, des officiers de police judiciaire et de l'état civil, les représentants et les agents de leurs communes. Ils ne peuvent être considérés comme exerçant des fonctions judiciaires ou administratives lorsqu'ils agissent en cette dernière qualité, et l'article 209 est inapplicable (C. 15 octobre 1824).

La circonstance que les agents d'exécution n'étaient pas porteurs d'un costume officiel ou des signes distinctifs, est d'ailleurs indifférente si leur qualité était connue des auteurs de la rébellion (C. 5 septembre 1812).

L'existence du délit de rébellion n'est pas subordonnée au plus ou moins de régularité avec laquelle les officiers publics ont procédé ; les particuliers n'ont pas le droit de se constituer juges des fonctionnaires publics. L'irrégularité de l'opération pourrait seulement motiver une prise à partie et une poursuite contre son auteur (C. 22 août 1867).

Toutefois si le fonctionnaire veut accomplir un acte qui lui est expressément défendu par la loi, la résistance qui lui est opposée ne saurait être qualifiée rébellion (C. 25 mars 1852).

La rébellion s'aggrave si elle a été commise par plus de vingt personnes (Art. 210), ou par une réunion armée de trois personnes ou plus jusqu'à vingt inclusivement (Art. 211), ou par une ou deux personnes avec armes. Elle devient simple si elle a eu lieu sans armes par une ou deux personnes (Art. 212).

Excuse. — En cas de rébellion avec bande ou attrouppement, ceux qui se sont retirés au premier avertissement de l'autorité publique et qui n'avaient ni fonction ni emploi dans la bande, sont excusables (C. P. art. 100 et 213).

Outrages à magistrats. — Art. 222. — « Lorsqu'un ou plusieurs magistrats de l'ordre administratif ou judiciaire, lorsqu'un ou plusieurs jurés auront reçu dans l'exercice de leurs fonctions ou à l'occasion de cet exercice, quelque outrage par paroles, par écrit ou dessin non rendus publics, tendant, dans ces divers cas, à inculper leur honneur ou leur délicatesse, celui qui leur aura adressé cet outrage sera puni d'un emprisonnement de quinze jours à deux ans. Si l'outrage par paroles a eu lieu à l'audience d'une cour ou d'un tribunal, l'emprisonnement sera de deux à cinq ans. »

Loi du 13 mai 1863. — Art. 223. — « L'outrage fait par gestes ou menaces à un magistrat ou à un juré, dans l'exercice ou à l'occasion de l'exercice de ses fonctions, sera puni de un à six mois d'emprisonnement ; et si l'outrage a eu lieu à l'audience d'une cour ou d'un tribunal, il sera puni d'un emprisonnement d'un mois à deux ans. »

On doit considérer comme magistrats de l'ordre administratif : les ministres, les préfets, les sous-préfets, les maires et les adjoints (C. 10 mai 1845).

Au point de vue de l'ordre judiciaire, les dispositions des articles 222 et 223 s'appliquent à tous les fonctionnaires chargés de rendre la justice, depuis les membres de la Cour de cassation jusqu'aux membres des tribunaux de police, y compris les greffiers (C. 22 août 1813).

Les commissaires de police sont tantôt des magistrats

administratifs, tantôt des magistrats judiciaires, selon les fonctions qu'ils remplissent. Ils exercent, en effet, par délégation directe de la loi, une partie de l'autorité publique, soit dans la police administrative et municipale sous la surveillance des préfets, soit dans la police judiciaire comme auxiliaires des procureurs de la République et même comme officiers du ministère public près les tribunaux de simple police (C. 2 mars 1838).

Outrages à agents. — *Loi du 13 mai 1863*. — Art. 224. — « L'outrage fait par paroles, gestes ou menaces à tout officier ministériel ou agent dépositaire de la force publique et à tout citoyen chargé d'un ministère public, dans l'exercice ou à l'occasion de l'exercice de ses fonctions, sera puni d'un emprisonnement de six jours à un mois et d'une amende de 16 francs à 200 francs ou de l'une de ces deux peines seulement. »

L'article 224 protège :

Les notaires, les huissiers, les avoués, les commissaires-priseurs, les agents de change, les avocats à la Cour de cassation, les courtiers de commerce, les porteurs de contraintes ;

Tous les agents de la force publique, quels qu'ils soient ; les gardes champêtres et forestiers de l'État, des communes et des particuliers ; les sergents de ville ou agents de police ; les gendarmes et les soldats ;

Tous les citoyens chargés d'un service public : syndics de faillite, directeurs des établissements publics d'aliénés, experts commis par la justice, appariteur de police, gardien, même non assermenté, d'une prison ; les préposés d'octroi, des douanes, des contributions ;

La personne chargée par l'autorité locale de conduire au chef-lieu un prévenu pour le remettre à la disposition de l'autorité compétente.

Commandant de la force publique. — Si l'outrage est dirigé contre un commandant de la force publique, l'article 225 élève la pénalité de quinze jours à trois mois et l'amende de 200 francs, au maximum de 500 francs.

Un brigadier de gendarmerie est un véritable commandant de la force publique, dans l'étendue du territoire assigné à sa brigade. Cette décision doit être évidemment étendue aux grades les plus inférieurs de la force publique ; par exemple : au caporal qui conduit une patrouille dans sa ville de garnison.

Violences et voies de fait envers les magistrats. — Art. 228. — *Loi du 13 mai 1863.* — « Tout individu qui, même sans armes et sans qu'il en soit résulté de blessures, aura frappé un magistrat dans l'exercice de ses fonctions ou à l'occasion de cet exercice, ou commis toute autre violence ou voie de fait envers lui dans les mêmes circonstances, sera puni d'un emprisonnement de deux à cinq ans. »

Violences ou voies de fait dirigées contre les personnes désignées à l'article 224. — Art. 230. — Les violences ou voies de fait de l'espèce exprimée en l'article 228, dirigées contre un officier ministériel, un agent de la force publique ou un citoyen chargé d'un ministère de service public, si elles ont eu lieu pendant qu'ils exerçaient leur ministère ou à cette occasion, seront punies d'un emprisonnement d'un mois au moins et de trois ans au plus et d'une amende de 16 francs à 500 francs. »

Violences graves. — Si les violences indiquées aux articles 228 et 230 ont été la cause d'effusion de sang, blessures ou maladies, la peine sera la réclusion ; si la mort s'en est suivie dans les quarante jours, le coupable sera puni des travaux forcés à perpétuité (Art. 231).

Recel de cadavre.

C. P. Art. 359. — « Quiconque aura recélé ou caché le cadavre d'une personne homicidée ou morte des suites de coups et blessures, sera puni d'un emprisonnement de six mois à deux ans et d'une amende de 50 francs à 400 francs, sans préjudice de peines plus graves, s'il a participé au crime. »

Renseignements.

Il est toujours bon de joindre à la procédure ou au procès-verbal, un rapport de renseignements sur l'inculpé et quelquefois aussi sur le plaignant et les témoins.

Ces renseignements doivent être recueillis et formulés avec beaucoup de circonspection, car ils sont souvent discutés et même réfutés devant les tribunaux par la défense, surtout lorsqu'ils énoncent des faits défavorables à l'inculpé. Ne rien avancer qui ne soit certain et facile à prouver. Ne s'en rapporter qu'à des faits précis, qu'à ses constatations personnelles et non à une réputation de mauvais aloi, c'est-à-dire souvent exagérée et sans fondement.

Réunions publiques.

Loi du 3o juin 1881. — Art. 1er. — Les réunions publiques sont libres. Elles peuvent avoir lieu sans autorisation préalable, sous les conditions suivantes :

Déclaration, signée par deux personnes au moins, faite au maire dans les communes, au sous-préfet dans les chefs-lieux d'arrondissement et au préfet dans les chefs-lieux de département (Art. 2).

La réunion ne peut avoir lieu qu'après un délai d'au moins vingt-quatre heures. Ce délai est réduit à deux heures pour les réunions publiques électorales. Le jour du vote, la réunion peut suivre immédiatement la déclaration (Art. 3).

Chaque réunion doit avoir un bureau composé de trois personnes au moins qui est chargé de maintenir l'ordre, d'empêcher toute infraction aux lois, de conserver à la réunion le caractère qui lui a été donné par la déclaration, d'interdire tout discours contraire à l'ordre public et aux bonnes mœurs ou contenant provocation à un acte qualifié crime ou délit (Art. 8).

Le bureau en un mot est chargé de la police de la réunion. Toutefois, il n'a d'autres moyens de coercition que les moyens moraux : le bureau n'a pas le droit de requérir directement la force publique. (Constant, n° 67.)

Un fonctionnaire de l'ordre administratif ou judiciaire peut être délégué par le préfet, le sous-préfet ou le maire pour assister à la réunion. Il choisit sa place.

Le droit de dissolution ne devra être exercé par le représentant de l'autorité que s'il en est requis par le bureau ou s'il se produit des collisions et voies de fait (Art. 9).

Le fonctionnaire délégué a pour mission : de veiller au maintien de l'ordre matériel, d'assurer le respect des droits des citoyens qui demandent à les exercer paisiblement, de constater les infractions aux lois qui peuvent être commises et d'en dresser procès-verbal. Mais cette mission n'a pas pour conséquence de lui conférer un rôle actif dans les discussions ni de lui attribuer la direction des débats. Ainsi, en principe, il n'a aucune autorité sur le bureau et sur l'assemblée. Il n'a pas le droit de donner des avertissements aux membres du bureau et aux orateurs. Il ne saurait durant la réunion, apprécier les discours ni décider quelle thèse est interdite et quelle thèse est permise.

Toutefois, le représentant de l'autorité peut sortir de son rôle passif pour dissoudre la réunion dans les deux cas qui sont spécifiés à l'article 9. (Rapp. de M. Labiche au Sénat.)

Le fonctionnaire délégué n'est pas tenu de revêtir ses insignes, sauf dans le cas où il fera acte d'autorité.

Toute infraction aux dispositions de la loi de 1881 est punie des peines de simple police, sans préjudice des poursuites pour crimes et délits qui pourraient être commis dans les réunions.

Roulage.

La loi du 30 mai 1851 et le décret du 10 août 1852 ne s'appliquent qu'aux routes nationales et départementales et aux chemins de grande communication. Leurs dispositions ne concernent que les voitures de roulage et de messageries. Les autorités locales prennent les arrêtés spéciaux pour la police du roulage sur les chemins vicinaux, places et rues des villes, les contraventions qui s'y relatent sont punies par l'article 471, nᵒ 15 du Code pénal.

Les contraventions à la loi du 30 mai 1851 et au règlement d'administration publique du 10 août 1852, portent sur trois juridictions, savoir :

1ᵒ **Conseils de préfecture**. — Les contraventions relatives à la longueur des essieux, à la forme des moyeux, des bandes ou cercles des roues; au maximum du nombre de chevaux attelés, aux mesures sur la circulation pendant les jours de dégel ou sur les ponts suspendus; à la largeur du chargement, à la saillie des colliers, aux modes d'enrayage et aux dommages causes à une route ou à ses dépendances. (Art. 4 et 9 de la loi de 1851.)

2ᵒ **Tribunaux correctionnels**. — Toutes les infractions, par les voitures de messageries, relatives à la solidité des voitures, au nombre des personnes qu'elles peuvent transporter, à la surélévation de leur chargement, à la longueur des banquettes et leur distance entre elles, au défaut de machines à enrayer, usage de plaque portant un nom ou un domicile faux ou supposé, au défaut de plaque, au refus de s'arrêter à la sommation qui en est faite par un fonctionnaire, à la police des relais et autres mesures de police à observer par les conducteurs, cochers, postillons, etc. (Art. 6, 8 et 10 de la loi de 1851.)

3° **Tribunaux de simple police**. — Les infractions sur le nombre des voitures ne servant pas au transport des personnes qui peuvent être réunies en un même convoi, l'intervalle qui doit rester libre d'un convoi à un autre, sur le nombre de conducteurs exigé pour chaque convoi, sur l'éclairage, sur l'obligation, l'emplacement et la dimension de la plaque et les autres mesures de police à observer par les conducteurs, notamment en ce qui concerne le stationnement sur les routes et les règles à suivre pour éviter ou dépasser d'autres voitures. (Art. 5 et 7, même loi.)

Lorsqu'il existe un arrêté préfectoral qui ordonne l'éclairage des voitures servant à l'agriculture, l'infraction à cet arrêté tombe sous l'application de l'article 5 sus visé, lorsque la voiture circule sur une route nationale ou départementale ou sur un chemin de grande communication. Mais c'est à l'article 471, paragraphe 15 du Code pénal qu'il faut recourir lorsque la voiture se trouve sur des voies dépendant de la petite voirie. L'article 471 est aussi la sanction de l'arrêté préfectoral ordonnant l'éclairage des voitures *particulières servant au transport des personnes*, quelle que soit la voie sur laquelle elles circulent. (C. 18 mars 1859.)

Transmission. — Le procès-verbal est adressé, dans les deux jours de l'enregistrement, au sous-préfet de l'arrondissement.

Le sous-préfet le transmet, dans les deux jours de la réception, au préfet, s'il s'agit d'une contravention de la compétence des conseils de préfecture, ou au procureur de la République, s'il s'agit d'une contravention de la compétence des tribunaux. (L. 1851, art. 22.)

Saltimbanques.

Nul ne peut exercer en France la profession de saltimbanque, bateleur, joueur d'orgue, musicien et chanteur ambulant, sans en avoir préalablement obtenu la permission spéciale du préfet du département.

Quant aux étrangers, s'ils veulent exercer la profession dont il s'agit, ils sont tenus d'en faire la demande au préfet du département frontière par où ils auront pénétré sur le territoire français.

Dans les foires, marchés, etc., les saltimbanques avec baraques, les montreurs de curiosité doivent être astreints à remettre au commissaire de police le programme ou la description détaillée des spectacles et représentations. Le commissaire de police s'assure que les objets proposés à la curiosité publique n'offrent rien de contraire à la religion, aux bonnes mœurs, au gouvernement et aux convenances sociales.

Le maire peut toujours refuser l'exercice de leur industrie dans sa commune. (Circ. int. 5 janvier 1863, 18 avril 1884.) Des arrêtés préfectoraux concernant les saltimbanques existent d'ailleurs dans tous les départements.

Scellés de pièces à Conviction et d'Ordre.

Les objets pouvant servir de pièces à conviction sont saisis, clos, étiquetés et cachetés séparément. On les entoure ou on les traverse, selon leur nature, au moyen d'une ficelle, dont les deux bouts, passés préalablement dans deux trous perforant l'étiquette à sa partie supérieure, sont réunis et fixés au verso de l'étiquette au moyen d'un cachet de cire.

Le dessin que nous représentons indique qu'un nommé Bonnet est inculpé de meurtre et que le couteau placé sous scellé a été saisi sur lui. Ce modèle d'étiquette et la manière de sceller un objet sont employés à Paris. L'étiquette est en carton ou en papier fort.

Le prévenu doit signer chaque étiquette. En cas de refus il en est fait mention.

Scellés d'ordre. — On place sous scellés d'ordre : les couteaux, les ciseaux, les sommes d'argent, etc., retirés au prévenu par mesure de précaution, mais qui n'ont aucun rapport avec l'inculpation. Si le prévenu est laissé en liberté, on comprend que le scellé d'ordre ne peut exister.

Pour permettre l'examen et la vérification, on doit placer sous scellés découverts les papiers et les sommes d'argent saisis.

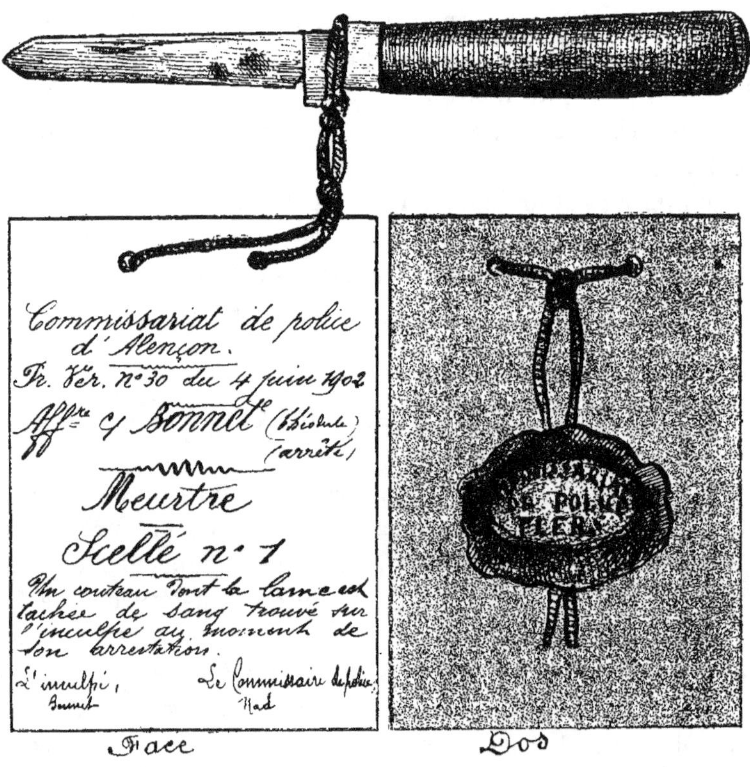

Ne réunir sous un même scellé que les objets de même nature.

On ne doit jamais percer les pièces de monnaie saisies.

Secrets de Fabrique.

C. P. Art. 18. — « Tout directeur, commis, ouvrier de fabrique, qui aura communiqué ou tenté de communiquer à des étrangers ou à des Français résidant en pays étrangers des secrets de la fabrique où il est employé, sera puni d'un emprisonnement de deux à cinq ans et d'une amende de 500 francs à 20.000 francs.

. . . .

« Si ces secrets ont été communiqués à des Français résidant en France, la peine sera de trois mois à deux ans, et l'amende de 16 à 200 francs. »

Secret professionnel.

Le commissaire de police ou le rédacteur d'un rapport de renseignements, peut être appelé devant les tribunaux.

Si tout témoin doit fournir son témoignage sur les faits dont la preuve est recherchée par la justice, la loi détermine certaines exceptions qui, par des considérations d'intérêt public et de haute moralité, permettent au témoin de s'abstenir. En effet, il a le droit et le devoir de ne donner aucune explication sur des faits dont il n'aurait eu connaissance qu'à raison de sa profession et qui ne lui auraient été révélés qu'à titre confidentiel.

Par suite, le commissaire de police qui se refuse, sur une question de la défense, à divulguer les noms des personnes qui lui ont communiqué les renseignements qu'il fournit au Tribunal, invoque à bon droit l'obligation du secret professionnel, alors surtout que ces renseignements ont été reçus sous le sceau du secret et avec l'engagement formel de ne pas révéler ces noms (C. 6 juillet 1894).

C. P., Art. 378. — « Les médecins, chirurgiens et autres officiers de santé, ainsi que les pharmaciens, les sages-femmes, et toutes autres personnes dépositaires, par état ou par profession, des secrets qu'on leur confie, qui, hors le cas où la loi les oblige à se porter dénonciateurs, ont révélé ces secrets, sont punis d'un emprisonnement d'un mois à six mois et d'une amende de 100 francs à 500 francs. »

Cet article n'est pas limitatif ; il s'applique sans restriction à tous ceux auxquels leur profession impose l'obligation du secret, soit que les faits qu'ils ont appris leur aient été confiés par des particuliers sous le sceau du secret, soit qu'ils les aient connus dans l'exercice d'une profession aux actes de laquelle la loi a, dans un intérêt public, imprimé un caractère secret (C. 9 juillet 1886).

Les ministres du culte, les avocats, les avoués, les notaires, les commissaires de police, les directeurs d'hôpitaux, les commis greffiers du juge d'instruction, les employés des postes, etc., sont tenus de garder le secret de certains faits qu'ils acquièrent dans l'exercice de leurs fonctions.

Syndicats professionnels

Dans la loi du 21 mas 1884, le législateur a fait disparaître toutes les entraves au libre exercice du droit d'association pour les syndicats professionnels.

L'article 1er, en effet, abroge la loi des 14-17 juin 1791, qui défendait aux membres du même métier ou de la même profession de former entre eux des associations professionnelles, et l'article 416 du Code pénal.

De cette abrogation résultent les conséquences suivantes :

1° Le fait de se concerter, en vue de préparer une grève, n'est plus un délit ni pour les syndicats de patrons, d'ouvriers, d'entrepreneurs d'ouvrage, ni pour les ouvriers, patrons, entrepreneurs d'ouvrage non syndiqués ;

2° Cessent d'être considérées comme des atteintes au libre exercice de l'industrie et du travail les amendes, défenses, prescriptions, interdictions prononcées par suite d'un plan concerté.

Mais les articles 414 et 415 du Code pénal demeurent applicables.

Au contraire, ne sont plus applicables aux syndicats professionnels, les articles 291, 292, 293 et 294 du Code pénal, et la loi du 10 avril 1834.

Ainsi qu'on le voit, l'article 1er de la loi du 21 mars 1884 donne une liberté complète d'association, mais seulement au profit des associations professionnelles dont les membres exercent la même profession ou des professions similaires, concourant à l'établissement de travaux déterminés et qui ont exclusivemeni pour but, au terme de l'article 3, l'étude et la défense de leurs intérêts économiques, industriels, commerciaux ou agricoles (C. 18 février 1893).

En accordant la liberté la plus large aux syndicats professionnels, la loi, pour toute garantie, demande dans son article 4, le dépôt des statuts et l'état civil de ceux qui, à un titre quelconque, sont chargés de l'administration ou de la direction.

Cette simple formalité ne saurait inspirer aucune inquiétude aux syndicats ni les exposer à aucune vexation. Au contraire, elle présente cet avantage précieux de limiter le champ étroit où peut s'exercer la surveillance de l'Etat.

Le même article porte que le dépôt doit être renouvelé à chaque changement de la direction ou des statuts. Mais il n'est pas nécessaire de déposer les délibérations qui, au lieu de changer les directeurs, les maintiennent cn fonctions (Amiens, 13 mars 1895).

Les infractions aux dispositions des articles 2, 3, 4, 5 et 6 de la loi de 1884 sont poursuivies contre les directeurs ou administrateurs des syndicats et punies d'une amende de 16 à 200 francs.

Tribunal de simple police.

Indépendance du ministère public. — Ainsi que nous l'avons dit dans notre traité de droit pénal (page 26), le ministère public est indépendant du Tribunal qui, en aucune façon, ne peut ni gêner ni limiter son action, et n'a sur lui aucun droit de surveillance ni de censure. Cela résulte d'une jurisprudence constante de la Cour de cassation.

Poursuites. — C'est à l'officier du ministère public que sont transmis les procès-verbaux de contraventions. Il est seul juge de la poursuite à exercer et peut s'abstenir de citer devant le tribunal un contrevenant qui n'aurait pu être trouvé au domicile indiqué, ou si les éléments étaient insuffisants pour pouvoir établir le fait de la contravention.

Preuve des contraventions. — Les contraventions sont prouvées soit par procès-verbaux ou rapports, soit par témoins à défaut de rapports et procès-verbaux ou à leur appui (C. I. C., art. 154).

Le tribunal ne peut refuser d'admettre la preuve testimoniale offerte par le ministère public, lorsque le procès-verbal est nul, irrégulier ou insuffisant (C. 2 mai 1857, 28 novembre 1862).

Ces règles sont la stricte application des articles 408 et 413 du Code d'instruction criminelle.

Il n'est permis au juge d'écarter les témoins inutiles qu'autant que les faits sont suffisamment établis (C. 2 décembre 1869).

Témoins incapables. — Sont incapables de témoigner en justice : les condamnés seulement à des peines correctionnelles, qui ont encouru, comme peine accessoire, l'interdiction du droit de témoignage. Cette interdiction est temporaire (cinq ans au moins et dix ans au plus). (C. P. art. 28, 34 et 42).

Témoins défaillants. — Quand un témoin n'obéit pas à la citation, le ministère public requiert contre lui (C. I. C. art. 157).

Usurpation de fonctions.

C. P., Art. 258. — « Quiconque, sans titre, se sera immiscé dans des fonctions publiques, civiles ou militaires, ou aura fait les actes d'une de ces fonctions, sera puni d'un emprisonnement de deux à cinq ans, sans préjudice de la peine de faux, si l'acte porte le caractère de ce crime. »

L'immixtion découle non pas du seul fait d'avoir pris la qualité de fonctionnaire ou de s'être laissé donner cette qualité, mais de manœuvres propres à faire croire au pouvoir que l'on s'attribue faussement (C. 14 juin 1861).

Vagabondage. — Vagabondage spécial.
Mendicité.

C. P. Art. 269. — « Le vagabondage est un délit. »

Art. 270. — « Les vagabonds ou gens sans aveu sont ceux qui n'ont ni domicile certain, ni moyens de subsistance, et qui n'exercent habituellement ni métier, ni profession. »

Art. 271. — « Les vagabonds ou gens sans aveu qui auront été légalement déclarés tels, seront pour ce seul fait, punis de trois à six mois d'emprisonnement. »

« Néanmoins, les vagabonds âgés de moins de 16 ans ne pourront être condamnés à la peine d'emprisonnement; mais sur la preuve des faits de vagabondage, ils sont mis en interdiction de séjour jusqu'à l'âge de 20 ans accomplis, à moins qu'avant cet âge, ils n'aient contracté un engagement dans les armées de terre ou de mer. »

Art. 272. — « Les individus déclarés vagabonds par jugement pourront, s'ils sont étrangers, être conduits, par les ordres du gouvernement, hors du territoire de la République. »

Le vagabondage en lui-même n'est pas un fait criminel. La loi en le réprimant a voulu atteindre cette existence oisive, ces habitudes vicieuses, cette position dénuée de ressources, qui peuvent, à un moment donné rendre le vagabond dangereux vis-à-vis de la société. Le législateur a considéré cette situation comme un acte préparatoire des délits et des crimes, et a érigé en délit ce seul fait, isolé de toute autre circonstance.

Défaut de domicile.— Ne pas confondre le domicile d'origine et l'habitation. Il suffit, pour l'existence du délit, que le domicile d'habitation fasse défaut; mais si le prévenu a conservé son habitation habituelle au domicile d'origine, lors même qu'il s'en est éloigné, il n'est pas en état de vagabondage (C. 15 octobre 1813).

La loi n'exige pas d'ailleurs que cette habitation soit fixe, il suffit qu'il en ait une, et cette décision s'applique surtout aux mineurs qui quittent momentanément le domicile de leurs parents (C. 25 pluviôse an X et 3 mars 1866).

Moyens de subsistance. — Le manque de toutes ressources et de tous moyens de subsistance est un élément essentiel du délit. Il semble qu'il y ait contradiction entre l'article 270, qui oblige le prévenu à justifier de ses moyens d'existence, et l'article 278, qui le répute coupable, quand il est trouvé porteur d'une somme supérieure à 100 francs.

Métier ou profession. — La loi ne se borne pas à exiger que l'agent ait un métier ou une profession; elle veut qu'il l'exerce habituellement. Tout métier, quel qu'il soit, dès qu'il lui fournit des moyens suffisants, détruit la prévention, car la loi n'appelle le juge qu'à constater l'existence du métier : elle ne le charge point d'apprécier sa nature ni même sa moralité (C. 18 prairial, an IV).

On doit considérer comme vagabond, d'après la Cour de cassation :

L'individu qui refuse de faire connaître son domicile et l'origine des valeurs dont il est en possession, s'il n'exerce d'ailleurs ni métier ni profession;

Le libéré qui, à sa sortie de prison et avant d'être arrivé à sa destination, a lacéré son passeport, dissipé les secours de route par lui reçus et provoqué à l'aide de déclarations mensongères son arrestation qu'il prolonge par un silence calculé ;

Mais il n'y a pas vagabondage dans la position d'un libéré, sorti de prison depuis dix jours seulement, ni dans la situation d'un ancien militaire voyageant sans papiers, alors qu'il jouit d'une pension de retraite qui lui a été accordée par le gouvernement, quoiqu'elle soit insuffisante pour pourvoir à sa subsistance.

On ne peut non plus considérer comme vagabond :

L'habitant d'une commune qui loge tantôt dans une maison, tantôt dans une autre ;

L'individu qui n'a pas paru depuis plusieurs années qu'à d'assez longs intervalles, à son domicile, chez son père, et n'y a fait que de très courts séjours ;

Le colporteur qui a un passeport et des papiers indiquant qu'il a son domicile et qu'il exerce habituellement son métier, bien qu'il n'ait dans sa caisse que des objets de modique valeur (V. formule).

Vagabondage spécial. — *L. du 27 mai 1885*, Art. 4. — « Sont considérés comme *gens sans aveu* et seront punis des peines édictées contre le vagabondage, tous individus qui, soit qu'ils aient ou non un domicile certain, ne tirent habituellement leur subsistance que du fait de pratiquer ou de faciliter sur la voie publique l'exercice de jeux illicites, ou la prostitution d'autrui sur la voie publique. »

Par jeux illicites il faut entendre tous les jeux de hasard qui sont pratiqués sur la voie publique, soit que ces jeux constituent par eux-mêmes une escroquerie, soit qu'ils constituent de simples jeux non autorisés par l'administration préfectorale ou municipale.

Il ne faut pas confondre d'ailleurs l'expression *voie publique* avec *lieu public*. Aux termes d'un jugement du tribunal correctionnel de la Seine, les mots voie publique ont un sens précis et déterminé qu'il n'est pas permis d'étendre en matière pénale, où tout est de droit étroit. Ainsi on ne peut assimiler les hippodromes des courses où nul ne pénètre sans avoir payé un droit d'entrée et à certains jours seulement, à la voie publique sur laquelle tous circulent à toute heure et en toute liberté. Quant à la prostitution, le ministre de l'intérieur a expliqué ainsi qu'il suit les termes de la loi : « On pourra toujours arrêter le souteneur lorsqu'il se livrera manifestement aux yeux de tous à l'exercice de sa profession particulière qui consiste à vivre de la prostitution d'autrui exercée sur la voie publique. Le fait délictueux, c'est non pas seulement de vivre de la prostitution d'autrui, c'est encore moins de protéger les personnes qui se livrent à la prostitution, mais c'est le fait de vivre de cette profession exercée sur la voie publique. »

Pour l'application de l'article 4 de la loi du 27 mai 1845, il faut que le prévenu ne tire habituellement sa subsistance que du fait de pratiquer ou faciliter sur la voie publique la prostitution d'autrui. L'habitude est un élément essentiel de ce délit. Et quelques journées de travail, faites accidentellement par le prévenu ne suffiraient pas pour effacer le délit (Paris, 24 octobre 1896).

Mendicité. — C. P. Art. 274. — « Toute personne qui aura été trouvée mendiant dans un lieu pour lequel il existera un établissement public organisé afin d'obvier à la mendicité sera punie de trois à six mois d'emprisonnement, et sera, après l'expiration de sa peine, conduite au dépôt de mendicité. »

Art. 275. — « Dans les lieux où il n'existe point encore de tels établissements, les mendiants d'habitude valides seront punis d'un mois à trois mois d'emprisonnement.

« S'ils ont été arrêtés hors du canton de leur résidence, ils seront punis d'un emprisonnement de six mois à deux ans. »

Art. 276. — « Tous mendiants, mêmes invalides, qui auront usé de menaces ou seront entrés, sans permission du propriétaire ou des personnes de sa maison, soit dans une habitation, soit dans un enclos en dépendant, ou qui feindront des plaies ou infirmités, ou qui mendieront en réunion, à moins que ce ne soit le mari et la femme, le père et la mère ou leurs jeunes enfants, l'aveugle et son conducteur, seront punis d'un emprisonnement de six mois à deux ans. »

La mendicité est un délit qui consiste à s'adresser à la charité ou à la bienfaisance dans le but d'en obtenir des secours tout à fait gratuits et pour lesquels on n'offre en échange aucune contre valeur appréciable. Le délit existe aussi bien lorsque la demande est faite directement, que lorsqu'elle se dissimule sous l'apparence d'un acte de commerce, qui n'a rien de sérieux, ni de réel (C. 17 septembre 1874).

Bien que la loi punisse un seul fait de ce genre on ne saurait toutefois incriminer soit les quêtes faites au profit des pauvres par des personnes qui s'interposent entre la charité publique et les indigents et qui n'en retirent aucun bénéfice personnel, soit même les quêtes faites accidentellement à leur profit par les victimes d'un désastre (inondation, incendie, etc.) ; mais hors ces cas exceptionnels, tout fait de mendicité, même isolé, appelle la répression de la loi (C. 14 juin 1884, 10 septembre 1822 et 20 août 1845).

Il n'est pas nécessaire, pour que le délit de mendicité soit établi, que le prévenu ait été surpris en état de flagrant délit.

Cette condition n'est point exigée par le texte de la loi ; elle serait même inconciliable avec le fait d'habitude de mendicité, réprimé par l'article 275. La preuve de la mendicité reste donc sous l'empire du droit commun et peut résulter notamment de l'aveu du prévenu (C. 30 juillet 1875 et Alger, 4 février 1882).

Dépôts de mendicité. — L'établissement dont parle l'article 274 s'entend non pas de tout asile ouvert aux mendiants, mais d'un établissement public régulièrement organisé ou autorisé comme établissement d'utilité publique, il s'agit ici d'un dépôt légal de mendicité qui ne peut être créé que par un décret (Décret, 5 juillet 1808); le traité intervenu entre le préfet d'un département et la commission administrative du dépôt de mendicité d'un département voisin, pour envoyer dans ce dépôt les mendiants du premier département, ne suffit donc pas pour établir en faveur de ce dernier l'établissement public prévu par l'article 274 ; de plus, lorsque les règlements qui régissent les dépôts excluent certaines catégories de mendiants, par exemple les épileptiques et les infirmes, l'article 274 cesse d'être applicable à ceux qui ne pourraient s'y faire admettre quand même ils le désireraient (C. 23 mai 1846 et 20 février 1845).

Mendicité habituelle. — La mendicité prévue par l'article 275 n'est un délit qu'autant qu'elle constitue une habitude, elle ne résulterait pas d'un fait isolé (V. formule).

Circonstances aggravantes communes aux mendiants et aux vagabonds. — C. P. Art. 277. — « Tout mendiant ou vagabond qui aura été saisi travesti d'une manière quelconque, ou porteur d'armes, bien qu'il n'en ait usé ni menacé, ou muni de limes, crochets ou autres instruments propres à commettre des vols ou d'autres délits, soit à lui procurer les moyens de pénétrer dans les maisons, sera puni de deux à cinq ans d'emprisonnement. »

Art. 278. — « Tout mendiant ou vagabond qui sera trouvé porteur d'un ou de plusieurs effets d'une valeur supérieure à 100 francs, et qui ne justifiera point d'où ils proviennent, sera puni de la peine portée en l'article 276. »

Art. 279 et *loi du 13 mai 1863*. — « Tout mendiant ou vagabond qui aura exercé ou tenté d'exercer quelque acte de violence que ce soit envers les personnes sera puni d'un emprisonnement de deux à cinq ans, sans préjudice des peines plus fortes, s'il y a lieu, à raison du genre et des circonstances de la violence. Si le mendiant ou le vagabond qui a exercé ou tenté d'exercer des violences se trouvait, en outre, dans l'une des circonstances exprimées par l'article 277, il sera puni de la réclusion. »

Art. 281. — « Les peines établies par le Code pénal contre les individus porteurs de faux certificats, faux passeports ou fausses feuilles de route, seront toujours dans leur espèce, portées au maximum, quand elles seront appliquées à des vagabonds ou mendiants. »

L. 27 mai 1885 et C. P. Art. 282. — « Les mendiants qui auront été condamnés aux peines portées par les articles précédents seront renvoyés, après l'expiration de leur peine, en interdiction de séjour pour cinq ans au moins et dix ans au plus. »

Emploi des enfants à la mendicité. — *L. du 7 octobre 1874,* Art. 3. — « Quiconque emploiera des enfants âgés de moins de 16 ans à la mendicité habituelle, soit ouvertement, soit sous l'apparence d'une profession, sera considéré comme auteur ou complice du délit de mendicité en réunion prévu par l'aticle 276 du Code pénal et punis des peines portées au dit article. Dans le cas où le délit aurait été commis par les pères, mères ou tuteurs, ils pourront être privés de la puissance paternelle où être destitués de la tutelle. »

Surveillance et répression du vagabondage et de la mendicité. — La question des vagabonds, mendiants ou gens sans aveu préoccupe de plus en plus les populations rurales, ainsi que les assemblées qui les représentent et le gouvernement qui a mission de les protéger. De nombreux projets d'utiliser d'une manière plus efficace les éléments dont se compose la force publique, ont été élaborés, sans qu'aucune modification n'ait été apportée dans le service de surveillance. Depuis la suppression du livret d'ouvrier nous devons avouer qu'il est difficile à nous, agents de la force publique, de reconnaître à première vue celui que la loi désigne comme vagabond. En effet, elle ne frappe que ceux qui depuis un mois (1) au moins sont sans moyens d'existence, sans domicile et n'exercent habituellent, ni métier ni profession. Or, voici la difficulté. L'agent de l'autorité demande les papiers à tous les nomades qu'il rencontre. S'ils en sont démunis ce n'est pas un élément de culpabilité. Aux questions qui leur sont posées ils invoquent la perte d'un certificat ou un travail récent de quelques jours dans un endroit quelconque et profitent du doute qu'ils formulent ainsi vis-à-vis de l'agent de l'autorité.

(1) Le laps de temps d'un mois n'est pas indiqué dans la loi, mais les parquets en général l'exigent.

Le livret d'ouvrier enlevait toute espèce de doute ; il facilitait la tâche de la gendarmerie et de la police; il donnait une sérieuse garantie à l'ouvrier honnête, en le mettant à l'abri d'être confondu avec le malfaiteur. Il empêchait le nomade professionnel de voyager sous le couvert du travailleur, le vagabond de se faire passer pour une victime d'un chômage et le mendiant valide et habituel d'afficher des moyens d'existence procurés par le travail.

N'oublions pas cependant, dans la surveillance active que nous devons exercer, que, parmi cette population errante, il y a des malheureux, plus victimes que coupables, qui ont droit à tous nos égards.

Combien rencontre-t-on sur les routes d'ouvriers porteurs de leurs outils qui viennent d'achever des travaux et qui vont en commencer d'autres dans des pays souvent éloignés, combien peuvent manquer de ressources en cours de route et à la veille de trouver de l'ouvrage, combien d'hommes, âgés ou jeunes, combien d'enfants abandonnés, jetés accidentellement sur le pavé, qui, en fait, ressemblent aux vagabonds, que la nécessité de vivre peut entraîner à tendre la main, parce que le chômage, la maladie, l'impossibilité de trouver du travail et bien d'autres causes qu'il est impossible d'énumérer, les ont privés de toutes ressources, de tous moyens d'existence. Ils ne sont point, dans le sens juridique, des mendiants ou des vagabonds. L'intention délictueuse leur fait défaut; la société n'a rien à leur reprocher. Ce ne sont pas des coupables qu'il faut punir ; ce sont des malheureux qu'il faut secourir, aider, au besoin relever.

Il y a aussi les vieillards et les infirmes, vagabonds et mendiants par nécessité, pour lesquels il faudrait ouvrir les refuges et les hospices, et non les prisons.

Mais, à côté de ces errants inoffensifs, il y a les professionnels du vagabondage et de la mendicité, dont la plupart, les plus dangereux, traînent leur fainéantise dans des roulottes. Ces derniers sont plus à craindre que les vagabonds isolés. Sous prétexte de vendre des paniers, de la mercerie, du papier à lettres ou des balais, ils exploitent la charité publique en s'introduisant dans les maisons et en faisant mendier leurs enfants. Ils peuvent aussi commettre plus facilement des vols, ayant la ressource d'en cacher aussitôt le produit dans leurs voitures et de disparaître sans laisser de traces. C'est à ceux là qu'il faut réserver toutes les rigueurs de la loi. Les frapper durement est faire œuvre de salubrité et de sécurité publiques. Relever avec soin à leur charge les circonstances aggravantes des délits de mendicité et de vagabondage prévues par les articles 277 et 279 du Code pénal. L'application de ces deux articles présente un grand intérêt, car elle fait tomber ces délinquants dangereux sous le coup de la loi du 27 mai 1885 sur la relégation (Art. 4, § 2).

Refuges de nuit. — Il existe aujourd'hui dans presque toutes les communes un refuge de nuit où les passagers indigents reçoivent l'hospitalité. Souvent on ne leur demande pas leur nom, ni ce qu'ils font ni d'où ils viennent ni où ils vont. Quand le gendarme recherche un malfaiteur il s'adresse au préposé du refuge, qui est habituellement le garde champêtre. Celui-ci n'ayant pour mission que de fermer le refuge le soir et de l'ouvrir le matin, ne peut donner que des renseignements vagues, n'ayant aucun nom et souvent pas de signalement. Cette tolérance est en contradiction avec les mesures de police dont sont l'objet les hôtels ou garnis, fréquentés cependant par une population moins suspecte. Chaque individu hospitalisé devrait donc être inscrit sur un registre de police avec mention des papiers d'identité dont il est porteur.

Voies de fait. — Violences légères. — Rixes. Attroupements injurieux ou nocturnes.

Code des délits et des peines. — (3 brumaire an IV). — ART. 605, n° 8. — « Sont punis des peines de simple police : les auteurs de rixes, attroupements injurieux ou nocturnes, voies de fait ou violences légères pourvu qu'ils n'aient blessé ni frappé personne, et qu'ils ne soient pas notés, d'après les dispositions de la loi du 19 juillet 1791, comme gens sans aveu, suspects ou malintentionnés, auxquels cas ils ne peuvent être jugés que par le tribunal correctionnel. »

Légitime défense. — Les violences sont excusées dès qu'elles se sont produites à la suite immédiate et pour se protéger d'une agression brutale (C. 10 février 1900).

Violation de Sépultures.

C. P. Art 360. — « Sera puni d'un emprisonnement de trois mois à un an et de 16 francs à 200 francs d'amende, quiconque se sera rendu coupable de violation de tombeaux ou de sépultures, sans préjudice des peines contre les crimes ou délits qui se seraient joints à celui-ci. »

Cet article réprime tout acte physique qui tend à violer le respect dû non seulement aux dépouilles des morts, mais encore aux tombeaux et aux sépultures; il s'applique à tout acte qui tend directement à violer le respect dû aux morts (C. 22 août 1839).

Violation des règlements sur les marchandises destinées à l'exportation.

C. P. Art. 413. — « Toute violation des règlements d'administration publique, relatifs aux produits des manufactures françaises qui s'exportent à l'étranger et qui ont pour objet de garantir la bonne qualité, les dimensions et la nature de la fabrication, est punie d'une amende de 200 francs au moins, de 3.000 francs au plus et de la confiscation des marchandises. »

Vols.

C. P. Art. 379. — « Quiconque a soustrait frauduleusement une chose qui ne lui appartient pas est coupable de vol. »

Il y a donc identité entre le vol et la soustraction frauduleuse.

Pour qu'il y ait vol, il faut : 1° une soustraction; 2° faite avec intention frauduleuse; 3° portant sur une chose appartenant à autrui.

ART. 381. — « Sont punis des travaux forcés à perpétuité les coupables de vols commis avec la réunion des cinq circonstances suivantes : — 1° si le vol a été commis la nuit; — 2° s'il a été commis par deux ou plusieurs personnes; — 3° si les coupables ou l'un d'eux étaient porteurs d'armes apparentes ou cachées; — 4° s'ils ont commis le crime, soit à l'aide d'effraction extérieure ou d'escalade, ou de fausses clés, dans une maison, appartement, chambre ou logement habités ou servant à l'habitation, ou leurs dépendances, soit en prenant le titre d'un fonctionnaire public ou d'un officier civil ou militaire, ou après s'être revêtus de l'uniforme ou du costume du fonctionnaire ou de l'officier, ou en alléguant un faux ordre de l'autorité civile et militaire; — 5° s'ils ont commis le crime avec violence ou menace de faire usage de leurs armes. »

Nuit. — L'article 781 du Code de procédure civile dispose que la nuit est l'intervalle entre le coucher et le lever du soleil; c'est à cette disposition qu'il faut se rapporter dans le cas de l'article 381. (C. 23 juillet 1813).

Pluralité. — Elle a lieu quand deux ou plusieurs personnes ont coopéré à la consommation même de la soustraction. Celui, en effet, qui assiste l'auteur d'un délit dans les faits qui le consomment, coopère nécessairement à la perpétration de ce délit, donc il se rend coauteur. On doit considérer le guet comme un véritable fait de coopération; lorsqu'il est relevé, il n'y a pas complicité, mais corréité. Si l'auteur principal n'a eu des complices que dans les faits qui ont préparé ou facilité le vol et dans ceux qui ont eu pour but d'en recéler le produit, la pluralité d'auteurs n'existe pas, il y a un auteur et des complices (C. 30 juin 1832, 9 avril 1813 et 31 janvier 1835).

Armes. — S'il y a plusieurs personnes, il suffit qu'une seule ait porté des armes, menacé d'en faire usage ou exercé des violences (C. 16 septembre 1834).

Effraction. — Est qualifié effraction tout forcement, rupture, dégradation, démolition, enlèvement des murs, toits, planchers, portes, fenêtres, serrures, cadenas ou autres ustensiles ou instruments servant à fermer ou à empêcher le passage et de toute espèce de clôture quelle qu'elle soit (C. P. art 393).

Les effractions sont extérieures ou intérieures (Art. 394).

Les effractions extérieures sont celles à l'aide desquelles on peut s'introduire dans les maisons, cours, basses-cours, enclos ou dépendances ou dans les appartements ou logements particuliers (Art. 395).

Les effractions intérieures sont celles qui, après l'introduction dans les lieux mentionnés en l'article précédent, sont faites aux portes ou clôtures du dedans, ainsi qu'aux armoires ou autres meubles fermés. Est compris dans la classe des effractions intérieures le simple enlèvement des caisses, boîtes, ballots sous toile et corde et autres meubles fermés qui contiennent des effets quelconques, bien que l'effraction n'ait pas été faite sur le lieu (Art. 396).

L'effraction n'est punissable que si elle prend un des caractères déterminés par les articles 394, 395, 396. Ainsi le vol d'un bateau n'est pas aggravé par la rupture du cadenas qui l'attachait au rivage (C. 26 mars 1835).

Escalade. — Est qualifiée escalade toute entrée dans les maisons, bâtiments, cours, basses-cours, édifices quelconques, jardins, parcs et enclos, exécutée par dessus les murs, portes, toitures ou toute autre clôture. L'entrée par une ouverture souterraine, autre que celle qui a été établie pour servir d'entrée, est une circonstance de même gravité que l'escalade (Art. 397).

L'escalade doit avoir pour effet l'introduction du malfaiteur dans le lieu où il va commettre le vol.

Voler sur les toits, le plomb de la gouttière d'un bâtiment, n'est pas le vol avec escalade. Nous répétons qu'il faut qu'il y ait introduction dans l'un des endroits déterminés par l'article 397.

Fausses clefs. — Sont qualifiés fausses clefs tous crochets, rossignols, passe-partout, clefs imitées, contrefaites, altérées, ou qui n'ont pas été destinées par le propriétaire, locataire, aubergiste ou logeur, aux serrures, cadenas ou aux fermetures quelconques auxquelles le coupable les a employées (Art. 398).

On doit considérer comme fausses clefs les *clefs véritables* appliquées à une autre destination que leur destination originaire. Il y a usage de fausse clef dans le fait d'avoir ouvert, pour y pratiquer un vol, le tiroir intérieur d'un secrétaire fermé par une clef particulière à l'aide de la clef du meuble, laquelle n'était pas destinée à cette usage (C. 12 août 1880).

Fabrication de fausses clefs. — Quiconque aura contrefait ou altéré des clés sera condamné à un emprisonnement de trois mois à deux ans. Si le coupable est un serrurier de profession, il sera puni d'un emprisonnement de deux ans à cinq ans (Art. 399).

Vol à l'aide de violence. — Art. 382. — « Est puni de la peine des travaux forcés à temps tout individu coupable de vol commis à l'aide de violence. Si la violence à l'aide de laquelle le vol a été commis a laissé des traces de blessures ou de contusions, cette circonstance suffit pour que la peine des travaux forcés à perpétuité soit prononcée. »

La violence dont parle cet article est celle qui est un moyen de perpétration du vol; les coups et blessures commis par un voleur après la soustraction opérée et pour faciliter sa fuite, ne sauraient être considérés comme circonstance aggravante du vol, la fuite du voleur n'étant pas un acte d'exécution (C. 2 août 1883).

Vol commis sur un chemin public. — Art. 383. — Les vols commis sur les chemins publics emportent la peine des travaux forcés à perpétuité, lorsqu'ils ont été commis avec deux des circonstances prévues dans l'article 381. Ils emportent la peine des travaux forcés à temps, lorsqu'ils ont été commis avec une seule de ces circonstances. Dans les autres cas la peine est celle de la réclusion. »

Définition du chemin public. — Ce sont tous les chemins livrés à l'usage journalier et habituel du public, soit qu'ils aient été tracés sur un fonds public et appartenant à l'État, au département ou aux communes, soit qu'ils aient été ouverts sur un fonds privé (C. 28 février 1824).

Le législateur a voulu protéger la sûreté des voyageurs dans les chemins qui les éloignent des lieux habités et des secours qui pourraient les défendre contre les malfaiteurs ; ce motif de sévérité disparait donc si les vols ont été commis à la vérité sur des chemins publics, mais qui, étant bordés de maisons, forment des rues de villes ou faubourgs où les moyens de secours peuvent être appelés et fournis à tout instant (C. 6 avril 1815).

Vol accompagné d'une circonstance aggravante. — Art 384. — « Est puni de la peine des travaux forcés à temps tout individu coupable de vol commis à l'aide d'un des moyens énoncés dans le n° 4 de l'article 381, même quoique l'effraction, l'escalade et l'usage des fausses clefs aient eu lieu dans des édifices, parcs ou enclos non servant à l'habitation et non dépendant des maisons habitées, et lors même que l'effraction n'aurait été qu'intérieure. »

L'article 384 est applicable à toute espèce de vol, même à un vol, portant sur des légumes, commis dans un *jardin clos* et par escalade, car ce n'est pas là un simple maraudage (C. 17 octobre 1811).

Vol accompagné de plusieurs circonstances aggravantes. — Art. 385. — Est puni de la peine des travaux forcés à temps tout individu coupable de vol commis avec deux des trois circonstances suivantes : 1° la nuit ; 2° dans une maison habitée, ou dans des édifices consacrés aux cultes légalement établis en France ; — 3° par deux ou plusieurs personnes ; — et si, en outre, le coupable, ou l'un des coupables, était porteur d'armes apparentes ou cachées. »

Art. 386. — « Est puni de la peine de réclusion tout individu coupable de vol commis dans l'un des cas ci-après : — la nuit, et par deux ou plusieurs personnes, ou avec une de ces deux circonstances seulement, mais en même temps dans un lieu habité ou servant à l'habitation, ou dans les édifices consacrés au culte; — 2° si le coupable ou l'un des coupables était porteur d'armes, même quoique le lieu où le vol a été commis ne fût ni habité, ni servant à l'habitation, et encore quoique le vol ait été commis le jour et par une seule personne. »

Vols domestiques. — Art. 386, § 3. — « Si le voleur est un domestique ou un homme de service à gages, même lorsqu'il a commis le vol envers des personnes qu'il ne servait pas, mais qui se trouvaient, soit dans la maison de son maître, soit dans celle où il l'accompagnait; ou si c'est un ouvrier, compagnon ou apprenti, dans la maison, l'atelier ou le magasin de son maître; ou un individu travaillant habituellement dans l'habitation où il a volé, est puni de la réclusion. »

On doit considérer comme ayant ce caractère :

1° Ceux qui sont logés et nourris dans la maison et qui y travaillent à raison d'un salaire ;

2° Les gardiens des châteaux, appartenant aux villes ;

3° Les clercs d'huissier ;

4° Les commis personnels et privés des sous-préfets et des percepteurs, salariés par ces fonctionnaires.

La jurisprudence a refusé d'étendre cette qualification aux gardes particuliers, à raison de leur qualité d'officiers de police judiciaire, et aux facteurs des postes, à raison de leur situation de préposés du Gouvernement (C. 14 juin 1854).

Vols dans les champs. — Art. 388. — « Quiconque aura volé ou tenté de voler dans les champs, des chevaux ou bêtes de charge, de voiture ou de monture, gros et menus bestiaux, ou des instruments d'agriculture, sera puni d'un emprisonnement d'un an au moins et de cinq ans au plus, et d'une amende de 16 francs à 500 francs.

Il en sera de même à l'égard des vols de bois dans les ventes, et de pierres dans les carrières, ainsi qu'à l'égard du vol de poisson en étang, vivier ou réservoir.

Quiconque aura volé ou tenté de voler dans les champs, des récoltes ou autres productions utiles de la terre, déjà détachées du sol, ou des meules de grains faisant partie de récoltes, sera puni d'un emprisonnement de quinze jours à deux ans, et d'une amende de 16 francs à 200 francs.

Si le vol a été commis, soit la nuit, soit par plusieurs personnes, soit à l'aide de voitures ou d'animaux de charge, l'emprisonnement sera d'un an à cinq ans, et l'amende de 16 francs à 500 francs.

Lorsque le vol ou la tentative de vol de récoltes ou autres productions utiles de la terre, qui, avant d'être soustraites, n'étaient pas encore détachées du sol, aura eu lieu, soit avec des paniers ou des sacs ou autres objets équivalents, soit la nuit, soit à l'aide de voitures ou d'animaux de charge, soit par plusieurs personnes, la peine sera d'un emprisonnement de quinze jours à deux ans, et d'une amende de 16 francs à 200 francs.

Définition du mot champ. — C'est toute propriété rurale dans laquelle sont exposés à la foi publique les objets mentionnés dans l'article 388. Conséquemment, on doit comprendre, sous le mot *champ*, les terres labourables, les bois, les pâturages et autres propriétés de même nature.

Instruments d'agriculture. — Ce sont ceux qui servent aux travaux de la terre, sans exception.

Vols de bois dans les ventes. — On doit entendre par le mot vente toute coupe de bois en exploitation.

Carrière. — La carrière comprend non seulement le terrain en exploitation, mais aussi celui qui, contigu à l'excavation, sert au dépôt des pierres, et l'article 388 protège non seulement les pierres qui sont détachées, mais aussi celles qui ne le sont pas (C. 27 avril 1865).

Etangs, viviers ou réservoirs. — Par étangs, viviers ou réservoirs, la loi désigne les amas ou bassins d'eau, n'ayant aucune communication directe ou indirecte avec la rivière ou tout autre cours d'eau dans lesquelles les poissons, devenus propriété privée sont conservés.

Dès qu'il s'agit d'un étang, d'un vivier ou d'un réservoir sans communication avec un cours d'eau non privé, le poisson qui, de ce fait, n'est plus en état de liberté appartient au propriétaire de cette eau. Celui qui s'en empare commet donc non un délit de pêche mais un vol et l'intention frauduleuse doit être relevée.

En ce qui concerne le vol de récoltes ou autres productions utiles de la terre, ne pas le confondre avec la soustraction frauduleuse de pommes tombées accidentellement d'un arbre, qui est un vol simple (401, C. P.), ni avec le maraudage, qui n'est qu'une contravention (Art. 475, § 15). On ne doit pas assimiler à un panier ou à un sac, le tablier qui ferait partie des vêtements de l'inculpé. La soustraction, opérée à l'aide d'un canot, est punie par l'article 388, tout comme si elle avait eu lieu à l'aide d'une voiture (C. 27 janvier 1838 et 21 avril 1826).

Enlèvement de bornes. — ART. 389. — « Tout individu qui, pour commettre un vol, aura enlevé ou tenté d'enlever des bornes servant de séparations aux propriétés, sera puni d'un emprisonnement de deux à cinq ans. »

Pour déterminer la valeur du mot *bornes*, il faut, au contraire, compléter l'article 389 par l'article 456 et considérer, par conséquent, que la prévoyance de la loi s'étend aux pieds corniers, en un mot à toute espèce de limites (Garraud, t. V, p. 126).

Maison habitée. — ART. 390. — « Est réputé maison habitée tout bâtiment, logement, loge, cabane, même mobile, qui, sans être habituellement habité, est destiné à l'habitation, et tout ce qui en dépend, comme cours, basses-cours, granges, écuries, édifices qui y sont enfermés, quel qu'en soit l'usage, et quand même ils auraient une clôture particulière dans la clôture ou enceinte générale. »

Parcs ou enclos. — Art. 391. — « Est réputé parc ou enclos tout terrain environné de fossés, de pieux, de claies, de planches, de haies vives ou sèches, ou de murs de quelque espèce de matériaux que ce soit, quelles que soient la hauteur, la profondeur, la vétusté, la dégradation de ces diverses clôtures. »

Vol entre époux ou proches parents. — Art. 380. — « Les soustractions commises par des maris au préjudice de leurs femmes, par des femmes au préjudice de leurs maris, par un veuf ou une veuve quant aux choses qui avaient appartenus à l'époux décédé, par des enfants ou autres descendants au préjudice des pères et mères ou autres ascendants au préjudice de leurs enfants ou autres descendants ou par des alliés aux mêmes degrés, ne pourront donner lieu qu'à des réparations civiles.

« A l'égard de tous autres individus qui auraient recélé ou appliqué à leur profit tout ou partie des objets volés, ils seront punis comme coupables de vol. »

En accordant cette prime d'impunité aux personnes désignées dans l'article précédent, le législateur a compris que les rapports entre ces personnes sont trop intimes pour qu'il convienne au ministère public de scruter des secrets de famille et de provoquer des peines dont l'effet ne se bornerait pas à répandre la consternation dans une famille, mais qui pourraient encore être une source éternelle de haine et de divisions.

Le principe consacré par l'article 380 consiste à rejeter l'action publique et à n'admettre que l'action privée, c'est-à-dire l'action en dommages-intérêts, quand bien même les soustractions seraient accompagnées de circonstances aggravantes.

Le deuxième paragraphe de l'article 380 distingue nettement deux cas où la pénalité peut être encourue par un tiers, le cas où il aurait appliqué à son profit des objets volés et le cas où il les aurait recélés.

Vols simples. — Art. 401. — « Les autres vols non spécifiés dans les articles 379 à 400, les larcins et les *filouteries* ainsi que les tentatives de ces mêmes délits, seront punis d'un emprisonnement d'un an au moins et de cinq ans au plus.

« Les coupables pourront aussi être mis en interdiction de séjour. »

Les larcins sont des vols exécutés furtivement ; les filouteries, des vols exécutés avec adresse. Ni les uns ni les autres n'existent, sans la soustraction frauduleuse de la chose d'autrui (V. formule).

TROISIÈME PARTIE

FORMULAIRE

RÉPUBLIQUE FRANÇAISE

DÉPARTEMENT
du
JURA

VILLE
D'ARBOIS

Commissariat de Police

N° ....

Abandon de l'enfant **Andrée** *par sa mère.*

Un bulletin de naissance joint.

Déclaration de la mère de l'enfant.

Abandon d'Enfant.

L'an mil neuf cent un, le deux juin.

Nous, Letip, commissaire de police de la ville d'Arbois (Jura), officier de police judiciaire, auxiliaire de M. le Procureur de la République,

Averti par la dame Laurent, sage-femme, qu'une de ses pensionnaires, accouchée depuis huit jours, désirait abandonner son enfant,

Nous sommes rendu chez la dame Laurent où nous avons trouvé, couchée dans son lit, ladite pensionnaire qui nous a fait la déclaration suivante :

« Je me nomme Beaulieu, Berthe, âgée de 22 ans, née à Prades (Pyrénées-Orientales), le 3 mai 1879, de Jean et de Augustine Clavier, célibataire, couturière, et je demeure à Arbois depuis un mois.

« Etant à Pau j'ai eu des relations avec un individu que je ne veux pas nommer et je me suis trouvée enceinte. Je suis venue à Arbois pour accoucher et je suis entrée comme pensionnaire chez Mme Laurent le jour de mon arrivée, 5 mai dernier.

« Je suis accouchée le 25 mai d'une fille que je n'ai pas reconnue et que je ne pourrai élever, parce que ma profession de couturière ne me rapporte qu'environ 2 francs par jour.

« Mon père qui était drapier est décédé à Mont-de-Marsan le 23 mars 1898 ; ma mère est décédée aussi à Mont-de-Marsan le 1er août 1895.

« Je demande en conséquence que ma fille soit placée aux enfants assistés. Ce n'est pas un placement temporaire que j'entends faire, mais bien un abandon définitif dont je connais les conséquences.

« Je n'ai jamais eu d'autres enfants que celui que j'abandonne.

« Je ne sais encore où je me fixerai quand je sortirai de chez Mᵐᵉ Laurent ; j'ignore si je retournerai à Pau, ou si j'irai à Paris, ou si je resterai à Arbois.

« Je n'ai pas demandé de secours comme fille-mère à l'assistance publique et je ne veux pas en demander.

« Voici l'état civil de ma fille :

« Andrée, née à Arbois (Jura), le 25 mai 1901, de père et de mère inconnus. »

« Je vous remets d'ailleurs son bulletin de naissance. »

Et la demoiselle Beaulieu a signé avec nous après lecture.

Le Commissaire de police,

Conclusions

Vu ce qui précède,

Attendu que la nommée Beaulieu est sans travail et qu'elle paraît être sans ressources et sans parents pouvant la secourir ;

Attendu qu'elle a la ferme volonté d'abandonner son enfant et qu'elle refuse de fournir des renseignements permettant de connaître sa situation réelle,

Avons dressé le présent procès-verbal pour être transmis à M. le Préfet aux fins d'admission aux enfants assistés de la jeune Andrée.

Le Commissaire de police,

Cette formule peut s'appliquer à tout abandon ou placement d'enfant à l'assistance publique.

Adultère.

L'an....., le....., à six heures du matin,

Nous, commissaire de police, etc...

Vu les instructions de M. le Procureur de la République et la plainte en adultère de la femme Guiton contre son mari ;

Vu les renseignements préalablement recueillis par nos soins sur la possibilité du constat ;

Porteur du dossier et assisté de deux agents de notre service, nous sommes transporté rue de Paris, n° 10, maison occupée par le nommé Guiton.

Ayant frappé à la porte, une fenêtre s'est ouverte au premier et un homme en chemise, disant être le nommé Guiton, nous a demandé ce que nous voulions. Nous lui avons exhibé notre écharpe, décliné notre qualité et fait connaître le but de notre visite, à quoi il a répondu qu'il allait nous ouvrir.

Ce n'est que cinq minutes après, sur une nouvelle sommation de notre part, que le nommé Guiton nous a ouvert la porte. Interpellé sur ce retard, il a dit qu'il lui fallait le temps de s'habiller. Nous lui avons fait remarquer qu'il n'était vêtu cependant que de sa chemise, de son pantalon et chaussé de pantoufles.

Interrogé sur son individualité, il a déclaré que l'acte de mariage annexé au dossier lui était applicable.

Il a reconnu en outre que la maison où nous nous trouvions était la sienne, qu'il y avait son domicile et qu'il y vivait seul.

Sur notre demande, il nous a conduit dans sa chambre à coucher au premier. Nous y avons trouvé un lit vide, défait et garni seulement d'un oreiller. En l'examinant, nous avons constaté qu'il était encore chaud sur toute sa largeur et qu'il portait deux empreintes de corps. Sous ce lit, nous avons trouvé un deuxième oreiller. Dans un cabinet voisin nous avons découvert des effets de femme et sur une toilette se trouvaient une natte et des épingles à cheveux.

Poursuivant nos investigations, nous avons ouvert un placard, d'où une femme en chemise est aussitôt sortie. Elle nous a dit se nommer Bon, Eudoxie, et vivre maritalement avec le sieur Guiton depuis un mois.

Nous les avons invités à se trouver dans notre commissariat à 9 heures du matin pour y être interrogés régulièrement.

Le Commissaire de police,

Et le même jour à neuf heures du matin,

(Interroger les inculpés séparément et conclure ainsi :)

Vu ce qui précède,

Attendu que le nommé Guiton, Louis, reste inculpé d'adultère, pour avoir depuis un mois entretenu une concubine au domicile conjugal ;

Attendu que la nommée Bon, Eudoxie, s'est rendue complice de ce même délit en vivant dans le foyer du nommé Guiton qu'elle savait marié ;

Vu l'article 339 du Code pénal,

Avons dressé contre eux le présent procès-verbal pour être transmis avec les pièces communiquées aux fins qu'il appartiendra à M. le Procureur de la République.

Le Commissaire de Police,

Aliéné.

L'an mil neuf cent un, le vingt août.

Nous, Louis **Redon**, garde-champêtre de la commune de Landigou (Orne), officier de police judiciaire,

Agissant en vertu des instructions de Monsieur le Maire, avons procédé à une enquête sur l'état mental du nommé Dornon, Jules, demeurant dans cette commune et avons entendu à son domicile la dame Dornon, née Marie Dutois, âgée de 35 ans, ouvrière d'usine, demeurant route de Flers.

Qui nous a dit :

« Depuis mon mariage, 26 décembre 1894, mon mari a été admis une fois dans les asiles d'aliénés. En août dernier, il est sorti guéri de l'asile d'Alençon après un séjour de six mois. Il y a un mois nous avons perdu un enfant âgé de 4 ans; cette mort a frappé mon mari et sa maladie l'a repris. Les excès de boissons alcooliques ont aussi beaucoup contribué à ramener chez lui des troubles intellectuels, qui ne font que s'aggraver de jour en jour. Il ne sait plus ce qu'il dit ni ce qu'il fait. Il a la manie de toujours vouloir faire du feu. La nuit dernière il a allumé de la paille au milieu de notre chambre. Il y a deux jours je l'ai surpris attachant une corde au plafond. Il m'a dit qu'il allait s'amuser à se pendre.

« Je n'ai pour toute ressource que le produit de mon travail qui me rapporte 2 francs par jour.

« Mes occupations m'appelant au dehors, il ne m'est pas possible de surveiller mon mari.

« C'est dans ces conditions que je sollicite son admission dans un asile d'aliénés.

« Je vous dépose un certificat de M. le docteur Guesdon.

« Voici l'état-civil de mon mari : Dornon Jules, âgé de..., né à....., le....., fils de..... et de....., marié à....., le....., avec...., ...enfants, ... profession.

« Nous demeurons dans la commune depuis notre mariage. »

Lecture faite a persisté et déclaré ne savoir signer.

Le Garde champêtre,
REDON.

Avons entendu ensuite le sieur Dumay, Joseph, 32 ans, cultivateur, demeurant dans la commune, qui nous a déclaré :

« Je suis voisin des époux Dornon et j'ai pu voir depuis plusieurs jours que le mari est réellement atteint de folie. Quand il est seul, il pousse des cris qui épouvantent le voisinage et se montre à la fenêtre avec un couteau à la main. Son placement s'impose d'urgence, pour sa sécurité et celle du voisinage. »

Et a signé après lecture.

Le Garde champêtre,
REDON.

(Entendre d'autres témoins s'il y a lieu.)

Le même jour,

Vu ce qui précède,

Vu le certificat de M. le docteur Guesdon et les renseignements recueillis,

Attendu que le nommé Dornon paraît réellement atteint d'aliénation mentale et qu'il y aurait danger à le laisser dans son domicile, sa femme ne pouvant le surveiller,

Estimons qu'il y a lieu de le faire admettre dans un asile d'aliénés, aux fins d'examen et de placement définitif s'il en est besoin,

Et transmettons à cet effet la présente enquête et le certificat médical à M. le Maire de Landigou.

Le Garde champêtre,
REDON.

NOTA. — Cette formule peut être employée par les Commissaires de police.

DÉPARTEMENT
DE L'ORNE
—
Commissariat de Police
DE FLERS
—
Procès-Verbal
N° *226* (1)
—

Attentat à la pudeur avec violences.
—

Affaire contre **Rinmot,** *Alcide.*
(Arrêté)
—

Déclaration de la dame **Ultin.**
—

Quatre scellés.
—

Attentat à la Pudeur.

———

PROCÈS-VERBAL N° 1 (1)

L'an mil neuf cent deux, le premier avril à deux heures de relevée,

Devant Nous, **Eugène Rehcral**, Commissaire de Police de la Ville de Flers, Officier de Police Judiciaire, auxiliaire de Monsieur le Procureur de la République,

S'est présentée la dame **Ultin**, née Louise Bonnet, 40 ans, ouvrière tisserande, demeurant rue de Belfort, 14,

Qui nous a dit :

« Je vous conduis ma fille Berthe, âgée de dix ans, qui vient d'être victime d'un attentat à la pudeur.

« A son retour de l'école, à midi, elle était triste et en larmes. Comme elle rentre d'habitude à 11 h. 1/2, je l'ai questionnée sur son retard et sur les motifs de son chagrin. Elle m'a dit qu'un individu l'avait attirée dans un massif du jardin public et lui avait fait des attouchements obscènes. J'ai examiné mon enfant et remarqué qu'elle avait été l'objet de violences graves aux parties sexuelles. Je vous laisse d'ailleurs le soin de l'entendre. »

Lecture faite a persisté et signé,

ULTIN.

Le Commissaire de Police,

REHCRAL.

Déclaration de la jeune **Ultin**, *Berthe.*
—

Nous avons entendu en présence de sa mère la jeune **Ultin**, Berthe, âgée de dix ans, étant née le 22 septembre 1901 à Flers, et demeurant chez ses

———

(1) Le numéro en marge est celui du répertoire, car tout procès-verbal doit être enregistré avec analyse sommaire sur un registre appelé répertoire ; le numéro en tête indique le rang qu'a le procès-verbal dans la procédure.

parents rue de Belfort, qui nous a fait la déclaration suivante :

« En revenant de classe et en traversant le champ de foire, j'ai rencontré un homme qui m'a dit qu'il me donnerait une belle image si je voulais aller avec lui dans le jardin public. Je l'ai suivi et m'a conduite derrière un massif, dans un coin où il n'y avait personne. Là, il m'a fait voir une vilaine image. J'ai voulu m'en aller de suite, mais il m'a retenue par mes jupes et m'a fait asseoir sur ses genoux puis... (Continuer avec les plus grands ménagements ; ne se servir de termes obscènes qu'autant qu'ils sont indispensables pour l'intelligence des faits et rapporter les expressions employées par l'enfant).

« J'avais déjà vu cet homme plusieurs fois dans le champ de foire, mais je ne sais pas son nom ni où il demeure. Je le reconnaîtrais bien si je le voyais. Il est vieux, il a beaucoup de barbe et est mal habillé. Je crois bien l'avoir vu parler à d'autres petites filles. »

Lecture faite, la mère et l'enfant ont signé avec nous.

Le Commissaire de Police,

REHCRAL.

Saisie de la chemise et du pantalon de la victime.

Sur notre demande, la dame **Ultin** nous a remis la chemise et le pantalon que portait sa fille au moment de l'attentat. Nous avons constaté avec elle que ce linge portait des traces suspectes paraissant provenir d'émissions spermatiques et sanguines.

Le Commissaire de Police,

REHCRAL.

Recherches de l'inculpé.

Sans désemparer, nous nous sommes mis à la reche de l'individu signalé.

À 4 heures du soir, au moment de la sortie des écoles, nous avons aperçu sur le champ de foire, un individu répondant au signalement indiqué. La jeune **Ultin**, que nous avions fait tenir près de nous, l'a reconnu sans hésitation. Nous avons immédiatement

Arrestation de l'inculpé.

arrêté cet individu et l'avons fait conduire à notre

Fouille de l'inculpé.

bureau par l'agent en bourgeois qui nous assistait. Fouillé il a été trouvé porteur de deux photographies obscènes que nous avons saisies et de quelques autres objets qui ne méritent pas mention. Il nous a dit se nommer **Rinmot** Alcide et demeurer rue de Domfront, 312. Nous l'avons placé sous l'escorte de deux agents et fait conduire à son domicile, où nous nous sommes rendu nous-même aux fins de perquisition en sa présence. L'habitation du dit **Rinmot** n'est composée que d'une chambre au rez-de-chaussée donnant sur un couloir étroit et prenant jour sur la rue. Elle est meublée sordidement : lit garni de hardes, vieille armoire, quelques chaises et une table en mauvais état; les murs sont tapissés de gravures de fillettes découpées dans des journaux de modes ou illustrés. Dans le tiroir de la table, nous avons découvert et saisi trois photographies obscènes, semblables à celles trouvées sur l'inculpé. Nous avons invité ensuite celui-ci à changer la chemise et le caleçon qu'il avait sur lui. Ce linge, que nous avons saisi, portait les mêmes taches suspectes que celui de la jeune **Ultin**.

Le Commissaire de Police,
REHCRAL.

De retour à notre bureau nous avons dans l'ordre suivant placé sous scellés les objets saisis devant servir de pièces à conviction :

Scellé n° 1. — La chemise et le pantalon que portait la jeune **Ultin** au moment de l'attentat dont elle a été victime, et sur lesquels il existe des taches suspectes :

Scellé n° 2. Les deux photographies obscènes trouvées sur l'inculpé au moment de son arrestation;

Scellé n° 3. — Les trois photographies obscènes saisies dans le domicile de l'inculpé ;

Scellé n° 4. — La chemise et le caleçon que portait l'inculpé au moment de son arrestation et qui présentent des taches suspectes.

Le Commissaire de Police,
REHCRAL.

Enquête.
—

Ayant fait des recherches nous avons appris que les enfants ci-après avaient été aussi victimes d'attentat ou de tentatives d'attentat à la pudeur de la part du nommé **Rinmot** :

Déclarations des jeunes **Bouillon, Détroit** *et* **Bartaud.**
—

1° **Bouillon**, Marguerite, 9 ans ;
2° **Détroit**, Alice, 10 ans ;
3° **Bartaud**, Emma, 8 ans.

Ces enfants ont été en présence de leurs mères entendues par procès-verbaux séparés et portant les numéros 2, 3 et 4.

Le Commissaire de Police,
Rehcral.

Mise au violon de l'inculpé.

Vu l'heure avancée, avons **consigné** au violon pour y être tenu à notre disposition le nommé **Rinmot**.

Le Commissaire de Police,
Rehcral.

Interrogatoire de l'inculpé.
—

Et le deux avril au dit an,
Avons fait comparaître l'inculpé et procédé à son interrogatoire par acte séparé, joint au présent et portant le n° 5.

Le Commissaire de police,
Rehcral.

Confrontation de l'inculpé avec ses victimes.
—

Vu les dénégations de l'inculpé,
Avons mis ce dernier en présence des enfants susdésignés. Le résultat de cette confrontation a été consigné dans notre procès-verbal n° 6 et joint au présent.

Le Commissaire de Police,
Rehcral.

Conclusions.
—

Nous commissaire de police,
Vu ce qui précède,
Attendu que la culpabilité du nommé **Rinmot** Alcide, est suffisamment établie,
Vu l'article 331 du Code pénal,
Disons que le dit **Rinmot** sera maintenu en état d'arrestation et conduit devant M. le Procureur de la

<table>
<tr><td>Envoi de l'in-
culpé au Parquet.
—</td><td>République de Domfront et que la présente procé-
dure, composé de six procès-verbaux, y compris le
présent, le suivra ;</td></tr>
</table>

Et faisons en même temps déposer au greffe du Tribunal les pièces à conviction placées sous quatre scellés.

Le Commissaire de Police,

REHGRAL.

Nota. — Le présent procès-verbal est l'acte initial, qui relate avec leurs numéros, tous les procès-verbaux composant la procédure et devant ne former qu'un tout. Nous croyons inutile de donner des formules pour les actes numéros 2, 3, 4, 5 et 6. Nos indications sont suffisamment compréhensibles.

DÉPARTEMENT

du

DOUBS

—

Commissariat de Police

de

PONTARLIER

—

N° 226

—

Coups et blessures

—

Affaire contre :

1° **Semence**, Victor ;

2° **Onattos**, Pierre, (libres).

—

Un certificat médical joint.

—

Déclaration de **M. Nord**.

—

Coups et Blessures.

———

PROCÈS-VERBAL N° 1

L'an mil neuf cent deux, le quatre juin, à neuf heures du matin,

Nous, Arthur **Quitan**, commissaire, etc.,

Informé qu'un individu avait été blessé hier soir dans une rixe et transporté ensuite dans son domicile, rue des Douets, 42,

Nous sommes rendu à cette adresse où nous avons trouvé alité le blessé en question, qui nous a fait la déclaration suivante :

« Je me nomme **Nord**, Ernest, âgé de 25 ans, contre-maître d'usine, et je demeure rue des Douets, n° 42.

« J'ai passé la soirée hier au bal de la Boule Noire, sans discussion ni incident.

« J'ai quitté le bal à onze heures, à la fermeture, et me suis dirigé seul vers mon domicile.

« En arrivant rue de Paris, devant l'imprimerie du *Journal de Boujailles*, j'ai été accosté par deux individus qui ont soudain surgi de l'obscurité.

« L'un, de haute taille et de très forte corpulence, à la figure rubiconde et portant lorgnon, m'a reproché d'avoir eu des assiduités et des prévenances excessives vis-à-vis de la demoiselle Gibey.

« J'ai, en effet, fait quelques danses avec cette demoiselle, loin de supposer que cela pût déplaire à quelqu'un.

« Je n'avais pas fini de me justifier vis-à-vis de mon interlocuteur, dont l'état de surexcitation était visible et ne me laissait pas sans inquiétude, qu'il m'a saisi à la gorge avec les deux mains, me disant que j'allais passer un mauvais quart d'heure. D'un violent effort en arrière, j'ai pu me dégager et me mettre sur la défensive. Aussitôt les deux individus se sont jetés ensemble sur moi, m'ont terrassé et porté des coups.

Sans l'arrivée de mes amis Ennerom et Divad, qui les ont mis en fuite, ils m'auraient fait un mauvais parti.

« Mes amis, qui m'ont reconduit chez moi, pourront je crois vous donner quelques renseignements, autant sur la façon brutale dont j'ai été attaqué et frappé que sur la personnalité de mes agresseurs.

« En dehors des blessures que j'ai à la figure, je ressens de violentes douleurs internes.

« J'ai fait avertir mon docteur, M. Yver, et dès qu'il m'aura visité, je vous remettrai un certificat des blessures qu'il aura constatées. »

Et après lecture, a persisté et signé,

NORD.

Le Commissaire de Police,
QUITAN.

Constatations.

Nous avons examiné ensuite M. Nord et remarqué qu'il portait au front quatre blessures, profondes de quatre millimètres, l'une sur l'arcade sourcilière gauche, deux sur le milieu du front et la quatrième au sommet. Elles étaient espacées de 2 centimètres et demi et formaient une ligne perpendiculaire partant de la naissance du cuir chevelu à l'arcade sourcilière. Elles paraissaient avoir été produites par un instrument à pointes, vraisemblablement par un coup de poing américain.

Nous avons également constaté une large ecchymose sur le côté gauche du nez et plusieurs égratignures d'ongles au cou, au niveau du larynx.

M. Nord nous a ensuite montré les effets qu'il avait hier soir. Nous avons constaté que le col de la chemise était déchiré et ensanglanté et que les autres effets étaient maculés de poussière. Nous avons saisi la chemise comme pièce à conviction et l'avons placée sous le scellé no 1.

Scellé no 1.

Le Commissaire de Police,
QUITAN.

PROCÈS-VERBAL N° 2

L'an.... le.... à.... heures,
Nous, etc....
Vu notre premier procès-verbal,
Avons entendu **M. Ennerom**, Aristide, âgé de
22 ans, photographe, demeurant rue du Poteau, 22,
Qui nous a dit :

Déclaration de
M. Ennerom.
—

« En passant un peu après onze heures sur la place
de la Liberté, avec mon camarade Divad, nous avons
entendu un bruit de lutte mêlé de plaintes. Nous nous
sommes approchés et avons remarqué, à la lueur d'un
bec de gaz, deux individus qui en frappaient un autre
couché à terre. En nous apercevant les deux premiers
sont partis, mais nous avons pu les reconnaître, ce
sont les nommés Onattos et Semence, demeurant dans
le garni tenu par les femmes Lerouge et situé rue de
l'Horloge. Nous avons relevé le troisième, la victime,
et reconnu que c'était M. Nord, notre ami, et l'avons
conduit chez lui.

« J'ai trouvé sur l'emplacement de la lutte un coup
de poing américain que je vous dépose.

« Le signalement que vous a donné M. Nord se
rapporte bien à M. Semence. »

Et a signé après lecture,

ENNEROM.

Le Commissaire de Police,

QUITAN.

Scellé n° 2.
—

Nous avons saisi et placé sous scellé n° 2 le coup
de poing américain déposé par M. Ennerom.

Le Commissaire de Police,

QUITAN.

PROCÈS-VERBAL N° 3

L'an.... le.... à....
Nous,
Vu nos procès-verbaux n°s 1 et 2,
Avons entendu **M. Divad**, Léon, 23 ans, comptable,
demeurant rue des Trois-Frères, n° 8,

Déclaration de
M. Divad.
—

Qui nous a déclaré :

« Je confirme en tous points la déclaration que vient de vous faire mon ami Ennerom et j'ajoute que, comme lui, j'ai reconnu les nommés Onattos et Semence quand ils se sauvaient. »

Lecture faite a persisté et signé,

DIVAD.

Le Commissaire de Police,

QUITAN.

PROCÈS-VERBAL. N° 4

L'an.... le.... à....

Nous,

Vu nos précédents procès-verbaux,

Avons entendu la demoiselle **Gibey**, Maria, 19 ans, modiste, demeurant rue du Sentier, 22,

Qui a dit :

« Je connais M. Semence depuis quelques mois, j'ai toujours refusé d'entrer en relations avec lui, malgré l'empressement obséquieux dont il ne cesse de m'entourer.

« Hier soir, au bal, il est venu m'inviter pour la première danse. Comme j'avais déjà promis à M. Nord je l'ai remercié. Pendant le reste de la soirée son mécontentement était visible. A dix heures je me suis retirée. J'ai été immédiatement rejointe par M. Semence qui m'a fait voir un coup de poing américain, en me disant : « C'est avec cela que je vais arranger votre gentil cavalier ce soir. » Si j'avais supposé qu'il mit son projet à exécution, j'eusse prévenu M. Nord.

« L'instrument que vous me représentez est bien celui que M. Semence m'a fait voir hier soir. »

Et a signé après lecture,

GIBEY.

Le Commissaire de Police,

QUITAN.

Déclaration de la demoiselle Gibey.

PROCÈS-VERBAL N° 5

Interrogatoire du
nommé **Onattos**.
—

L'an.... le.... à....

Avons fait comparaître le nommé Onattos et l'avons interrogé comme suit :

D. — Votre état civil ?

R. — **Onattos**, Pierre, etc. (état civil complet).

D. — Avez-vous déjà eu affaire en justice ?

R. — Non.

D. — Votre situation militaire ?

R. — Classe... n°... de tirage dans le canton de..., affecté au recrutement de...

D. — Quels sont vos moyens d'existence ?

R. — Je n'en ai pas d'autres que le produit de mon travail, qui me rapporte 5 francs par jour. Je suis comptable à l'usine Pernod depuis deux ans.

D. — Vous êtes inculpé de coups et blessures sur la personne de M. Nord, Ernest

Hier soir, un peu après onze heures, vous l'avez assailli au moment où il passait tranquillement, rue de Paris.

Dites-nous ce qui s'est passé.

R. — Je ne suis pour rien dans cette affaire. Je me trouvais avec mon camarade Semence, quand celui-ci apercevant **M.** Nord rue de Paris, alla lui demander des explications. Une rixe s'en suivit aussitôt, mais je n'y ai pas pris part.

(Lui demander s'il était au bal, ce qu'il y a remarqué, ce que le sieur Semence lui a communiqué, etc.)

Et a signé après lecture.

ONATTOS.

Le Commissaire de Police,
QUITAN.

PROCÈS-VERBAL N° 6

L'an, etc.,

Nous, etc.,

Vu nos précédents procès-verbaux,

Avons fait comparaître le nommé Semence et l'avons ainsi qu'il suit interrogé :

D. — Votre individualité ?

R. — **Semence** (état civil complet).

Lui poser les mêmes questions au sujet de son individualité, de sa situation militaire, de ses antécédents judiciaires et de ses moyens d'existence.

D. — Nous vous donnons lecture des déclarations qui précèdent. Qu'avez-vous à y répondre ?

R. — *(Rapporter sa réponse et si elle est en contradiction avec les déclarations du plaignant, des témoins et de son co-inculpé Onattos, le confronter avec ces derniers. Etablir dans tous les cas par une confrontation le rôle exact de Onattos, en raison de ses dénégations.)*

Le Commissaire de Police,

QUITAN.

PROCÈS-VERBAL N° 7

Conclusions.
—

L'an..., le...

Nous, etc.,

Vu ce qui précède et le certificat médical que nous a fait parvenir M. Nord et duquel il résulte que les blessures du plaignant entraîneront un incapacité de travail de quinze jours,

Attendu qu'il résulte à la charge des nommés **Onattos** et **Semence**, suffisante inculpation de coups et blessures volontaires, délit prévu et puni par l'article 311 du Code pénal,

Mais attendu que les inculpés ont un domicile certain et des moyens d'existence réguliers, les avons laissés libres, à la charge par eux de se représenter à toute réquisition de justice.

Et avons clos notre procédure, composée de sept procès-verbaux, y compris le présent, pour être transmise, avec le certificat médical et les deux scellés, à M. le Procureur de la République, aux fins qu'il appartiendra.

Le Commissaire de Police,

QUITAN.

Enquête de commodo et incommodo.

L'an mil neuf cent un, le onze février,

Nous, Louis **Brunet**, Commissaire de police, etc ,

Vu la lettre de M. le Maire de Flers nous invitant à procéder à une enquête de commodo et incommodo relativement à une demande faite par **M. Furon** à l'effet d'être autorisé à établir un équarrissage au hameau de Rebion, commune de Flers,

Nous sommes transporté sur les lieux, où étant, nous avons constaté que le plan ci-joint était conforme à l'emplacement indiqué, ce que nous avons certifié en visant le dit plan.

Le Commissaire de Police.

BRUNET.

Et le douze du même mois,

Avons averti les sieurs :

1° X.

Etc...

tous propriétaires ou locataires à bail de terrains bornant l'établissement de **M. Furon**, d'avoir à se présenter dans les dix jours à notre bureau pour y faire valoir leurs motifs d'opposition contre l'établissement projeté, les prévenant que leur silence sera, par nous, considéré comme une adhésion.

Le Commissaire de Police,

BRUNET.

Monsieur.

Modèle de la lettre à écrire.

J'ai l'honneur de vous avertir qu'une enquête de commodo et incommodo est ouverte dans mon bureau, au sujet d'une demande de **M. Furon** qui sollicite l'autorisation d'établir un équarrissage au hameau de Rebion.

Je vous prie de vouloir bien me faire parvenir verbalement ou par écrit, du 14 au 24 de ce mois, les observations que vous pourriez avoir à présenter contre l'établissement projeté.

Votre silence sera considéré comme une adhésion.

Veuillez agréer, Monsieur, l'assurance de ma considération distinguée.

Le Commissaire de Police,
BRUNET.

Et le vingt-cinq du même mois,

Attendu que le délai de dix jours est expiré et qu'il ne nous est parvenu aucune opposition,

Attendu d'ailleurs que l'emplacement choisi nous paraît réunir toutes les conditions désirables au point de vue de l'hygiène.

Estimons qu'il y a lieu d'accorder au sieur **Furon** l'autorisation qu'il sollicite,

Et avons clos le présent qui sera transmis à M. le le Maire, avec la demande de **M. Furon** et un plan de son établissement.

Le Commissaire de Police,
BRUNET.

RÉPUBLIQUE FRANÇAISE

—

VILLE

de

—

Commissariat de Police

—

N° 227.

Fabrication et émission de fausse monnaie.

—

Affaire contre :
1° **Ereimel**, *Louis.*
2° **Sigrol**, *Arthur.*
3° **Carré**, *Eugénie.*
4° **Randon**, *Julie.*
(*arrêtés*)

—

Six scellés

—

Arrestation des inculpés.

—

Fausse monnaie.

PROCÈS-VERBAL N° 1

L'an....., le...... à..... heures.....,

Nous, Alfred **Nad**, commissaire de police, etc.

Étant de service au champ de courses, M. **Mézeray**. tenant une buvette sur la pelouse, nous a informé qu'il venait de recevoir, en paiement d'une consommation, une pièce de 2 francs fausse et qu'en raison du départ précipité de son client, après avoir reçu sa monnaie, il soupçonnait avoir eu affaire à un professionnel de l'émission et peut-être aussi de la fabrication de fausse monnaie. **M. Mézeray** ayant ajouté qu'il le reconnaîtrait, nous l'avons prié de le rechercher dans la foule. Presque immédiatement il l'a aperçu et nous l'a désigné. Après avoir dit à **M. Mézeray** de se retirer, nous avons surveillé étroitement l'individu en question et l'avons vu prendre des consommations dans les buvettes **Gallot** et **Lecornu** du pesage et des tribunes et toujours payer avec des pièces de 2 francs. Les courses terminées, cet individu en a rejoint un autre auquel il avait parlé discrètement dans l'enceinte du pesage pendant que nous le surveillions. Nous avons suivi ces deux individus et les avons vus entrer à l'hôtel du Petit-Chêne et monter directement dans les chambres. **M. Vopré**, propriétaire dudit hôtel, nous a appris que ces individus étaient arrivés la veille avec deux femmes, qu'ils occupaient une chambre à deux lits et que les femmes n'avaient pas quitté l'hôtel pendant la journée.

Assisté de deux agents et de deux gendarmes, dont nous nous étions préalablement assuré le concours, nous sommes monté, ceint de notre écharpe, dans la chambre n° 13 occupée par ces individus. Nous avons frappé à la porte, mais ayant entendu des chuchotements nous l'avons ouverte avant que l'on nous eût dit d'entrer. Nous avons trouvé, groupés dans la chambre, deux hommes et deux femmes auxquels nous avons décliné notre qualité, déjà apparente par nos insignes, et fait connaître l'objet de notre intervention.

Immédiatement séparés par nos soins, ils ont dit se nommer :

1° **Ereimel**, Louis ;

2° **Sigrol**, Arthur ;

3° **Carré**, Eugénie ;

4° **Raffin**, Marie ;

Interpellés, ils ont déclaré qu'ils ne comprenaient rien à ce qui leur arrivait et ont tous protesté de leur innocence.

Perquisition

Nous avons pratiqué en vain et en leur présence une perquisition minutieuse dans leur chambre, puis nous les avons fait conduire à notre commissariat par la force publique qui nous assistait.

Chemin faisant, nous nous tenions à proximité d'eux, autant pour empêcher une évasion ou réprimer une rébellion que pour surveiller leurs gestes pendant le parcours.

Fouille des inculpés.

Fouillé, en arrivant au commissariat, le nommé **Ereimel**, celui désigné par **M. Mézeray**, a été trouvé porteur d'un porte-monnaie contenant une petite clé et 50 francs en pièces de 10 francs, dont aucune ne nous a paru fausse, et de 30 pièces de 2 francs paraissant fausses, qui étaient dans ses poches de gilet.

Scellé n° 1

Nous avons saisi le porte-monnaie et son contenu et en avons formé le scellé n° 1.

Scellé n° 2

Nous avons aussi saisi pour en former le scellé n° 2 les trente pièces de 2 francs fausses, que nous avons placées dans une enveloppe ouverte à laquelle nous avons adopté une étiquette indicative.

Le nommé **Sigrol**, fouillé à son tour, n'avait sur lui ni argent ni objets susceptibles d'être saisis.

Les femmes **Carré** et **Raffin** ont été fouillées par les soins de la dame **Dramah**, concierge de la mairie, requise par nous à cet effet. La nommée **Carré** n'avait rien sur elle, mais il a été trouvé sur la nommée **Raffin** un bulletin de naissance au nom de **Randon**, Julie, qu'elle avait caché dans son corsage.

Vu l'heure avancée,

Avons consigné à notre disposition et séparément les quatre individus arrêtés,

Le Commissaire de police,

Déclarations de
**MM. Mezeray,
Gallot** *et* **Lecornu.**
—

Et le (lendemain), du même mois.

Nous avons entendu par procès-verbal séparé, joint au présent et portant le nᵒ 2, **MM. Mézeray, Gallot** et **Lecornu.**

Nous avons ensuite placé sous scellés et dans l'ordre suivant les pièces déposées par les témoins ci-dessus :

Scellé nᵒ 3.
—

SCELLÉ Nᵒ 3. — Une pièce fausse de 2 francs reçue et déposée par **M. Mézeray.**

Scellé nᵒ 4.
—

SCELLÉ Nᵒ 4. — Trois pièces fausses de 2 francs que **M. Gallot** a trouvées dans sa caisse après les courses.

Scellé nᵒ 5.
—

SCELLÉ Nᵒ 5. — Dix pièces de 2 francs fausses que **M. Lecornu** a reçues hier dans sa buvette aux courses.

Le Commissaire de police,

Constatations.
—

Nous avons constaté que la pièce reçue par **M. Mézeray** du nommé **Ereimel** était à l'effigie de la semeuse de Roty et au millésime de 1901. Elle était grasse au toucher, elle sonnait faux et son diamètre était plus grand d'un millimètre que celui des pièces légales.

Nous avons de même constaté que les pièces trouvées sur le nommé **Ereimel** et celles reçues par **MM. Gallot** et **Lecornu** étaient semblables à celle décrite ci-dessus.

Le Commissaire de police,

Confrontation.
—

Nous avons ensuite mis les nommés **Ereimel** et **Sigrol** en présence de **MM. Mézeray, Gallot** et **Lecornu** et, de cette confrontation il est résulté ce qui suit :

M. Mézeray a dit :

« L'individu ici présent, qui dit se nommer **Erei-**

mel, est bien celui qui, hier aux courses, m'a donné, en paiement d'une consommation, la pièce fausse que je vous ai remise. Je ne connais pas l'autre. »

Le nommé **Ereimel** a répondu :

« Ce monsieur se trompe ; je ne répondrai pas autre chose ici. »

MM. **Gallot** et **Lecornu** ont déclaré ne reconnaître aucun des individus mis en leur présence.

Et après lecture, chacun a signé pour ce qui le concerne.

Signatures,　　　　*Le Commissaire de police,*

Interrogatoire des inculpés.
—

Par procès-verbaux séparés, joints au présent et portant les nᵒˢ 3, 4, 5 et 6, nous avons interrogé les inculpés.

Le Commissaire de police,

Dénonciation faite par la nommée **Randon**, *Julie.*
—

Vu l'interrogatoire de la nommée **Randon**, Julie, dite **Raffin** (pr. ver. nᵒ 6),

Avons fait fouiller de nouveau la nommée **Carré** par la dame **Dramah**. Cette opération a amené la découverte dans la coiffure de la nommée **Carré** d'un bulletin de bagages au nom de **Ereimel** mentionnant un colis en consigne à la gare de cette ville.

Muni de ce bulletin, nous nous sommes rendu à la gare d'où nous avons retiré le colis en question, composé d'une petite malle fermée à clé que nous avons fait transporter à notre bureau. En présence du nommé **Ereimel**, nous avons constaté que la clé trouvée dans le porte-monnaie de ce dernier (scellé nᵒ 1) ouvrait la malle et que celle-ci contenait :

Un moule en plâtre consolidé avec des petites plaquettes de bois et paraissant avoir servi à la fonte de pièces de 2 francs.

Un petit sac de plâtre fin, des lingots de plomb, de zinc, d'étain, de cuivre, de nickel, d'antimoine et de maillechor.

Scellé n° 6.

—

Nous avons saisi cette malle et son contenu et en avons formé le scellé n° 6.

Le Commissaire de police,

Nouvel interrogatoire des inculpés.

—

Par acte séparé et portant le n° 7, nous avons reçu les explications des inculpés au sujet de la découverte de la malle.

Le Commissaire de police,

Conclusions.

—

Vu ce qui précède,

Attendu en ce qui concerne les nommés **Ereimel** et **Sigrol** qu'ils sont suffisamment inculpés de fabrication et d'émission de fausse monnaie ;

Attendu en ce qui concerne les nommées **Carré** et **Randon** qu'elles paraissent être complices de ces mêmes crimes ;

Vu l'article 132 du Code pénal,

Disons que ces quatre individus seront conduits en état de mandat d'amener devant M. le Procureur de la République et que notre procédure, composée de sept procès-verbaux y compris le présent, les suivra ;

Et faisons en même temps déposer au greffe du Tribunal civil, comme pièces de conviction, les objets saisis et placés sous six scellés.

Le Commissaire de police,

RÉPUBLIQUE FRANÇAISE

—

VILLE

de ....

—

Commissariat de Police

—

N° ....

Déclaration de
**MM. Mézeray,
Gallot** *et* **Lecornu.**

—

PROCÈS-VERBAL N° 2.

L'an ....., le ....., à ....,
Nous, etc.

Vu l'affaire suivie contre les nommés **Ereimel** et autres,

Avons entendu :

1° **M Mézeray**, etc.

(Il dira qu'il a reçu la pièce de 2 francs, qu'il a reconnue fausse et qu'il nous a prévenu)

Et a signé après lecture.

Le Commissaire de police,

2º **M. Gallot**, etc.

Qui a dit :

« Sur votre demande, j'ai vérifié ma caisse hier soir après les courses et constaté que j'avais reçu trois pièces fausses de 2 francs, je vous dépose ces pièces. »

Et a signé après lecture.

Le Commissaire de police,

3º **M. Lecornu**, etc.

(Déclaration analogue et dépôt des dix pièces de 2 francs fausses.)

Le Commissaire de police,

PROCÈS-VERBAL Nº 3.

N°
—
Interrogatoire du nommé **Erei-mel.**

L'an....., le....., à....,

Nous, etc.

Vu l'affaire suivie contre les nommés, etc.

Avons fait comparaître le nommé **Ereimel** et l'avons interrogé comme suit :

D. — Votre état-civil?

R. — (Etat-civil complet. Situation militaire, condamnations et moyens d'existence.)

D. — Depuis quand connaissez-vous les individus arrêtés avec vous?

R. — La nommée **Carré** est ma maîtresse depuis un an; je connais **Sigrol** depuis six mois et la nommée **Raffin**, sa maîtresse, depuis quelques jours seulement.

D. — Quelle est la raison qui vous a fait venir dans cette ville?

R. — Pour assister aux courses seulement.

D. — Vous avez hier donné aux buvettes du champ de courses plusieurs pièces de 2 francs fausses.

R. — Je ne savais pas qu'elles étaient fausses. J'ai changé un billet de 100 francs hier avant d'aller aux courses, dans un café de la ville. C'est la monnaie qu'on m'a rendue qui m'a servi à payer mes consommations.

D. — Il a été trouvé sur vous, dans vos poches de gilet, trente pièces de 2 francs fausses, alors que l'autre monnaie, en pièces légales, se trouvait dans votre porte-monnaie?

R. — Je mets toujours les pièces blanches dans mes poches de gilet.

Lecture faite, a persisté dans ses réponses et a signé.

Le Commissaire de police,

PROCÈS-VERBAL N° 4.

N°
—

*Interrogatoire
du nommé* Sigrol.
—

L'an....., le...., à......
Nous...
Vu l'affaire suivie contre etc.,
Avons ainsi qu'il suit procédé à l'interrogatoire du nommé **Sigrol** :

D. — Votre état-civil?

R. — (État-civil complet.) Par questions séparées, lui demander sa situation militaire, s'il a déjà eu affaire en justice et ses moyens d'existence).

D. — Que faisiez-vous sur le champ de courses hier?

R. — Je pariais.

D. — Au moment de votre arrestation, vous étiez sans argent?

R. — J'ai tout perdu aux courses.

D. — Vous dites demeurer à Paris dans le même hôtel que votre camarade **Ereimel**, alors vous savez qu'il fabrique ou qu'il émet de la fausse monnaie?

R. — J'ignore cela.

(Toujours demander depuis quand et comment il s'est mis en relation avec les autres inculpés et enfin poursuivre l'interrogatoire de manière à ne rien laisser d'obscur).

Le Commissaire de police,

PROCÈS-VERBAL N° 5.

L'an, etc.

Vu l'affaire suivie contre, etc.,

Avons interrogé la nommée **Carré**.

(Même interrogatoire au point de vue de l'état-civil, des condamnations antérieures, des moyens d'existence, des relations avec tous les inculpés et de la connaissance qu'elle pouvait avoir de leurs agissements)

N°
Interrogatoire
de la
nommée Carré.

PROCÈS-VERBAL N° 6.

L'an...,

Vu la procédure suivie contre, etc.,

Avons procédé de la manière suivante à l'interrogatoire de la nommée **Raffin** :

D. — Votre état-civil ?

L'inculpée s'est mise à sangloter et s'est caché le visage dans son mouchoir, sans nous répondre.

Nous lui avons représenté que la loi l'exemptait de peine si, avant toute poursuite, elle révélait les coupables du crime de fabrication ou d'émission de fausse monnaie.

Elle a aussitôt déclaré :

« Je me nomme **Randon**, Julie, etc. (état-civil complet).

« Je n'ai pas donné mon véritable nom tout d'abord pour ne pas mettre en peine ma famille.

« Il y a huit jours j'ai fait la rencontre au bal de l'Elysée-Montmartre du nommé **Sigrol**. J'étais sans travail et j'ai accepté de vivre avec lui.

« Dans l'hôtel où il m'a emmenée, demeurait aussi **Ereimel** avec sa maîtresse, la nommée **Carré**.

N°
Interrogatoire
de la nommée
Randon, Julie.

« Etonnée de ne pas les voir travailler, j'en ai fait l'observation à mon amant qui m'a avoué que, de complicité avec **Ereimel**, il faisait de la fausse monnaie dans la chambre de ce dernier. Tous les matins, en effet, mon amant passait deux heures chez son camarade et l'après-midi, tous les deux allaient en ville pour écouler le produit de leur fabrication.

« Ils ont décidé d'aller à Granville quelques jours et d'assister aux courses de Flers en passant. Ils ont réunis dans une malle tous les instruments et matières nécessaires à la fabrication de la fausse monnaie. Cette malle est en consigne à la gare. La maîtresse d'**Ereimel** a le bulletin de bagages dans sa coiffure. **Ereimel** et **Sigrol** voulaient essayer la fabrication des pièces d'or à Granville. »

Lecture faite a persisté et signé avec nous.

Le Commissaire de police,

PROCÈS-VERBAL N° 7.

N°
—
Aveux
des inculpés.
—

L'an....., le..... à..... heures,

Nous...,

Vu l'affaire suivie, etc.,

Vu notamment l'interrogatoire de la fille **Randon**,

Avons de nouveau fait comparaître les inculpés et les avons successivement et séparément interrogés sur les nouvelles charges recueillies contre eux.

Le nommé **Ereimel** a dit :

« Je ne puis nier l'évidence. Je reconnais avoir, de complicité avec **Sigrol**, fabriqué des pièces fausses de deux francs. Ma maîtresse n'ignorait rien puisque le travail se faisait sous ses yeux, dans notre chambre. »

Le nommé **Sigrol** a déclaré :

(Recevoir ses aveux ou ses dénégations. Recevoir également la déclaration de la femme **Carré**).

« En cas de contradiction les confronter entre eux. »

Et après lecture, chacun a signé pour ce qui le concerne.

Le Commissaire de police,

Filouterie.

L'an....., le

Devant nous, X....., garde champêtre de la commune de....., etc.

S'est présentée la dame......., débitante, demeurant ....

Qui nous a déclaré :

« Vers onze heures, ce matin, un individu s'est présenté dans mon établissement, s'y est attablé et s'est fait servir :

« Une absinthe, un ragout, un rôti, un légume, une salade, un café avec eau-de-vie, et une bouteille de vin. Le prix de la dépense est de 3 francs.

« Après avoir déjeuné, il m'a fait appeler et m'a dit que je pouvais le faire arrêter si je le voulais, parce qu'il n'avait pas d'argent.

« Depuis peu de temps, j'ai été victime deux fois de filouterie du même genre, c'est pourquoi je porte plainte aujourd'hui. »

Et a signé après lecture.

Le Garde champêtre,

Cette déclaration achevée, nous nous sommes transporté dans l'établissement de la dame ....., où nous avons trouvé, gardé par un garçon, l'individu signalé. Interpellé, il a déclaré être sans argent pour payer sa dépense.

Nous l'avons appréhendé et conduit à la Mairie. Fouillé, cet individu n'avait ni argent, ni papiers.

Interrogé, il a répondu :

« Je me nomme (état civil complet) et je n'ai pas de domicile depuis trois mois (Indiquer sa situation militaire s'il est âgé de vingt-un à quarante-cinq ans).

« J'ai été condamné bien des fois pour filouterie, mendicité et vagabondage.

« Je reconnais qu'en me faisant servir à déjeuner, je savais être dans l'impossibilité de payer. J'espérais

cependant que l'on se contenterait de me mettre à la
porte, comme on me l'a fait déjà maintes fois, et qu'on
ne m'arrêterait pas.

« Depuis trois mois que je suis sorti de prison, je
n'ai pas trouvé d'ouvrage, et comme je n'avais qu'un
maigre pécule (2 francs), j'ai vécu d'aumônes depuis. »

Et a signé après lecture.

Le Garde champêtre.

Conclusions.

Attendu qu'il résulte de ce qui précède, que le
nommé .... est suffisamment inculpé de filouterie
d'aliments et de vagabondage, délits prévus et punis
par les articles 401, 269, 270 et 271 du Code pénal.

Disons que cet individu sera remis entre les mains
de la gendarmerie pour être conduit devant M. le
Procureur de la République, et que le présent procès-
verbal le suivra.

Le Garde champêtre,

Homicide par imprudence.

PROCÈS-VERBAL N° 1

L'an mil neuf cent un, le

Nous, Commissaire de police,

Informé qu'un individu venait de tomber d'un échafaudage dans une maison en réparations, située rue
des Écoles, n° 2, et que cet individu serait grièvement
blessé,

Nous nous sommes transporté immédiatement à
l'adresse indiquée, assisté de M. Gide, docteur en
médecine, demeurant boulevard d'Alsace-Lorraine, 24.

Nous avons trouvé le blessé étendu à terre chez le
pharmacien, établi en face de la maison dont il s'agit,

Il avait perdu connaissance, et nous n'avons pu
avoir de lui aucun renseignement.

Sur notre réquisition, et après avoir prêté entre nos
mains le serment prescrit par la loi, M. le docteur
Gide a procédé en notre présence à l'examen du blessé
et a rédigé de ses observations le rapport que nous
avons annexé au présent et duquel il résulte que l'individu blessé avait une fracture du crâne, et que cette
blessure était mortelle.

En effet, quelques minutes après, le blessé a rendu
le dernier soupir.

Des renseignements que nous avons recueillis d'urgence, il résulte que le défunt se nomme Laine
(Pierre), et qu'il était employé comme maçon au service du sieur Richard, entrepreneur de constructions,
rue de la Neuville, 21.

Des explications qui nous ont été fournies immédiatement, il a résulté qu'au moment de l'accident, Lenoir
et un de ses compagnons se trouvaient sur un échafaudage volant, à la hauteur du troisième étage; que
l'un des cordages tenant l'échafaudage s'était rompu,
et que Laine n'ayant pu s'accrocher soit à une fenêtre,
soit à une branche de l'échafaudage, était tombé, et
que sa tête avait porté la première sur le sol.

Le compagnon de Laine avait pu se cramponner au
second cordage soutenant l'échafaudage.

Nous nous sommes de suite transporté à la maison pour vérifier si au moment de l'accident l'échafaudage était établi réglementairement.

Au point de vue de l'établissement de cet échafaudage, nous avons constaté :

1o Au lieu d'être attaché à trois cordages, deux aux extrémités et un au centre, il n'était retenu que par deux moufles placées aux extrémités. Le cordage de la moufle de gauche s'étant rompu, l'échafaudage avait basculé, entrainant Laine, qui se trouvait de ce côté ;

2o Au lieu d'être attachés aux parties solides de la maison, les cordages des moufles étaient simplement fixés au garde-fou d'un balcon, situé au cinquième étage.

Nous avons ensuite examiné le cordage qui s'était rompu, et nous avons constaté qu'il était vieux et usé, et qu'il s'était rompu juste à un endroit où il portait contre le bord de la rampe du balcon auquel il était fixé.

Examinant l'échafaudage lui-même, nous avons constaté qu'il n'était pas muni de garde-corps de 90 centimètres de haut.

Nous avons saisi les cordages rompus et les avons placés, pour servir de pièces à conviction, sous scellé, avec étiquette indicative.

Sans désemparer, nous avons recueilli les noms des témoins de l'accident et les avons invités à se présenter de suite à notre Commissariat, pour y être entendus.

Nous mentionnons que nous avons donné des ordres, aussitôt le décès constaté, pour faire transporter le corps de l'ouvrier Laine à son domicile, rue des Jacobins, 21.

Le Commissaire de police,

PROCÈS-VERBAL N° 2

L'an.....

Nous.....

Continuant notre enquête,

Avons entendu :

1o Le sieur Lenoir, Gustave, vingt-sept ans, compagnon maçon au service du sieur Richard, demeurant rue.....

Qui nous a dit :

« Je servais de compagnon à Laine et je me trouvais à côté de lui sur l'échafaudage lorsque l'accident s'est produit.

« J'étais à sa droite et lui près de la moufle de gauche. Comme vous avez pu le constater, il n'y avait pas de cordage au centre de l'échafaudage, et celui-ci n'avait pas de garde-corps à ses extrémités. Nous étions occupés à replâtrer le mur, quand nous avons senti l'échafaudage vaciller sous nos pieds. Je me suis immédiatement accroché au cordage de droite, pendant que Laine cherchait à saisir l'appui de la croisée en face de lui. Ses mains ont glissé, il est retombé sur l'échafaudage qui glissait du côté gauche, avec une rapidité extrême. A ce moment les cordages ayant fini de sortir des moufles, l'échafaudage est tombé complètement, retenu seulement par le cordage de droite, et Laine a été précipité sur la chaussée. Malheureusement les extrémités de l'échafaudage étaient sans garde-corps, sans quoi Laine eût pu s'y accrocher.

« Je dois ajouter que c'est moi et Laine qui avions accroché l'échafaudage et que c'est sur l'ordre de l'entrepreneur que nous avons fixé l'extrémité des cordages au balcon. Nous avions fait remarquer à l'entrepreneur que les cordages étaient en mauvais état, et il nous avait répondu qu'ils pouvaient durer encore. »

Et a signé après lecture.

Le Commissaire de police,

2º Le sieur Laine, etc ,

Qui nous a déclaré :

« La déclaration du sieur Lenoir est très exacte, et je ne puis que la confirmer en tous points. Quant l'accident s'est produit, j'étais devant la maison occupé à gâcher du mortier. Le cordage de gauche de l'échafaudage volant sur lequel se trouvait mon frère, s'est rompu subitement. Le côté gauche de l'échafaudage s'est affaissé avec une rapidité extrême, et mon frère a été précipité sur le sol.

« Voici l'état civil de mon frère :

« Laine, Pierre, etc. »

Et a signé après lecture.

Le Commissaire de police,

PROCÈS-VERBAL N° 3

L'an.....

Nous.....

Avons fait comparaître le sieur Richard, entrepreneur, que nous avons interrogé comme suit :

D. — Votre état civil?

R. — (Etat civil complet).

D. — Avez-vous déjà eu affaire en justice?

R. — Non.

D. — Vous êtes inculpé d'homicide par négligence et inobservation des règlements.

Vous savez que votre ouvrier, le sieur Laine, est tombé d'un échafaudage installé par vos ordres devant la maison sise rue des Ecoles, n° 2.

De l'enquête à laquelle nous avons procédé, il résulte que les cordages supportant l'échafaudage étaient en mauvais état, que l'échafaudage était retenu par deux cordages au lieu de trois, que les cordages étaient attachés au garde-fou d'un balcon au lieu d'être fixés aux parties fixes et solides de la maison, et qu'enfin l'échafaudage n'était pas garni à ses extrémités de garde-corps.

Qu'avez-vous à répondre?

R — Il y a dans cet accident une fatalité. J'avais examiné les cordages et je les avais trouvés en bon état. Je reconnais que l'échafaudage n'était pas garni de garde-corps aux extrémités et qu'il n'était attaché qu'à deux moufles. Je voulais hâter le travail et cherchais à gagner du temps.

Les cordages, il est vrai, ont été attachés à la rampe du balcon, mais par les ouvriers eux-mêmes. Je leur ai toujours recommandé d'attacher les cordages aux parties solides du bâtiment.

D. — Vous êtes en contradiction avec les témoins, qui disent vous avoir fait remarquer le mauvais état des cordages et avoir reçu de vous l'ordre de fixer les cordages au balcon.

En tous cas vous deviez veiller à la sécurité de vos ouvriers et à l'observation des règlements?

R. — Je reconnais que ma responsabilité est complète, tout en maintenant ce que je viens de vous dire.

Lecture faite a persisté et signé.

Le Commissaire de police,

PROCÈS-VERBAL N° 4

L'an....,

Nous....,

Attendu qu'il résulte de ce qui précède et du certificat médical que la mort du nommé Laine ne peut être attribuée qu'à l'accident dont il a été victime,

Estimons qu'il y a lieu de procéder à l'inhumation dans la forme accoutumée, et disons qu'à cet effet l'extrait de notre procédure sera soumis au visa de M. le Procureur de la République, pour être ensuite transmis à M. le Maire et servir à l'établissement de l'acte de décès de Laine, Pierre.

D'autre part :

Attendu que l'accident dont a été victime Laine a eu pour cause la négligence, l'imprudence et la contravention commise par le sieur Richard, à l'article 10 du décret du 10 mars 1894;

Attendu que de ce fait il est inculpé d'homicide par négligence, imprudence et inobservation des règlements, délit prévu et puni par l'article 319 du Code pénal;

Mais considérant qu'il a justifié d'un domicile certain et a pris l'engagement de se présenter à toute réquisition de justice,

Nous l'avons laissé libre et avons clos notre information, composée de quatre procès-verbaux, y compris le présent, pour être transmise, avec les cordages placés sous scellés, à M. le Procureur de la République, aux fins qu'il appartiendra.

Le Commissaire de police,

Incendie.

L'an.... le....

Nous,.... commissaire de police,

Informé qu'un incendie vient de se déclarer dans la manufacture de toiles cirées appartenant à M. Charpentier, et située rue du Pré, 9, nous faisons aussitôt prévenir les sapeurs-pompiers, les autorités civiles et militaires de la Ville et nous nous transportons sur les lieux du sinistre, accompagné des agents Granier et Delmas.

Là étant, nous constatons que les flammes ont envahi tout le rez-de-chaussée d'un bâtiment isolé au milieu d'un terrain rectangulaire entouré d'un mur en maçonnerie de 2 mètres d'élévation. Ce rez-de-chaussée est réservé à la fabrication des toiles et à la manipulation des matières premières. Le feu y trouve de nombreux aliments propres à augmenter son activité. Le bâtiment dont il s'agit comporte un étage, dans lequel sont ménagés les logements des ouvriers de l'usine. Les flammes sortent par toutes les ouvertures du rez-de-chaussée et un vent d'est les rabat du côté du tissage mécanique Bouthal, qui occupe 500 ouvriers. Il est d'autant plus urgent d'agir avec promptitude que les ouvriers habitant au-dessus des ateliers ont été surpris au milieu de leur sommeil et qu'un petit nombre d'entre eux seulement ont réussi à descendre dans la cour par les escaliers, qui sont maintenant impraticables. Nous faisons appliquer trois échelles contre les murs des bâtiments embrasés et, donnant l'exemple, nous engageons les personnes présentes à porter secours aux femmes et aux enfants que la chaleur et la fumée mettent déjà dans une situation intolérable. En quelques minutes le sauvetage de toutes ces familles en danger est opéré sans accident. Nous nous occupons ensuite de combattre les progrès de l'incendie. Une pompe se trouvant remisée dans un bâtiment voisin est immédiatement installée, alimentée et mise en manœuvre. Les sapeurs-pompiers arrivent à ce moment et mettent leurs trois pompes en batterie

à une distance assez grande du foyer d'incendie pour
que les travailleurs soient à l'abri de la chaleur et de
la chute des matériaux. Après une demi-heure de
travail, les sapeurs-pompiers sont maîtres du feu et
ont conjuré tout danger nouveau.

Pendant que les pompiers noient les décombres et
commencent les travaux de déblaiement, nous ouvrons
une enquête sur les causes de cet incendie et nous
entendons les personnes ci-après :

(Recevoir d'abord la déclaration du propriétaire de
l'usine qui dira : 1o le genre de travail dangereux
pour le feu qui se faisait dans son établissement; quels
sont les ouvriers qui travaillaient dans le local incendié,
et ceux qui l'ont quitté les derniers; 2o en quoi consistent les dégâts, s'ils sont couvert par des assurances,
à quelles compagnies et pour quelles sommes; 3o la
date des assurances; 4o s'il porte ses soupçons sur
quelqu'un et pourquoi, etc., etc.

Entendre ensuite les ouvriers désignés et les personnes arrivées les premières sur le lieu du sinistre.

Faire préciser s'il y avait plusieurs foyers au début
de l'incendie. Dans ce cas la malveillance serait pro-
bable à moins qu'il y eût eu communication du feu,
d'un endroit à un autre, par des matières facilement
inflammables et suffisamment rapprochées.

Joindre un plan des lieux.

Faire le lendemain de nouvelles constatations.
Entendre les ouvriers sinistrés, indiquer leurs dégâts
et leurs assurances, puis conclure ainsi, si la malveillance n'est pas établie.)

Et le.... au dit an,

Nous, commissaire de police,

Vu ce qui précède,

Attendu qu'il ne nous a pas été possible d'établir
d'une façon absolue la cause de l'incendie,

Avons clos le présent procès-verbal pour être
transmis aux fins qu'il appartiendra à Monsieur le
Procureur de la République.

Le Commissaire de Police,

Ivresse.

L'an.... le.... à.... heures du....

Nous, N.... garde champêtre, etc.

Certifions qu'étant de service sur la place de la Mairie nous avons aperçu un individu en état d'ivresse manifeste qui chantait, gesticulait et avait la démarche si chancelante qu'il y avait danger pour lui et pour la sécurité publique à le laisser circuler. Il occasionnait de plus un rassemblement d'enfants qui s'amusaient autour de lui.

Par mesure d'ordre, nous l'avons conduit au violon municipal.

Fouillé en présence du concierge de la mairie, il a été trouvé porteur d'un couteau, d'une tabatière et d'un porte-monnaie contenant cinq francs, objets que nous lui avons retirés par mesure de précaution.

Le Garde champêtre,

Et le (lendemain) à.... heures.

Avons fait comparaître le contrevenant et l'avons questionné sur son état civil :

Il a répondu : Je me nomme (état civil complet et domicile).

Sur questions spéciales il a déclaré :

« Il faut croire que j'étais ivre quand on m'a arrêté, puisque je ne me rappelle rien. J'étais bien étonné de me voir au violon ce matin en me réveillant.

« Je n'ai jamais eu de contravention pour ivresse. »

Nous avons ensuite remis au délinquant les objets que nous lui avions retirés par mesure de précaution et dont nous lui avons demandé reçu, puis nous l'avons mis en liberté en lui déclarant que procès-verbal serait dressé contre lui.

Reçu mes objets,   *Le Garde champêtre,*

Signature du délinquant,

Attendu que de ce qui précède il résulte que le nommé.... est suffisamment inculpé d'ivresse manifeste, contravention prévue et punie par l'article 1er de la loi du 3 février 1873,

Avons dressé le présent procès-verbal qui sera transmis aux fins de droit à M. le Procureur de la République.

Le Garde champêtre,

Nota. — Ce procès doit être affirmé et enregistré.

Si le contrevenant demeure dans le pays et si son domicile n'est pas éloigné, il est préférable de le conduire chez lui et de le remettre à sa famille le cas échéant.

21

DÉPARTEMENT

d

Arrondissement

d

VILLE

d

Contraventions aux lois des 21 juillet 1856 et 12 avril 1900.

Affaire contre :

1° **Martin**, _Paul :_
2° **Girolet**, _Gustave_

Constatations

Machines à vapeur.

L'an mil neuf cent un, le vingt juillet à trois heures du soir,

Nous, Louis **Richard**, contrôleur des mines, en résidence à..... dûment assermenté et porteur de notre commission,

Procédant à une vérification inopinée dans l'usine de **M. Martin**, mécanicien à...., avons examiné la chaudière en marche et procédé aux constatations suivantes, en présence de M. Martin, que nous avions fait prévenir dès notre arrivée dans son usine et qui nous a rejoint aussitôt :

1° La pression effective indiquée par le manomètre était de 6^{k}500, alors que la pression limite gravée sur le timbre est de 6^k;

2° Malgré le fait précédent, la soupape avant ne se soulevait pas et elle était surchargée au moyen d'un morceau de fer, suspendu à l'extrémité du levier;

3° La seconde soupape laissait échapper un fort jet de vapeur. Or, la pression de la chaudière ayant ensuite diminué légèrement, sans que rien n'ait été touché en notre présence, il est à croire que cette seconde soupape avait aussi été surchargée et que le poids en excédent avait pu être enlevé avant notre constatation;

4° Le tube en verre, indicateur du niveau d'eau, était recouvert d'une telle couche d'impuretés qu'il était impossible de voir à quelle hauteur s'élevait le liquide dans ce tube;

5° Aucune marque n'indiquait la hauteur limite au-dessous de laquelle l'eau de la chaudière ne doit jamais descendre.

Le chauffeur que nous avons interrogé à part a fourni les explications suivantes :

« Je me nomme **Girolet** (Gustave), 31 ans, né à Calligny, arrondissement de Domfront (Orne) le 9 juin 1870, de Pierre et de Marie Delaunay, marié, trois enfants, chauffeur à l'usine de **M. Martin** depuis trois ans et je demeure rue de l'Ouest, n° 2.

« Je reconnais avoir surchargé les soupapes et avoir ainsi marché à une pression supérieure à 6ᵏ.

« Personne ne m'a donné l'ordre d'agir ainsi.

« En ce qui concerne les impuretés qui couvrent le niveau d'eau, elles proviennent de la poussière intense qui se dégage du mauvais charbon dont on fait usage maintenant. »

Interpellé à son tour M. Martin nous a déclaré :

« Je me nomme **Martin**, Paul, 46 ans, né à Elbeuf, arrondissement de Rouen (Seine-Inférieure), etc.....

« Je n'ai qu'à reconnaître les irrégularités que vous venez de constater.

« Je dirai seulement qu'ayant confiance en mon chauffeur, je ne me suis jamais occupé de sa chaudière.

« Je ne soupçonnais pas qu'il put se mettre en contravention. »

Attendu qu'il résulte de ce qui précède :

1º A la charge du sieur Martin, contravention à l'article 6 de la loi du 21 juillet 1856, modifié par l'article 6 de la loi du 18 avril 1900.

2º A la charge du sieur Girolet, Gustave, infraction à l'article 7 de la loi du 21 juillet 1856 modifié par l'article 7 de la loi du 18 avril 1900,

Avons dressé et clos le présent procès-verbal en double expédition, l'une destinée à M. le Procureur de la Répulique et l'autre à M. le Préfet du Département.

Le Contrôleur des Mines,
RICHARD.

RÉPUBLIQUE FRANÇAISE

COMMUNE
de
LANDISACQ
(ORNE)

Police des campagnes

N·

*Mendicité en
réunion.*

Affaire contre :

1° **Caillot**, Louis ;
2° **Roubeau**, Arthur ;
(arrêtés).

Mendicité.

L'an mil neuf cent un, le vingt août, à six heures du soir,

Nous, Louis **Redon**, garde champêtre de la commune de Landisacq (Orne), officier de police judiciaire. revêtu du signe caractéristique de nos fonctions,

Faisant une tournée de surveillance dans notre commune, avons aperçu deux jeunes gens valides qui allaient de porte en porte dans la rue principale et qui demandaient l'aumône. Nous les avons vus recevoir de l'argent trois fois, pendant les dix minutes que nous les avons surveillés.

Invités à nous suivre, ils s'y sont refusés, et ce n'est qu'avec l'aide de plusieurs personnes de bonne volonté que nous avons pu les conduire à la mairie. Chemin faisant, ils nous ont opposé une vive résistance, que nous avons pu maîtriser et empêcher de prendre le caractère de rébellion.

Interpellés, ils ont dit se nommer :

1° Caillot, Louis ;

2° Roubeau, Arthur.

Fouillés avec soin, le premier a été trouvé porteur de 0 fr. 70 en monnaie de billon, et de trois morceaux de pain, et le second était nanti de 0 fr. 30 et de quatre morceaux de pain.

Nous avons ainsi qu'il suit procédé à l'interrogatoire du nommé Caillot :

D. — Votre état civil ?

R. — **Caillot**, Louis-Joseph, 19 ans, né à Frasnes, arrondissement de Pontarlier (Doubs), le 2 janvier 1882, d'Auguste et de Rose Manon, célibataire, terrassier, et je suis sans domicile fixe depuis quinze jours.

D. — Quels sont vos moyens d'existence ?

R. — Le produit de mon travail. En dernier lieu, j'étais occupé chez le sieur Marin, entrepreneur à Caen, que j'ai quitté il y a quinze jours, ainsi que l'atteste le certificat que je vous présente.

D. — Avez-vous déjà été condamné ?

R. — Jamais.

D. — Connaissez-vous l'individu qui a été arrêté avec vous?

R. — Je l'ai rencontré sur la route, près de Caen, il y a deux jours. Je ne l'avais jamais vu.

D. — Vous êtes inculpé de mendicité en réunion, pour avoir tout à l'heure, en compagnie du nommé Roubeau, demandé l'aumône dans cette commune?

R. — Je reconnais les faits. Nous n'avions plus d'argent et nous voulions nous en procurer pour manger et coucher.

Lecture faite a persisté et signé.

Le Garde champêtre,

CAILLOT. REDON.

Nous avons ensuite interrogé le nommé Roubeau :

D. — Votre état civil ?

R. — (Etat civil complet et poser les mêmes questions que ci-dessus).

Lecture faite a persisté et signé.

Le Garde champêtre,

ROUBEAU. REDON.

Conclusions.

Vu ce qui précède,

Attendu qu'il en résulte à la charge des nommés **Caillot** et **Roubeau**, suffisante inculpation de mendicité en réunion,

Disons que ces individus seront maintenus en état d'arrestation et conduits devant M. le Maire, à qui nous transmettons le présent procès-verbal.

Le Garde champêtre,

REDON.

Envoi des inculpés au Parquet.

Nous, Maire de la commune de Landisacq,

Vu le présent procès-verbal du garde-champêtre de notre commune,

Vu l'article 276 du Code pénal,

Disons que les nommés Caillot et Roubeau seront conduits devant M. le Procureur de la République de l'arrondissement, par les soins de la gendarmerie que nous requérons à cet effet (V. modèle de réquisition à la gendarmerie).

Le Maire,

DUMONT.

(CACHET)

Nota. — Interroger les inculpés séparément.

Mendicité avec menaces et port d'arme.

L'an.... ., le.... .,

Nous, N....., garde champêtre,

Informé qu'un individu étranger au village mendiait et menaçait les habitants à l'extrémité du pays, route de Y...

Nous nous sommes rapidement rendu à cet endroit, où la dame X..., cultivatrice, nous a dit :

« Il y a quelques minutes, un individu paraissant ivre, s'est présenté chez moi, armé d'un bâton, et m'a demandé l'aumône sur un ton menaçant. Comme j'étais seule, je me suis empressée de lui donner un morceau de pain. Mais il l'a jeté à terre en disant qu'il voulait de l'argent, qu'il ne sortirait pas de la maison avant d'en avoir, puis il a fermé la porte de la rue et s'est avancé vers moi, le bâton levé. Je me suis sauvée par le jardin et ai prévenu des voisins. Ceux-ci l'ont mis dehors et il est parti maugréant, dans la direction de Y... »

Lecture faite a persisté et a signé avec nous.

Le Garde champêtre,

N ..

Muni du signalement de cet individu, nous nous sommes mis à sa recherche, mais nous n'avons pu le rejoindre que dans le village de Y. Avec notre collègue de la localité, que nous sommes allé quérir, nous avons procédé à son arrestation au moment où il demandait encore l'aumône. Conduit à la mairie, cet individu, valide, a été trouvé porteur d'un coup de poing américain, de 2 francs en billon et de quelques morceaux de pain.

Nous lui avons laissé l'argent et le pain, mais nous avons saisi, comme pièce à conviction, le coup de poing américain, que nous avons placé sous scellé avec étiquette indicative.

Interrogé, l'individu arrêté a répondu :

« Je me nomme (état civil complet).

« J'ai été condamné deux fois pour rébellion et coups et blessures à Paris, en juin et juillet dernier.

« Je reconnais avoir demandé l'aumône dans le pays voisin, à une femme qui était seule chez elle ; mais je n'ai pas usé de menaces.

« Je reconnais aussi que j'étais porteur d'un coup de poing américain.

« Depuis un mois je suis sans ressources, sans asile et sans travail.

« L'argent trouvé sur moi provient de mendicité. »
Lecture faite a persisté et signé avec nous.

Les Gardes champêtres,

(SIGNATURE)

Conclusions.

Attendu qu'il résulte de ce qui précède suffisante inculpation à la charge de N..., de mendicité avec menaces et port d'arme prohibé, et de vagabondage,

Avons dressé contre lui le présent procès-verbal pour être remis à M. le Maire de la commune de.....

Les Gardes champêtres,

Envoi de l'inculpé au Parquet.

Nous, Maire de la commune de.....

Vu le présent procès-verbal signé de notre Garde champêtre et de celui de la commune de. ...

Attendu que le nommé N .. a été trouvé mendiant dans les communes de .... et de....., avec les circonstances aggravantes de menaces et de port d'arme,

Vu les articles 269, 270, 271, 274, 275, 277 du Code pénal,

Disons que cet individu sera maintenu en état d'arrestation et conduit sous mandat d'amener devant

M. le Procureur de la République de l'arrondissement,
par les soins de la gendarmerie, que nous requérons
à cet effet.

Le Maire,

(CACHET)   N...

———————

Meurtre.

L'an mil neuf cent un, le trois mars, à huit heures du matin,

Nous, Commissaire de police,

Informé par le garde-champêtre **Bonnefoy** qu'une femme nommée **Lesec**, âgée de 40 ans, cultivatrice, demeurant faubourg de Noyon, bien portante hier, était décédée cette nuit et que, en raison du désaccord et des querelles fréquentes qui existaient entre les époux **Lesec**, la rumeur publique accusait le mari d'être le meurtrier de sa femme,

Avons averti le médecin de l'état civil de ces bruits et avons fait concorder notre visite avec la sienne dans la maison de la défunte. Là, dans une chambre au rez-de-chaussée d'un bâtiment situé dans le fond d'une grande cour, on nous a présenté, couché sur un lit, le corps de la dame **Lesec** que le docteur a examiné en notre présence. La rigidité cadavérique était complète. Le visage tuméfié et violacé annonçait le commencement de la décomposition. Sur le côté gauche du front il existait une forte boursouflure, paraissant être le résultat d'une chute ou d'un coup et qui cachait complètement l'œil gauche. Le corps, les jambes et les bras étaient couverts d'ecchymoses.

Son examen achevé, M. le docteur s'est retiré en nous déclarant qu'il refuserait le permis d'inhumer, estimant qu'une autopsie s'imposait pour déterminer les causes réelles de cette mort.

Procédant à une enquête, nous avons constaté que le sieur **Lesec** avait sur la joue droite deux égratignures d'ongles profondes et récentes, partant de haut en bas et mesurant deux centimètres de long. Lui ayant fait retrousser ses manches de chemise, nous avons remarqué une ecchymose sur son avant-bras droit. Interpellé sur les causes de ces violences, il a répondu qu'il était tombé sur un tas de fagots hier soir.

Questionné ensuite sur les circonstances de la mort de sa femme, il a déclaré :

« Ma femme était ivre hier. A 6 heures du soir, elle dormait sur un tabouret dans l'écurie, à gauche près de la porte d'entrée. L'ayant réveillée, elle est tombée sur le seuil de la porte et s'est fait la blessure que vous lui avez remarquée sur le côté gauche du front. Elle a saigné beaucoup. Je l'ai relevée et j'ai pu la conduire à la cuisine, sur un fauteuil, où elle s'est endormie. Je me suis couché ensuite. A je ne sais quelle heure de la nuit, ne la sentant pas à mes côtés, je me suis levé et l'ai obligée à se coucher. Elle était encore ivre. Je me suis couché à mon tour et endormi. A cinq heures ce matin j'ai constaté qu'elle était morte. »

Cette déclaration terminée nous nous sommes fait conduire vers le tas de fagots dont il a été parlé. Nous avons fait remarquer au nommé **Lesec** que la disposition de ces fagots empêchait que l'on pût s'y blesser, même en tombant. **Lesec** n'a fait aucune réponse.

Nous nous sommes rendu à l'écurie ensuite et nous avons invité **Lesec** à prendre la position qu'avait sa femme sur le tabouret et à simuler la chute qu'elle avait faite. Cette démonstration achevée. nous avons fait observer au nommé **Lesec** qu'en tombant ainsi sa femme ne pouvait se faire qu'une légère contusion et du *côté droit de la tête* et que, lui à côté, l'aurait vraisemblablement retenue. Nous avons aussi fait la remarque qu'il n'y avait aucune trace de sang sur le seuil de la porte. **Lesec** a affirmé que les choses s'étaient passées telles qu'il les avait expliquées. Invité à suivre de l'écurie à la cuisine le chemin parcouru en maintenant sa femme blessée, il a aussitôt traversé la cour qui sépare l'écurie de la cuisine. Examinant très attentivement ce parcours d'environ dix mètres, nous n'y avons découvert aucune goutte de sang. Nous n'en avons pas trouvé non plus ni dans la cuisine. ni à l'emplacement où se trouvait le fauteuil ni sur le fauteuil, que nous avons minutieusement examiné. **Lesec** toujours témoin de ces constatations a déclaré qu'il ne comprenait rien à cela Nous étant fait représenter les effets que portait la défunte nous avons constaté qu'ils étaient inondés de sang. Nous les avons saisis comme pièces à conviction. Ayant examiné la chambre à coucher, contiguë à la cuisine et où reposait le corps de la femme **Lesec,** nous avons remarqué au milieu une

grande tache de sang, à peine sèche. Invité à s'expliquer, **Lesec** a gardé le silence. Nous lui avons fait
connaitre que la gravité de nos constatations nous obli-
geait à le mettre en état d'arrestation et à avertir
séance tenante M. le Procureur de la République.
Lesec s'est alors avancé vers nous et nous a dit :
« C'est moi qui ai tué ma femme hier soir, mais bien
« involontairement. Elle était ivre comme je vous l'ai
« dit et à 8 heures je voulais la faire coucher, parce
« que je savais qu'en la laissant seule elle aurait bu
« encore. Je l'ai amenée de force de la cuisine dans
« la chambre à coucher. Elle m'a donné deux soufflets
« puis fait les égratignures que vous avez constatées.
« En reculant pour échapper à sa fureur je me suis
« trouvé à moitié renversé sur notre lit et comme elle
« voulait toujours m'atteindre je lui ai lancé, pour la
« repousser un coup de pied dans l'estomac. Elle est
« tombée comme une masse et sa tête a porté sur
« l'angle d'une chaise. Ma femme est morte sur le
« coup. Comme j'étais seul à la maison, j'ai après
« l'avoir déshabillée appelé des voisins auxquels j'ai
« dit que ma femme était tombée en se couchant. »
Nous avons d'urgence adressé par un exprès un
rapport sommaire des faits qui précèdent à M. le Procureur de la République et, en attendant son arrivée,
nous avons fait garder à vue le nommé **Lesec** et avons
ensuite, par procès-verbaux séparés, entendu les témoins utiles à l'enquête, notamment ceux avertis par
Lesec après la mort de sa femme.

M. le Procureur ainsi que M. le Juge d'instruction
étant arrivés au cours de ces dernières investigations,
nous avons suspendu notre enquête et après leur avoir
remis le présent procès-verbal que nous avons clos ce
jourd'hui nous nous sommes tenu à la disposition
de ces magistrats.

Le Commissaire de police,

Mort subite.

———

L'an mil neuf cent, le
Nous..., Commissaire, etc.,
Informé qu'un voyageur de commerce nommé **Dubillard** avait été trouvé mort ce matin dans sa chambre, à l'hôtel du Nord où il était descendu,

Nous sommes transporté dans le dit hôtel, où étant, dans une chambre au 2e étage portant le no 20, nous avons trouvé, dans un lit, le corps du nommé **Dubillard**. La mort nous a paru réelle et nous n'avons remarqué sur le cadavre aucune trace de violences extérieures. Les meubles, la literie, les vêtements étaient dans le plus grand ordre et rien n'indiquait qu'il pouvait y avoir eu lutte ou agression.

Dans les vêtements du défunt nous avons trouvé une lettre à l'adresse de M. Niab, industriel à Flers et un porte-monnaie contenant 600 francs, que nous avons remis en garde au propriétaire de l'hôtel, en attendant une décision ultérieure.

Sur un livret militaire et des cartes d'électeurs nous avons relevé comme suit l'état-civil du décédé :
(Etat civil complet).

Nous avons ensuite requis M. le docteur Jacobin à l'effet d'examiner le corps du défunt et de nous dresser rapport sur l'état du cadavre et sur les causes probables de la mort.

Le Commissaire de police,

(Recevoir la déclaration du patron et du garçon de l'hôtel).

Conclusions.

Le même jour,
Vu ce qui précède et le rapport de M. le docteur Jacobin ci-joint,
Attendu que la mort du nommé **Dubillard** est certaine et n'est le résultat ni d'un crime ni d'un délit,

---

No
—
*Mort subite
du nommé*
Dubillard *Jules,
42 ans.*
—
*Constatations
et enquête.*

Estimons que l'inhumation peut avoir lieu en la forme accoutumée,

Et transmettons le présent procès-verbal à M. le Procureur de la République avec un extrait aux fins d'inhumation et le rapport médico-légal.

Le Commissaire de police,

————

Nota. — Avertir la famille et le Juge de paix.

Repêchage d'un cadavre.

Informé par un sieur..... qu'il venait de repêcher dans (canal — rivière — étang, etc.) un cadavre du sexe..... et qu'il l'avait déposé sur (berge ou chemin de halage), vis-à-vis de....., au lieu dit....,

Nous sommes transporté à l'endroit indiqué, accompagné du sus nommé et de M....., docteur-médecin, par nous requis, où étant, nous avons trouvé l'individu signalé. L'ayant examiné, nous avons constaté que la mort était certaine et qu'il n'existait aucune trace de violence extérieure pouvant faire supposer un crime.

Nous avons fait transporter le cadavre dans le local habituel où, après l'avoir fait déshabiller, M. le docteur, qui avait préalablement prêté serment entre nos mains, l'a examiné en notre présence, puis nous a déclaré que la mort était le résultat d'une submersion volontaire ou accidentelle et qu'elle remontait à environ (jours ou heures). Il nous a remis ensuite le rapport que nous annexons au présent.

Nous donnons ainsi qu'il suit le signalement du dit cadavre et la désignation des vêtements dont il était couvert :

SIGNALEMENT :

Sexe....... âge...... taille...... cheveux...... sourcils.... front.... yeux.... nez.... bouche..... menton..... visage..... marques particulières.....;

DÉSIGNATION DES EFFETS :

.   .   .   .

Le Commissaire de police.

Attendu qu'il résulte de ce qui précède et du certificat médico-légal que cette mort est le résultat d'un suicide ou d'un accident;

Attendu d'autre part qu'il n'a été trouvé sur le cadavre aucun papier ni document quelconque pouvant aider à la découverte de son individualité,

Estimons que l'inhumation peut avoir lieu dans les formes et délais accoutumés.

Et avons clos le présent procès-verbal dressé en triple expédition, la première destinée à M. le Procureur de la République avec le certificat médical, la seconde à M. le Préfet et la troisième à M. le Maire.

Le Commissaire de Police,

Réquisitions.

———

<table>
<tr><td>Réquisition à la gendarmerie pour conduire un inculpé devant le Procureur de la République.
—</td><td>

Conformément à la loi et en vertu de l'article 25 du Code d'instruction criminelle,

Nous (Maire, Adjoint ou Commissaire de police),

Requérons M. le Maréchal des logis (ou brigadier), commandant la brigade de gendarmerie de.....

De conduire devant M. le Procureur de la République de..... le nommé (ou les nommés).

(Mettre l'état civil complet des inculpés),

Inculpé de.....

Fait à....., le..... 19.....

      Le (Maire, l'Adjoint ou le Commissaire),

</td></tr>
</table>

———

<table>
<tr><td>Réquisition à un Docteur pour la visite d'un cadavre.
—</td><td>

Nous (Maire, Adjoint ou Commissaire de police),

Vu les articles 43 et 44 du Code d'instruction criminelle ;

Vu la loi du 30 novembre 1892 ;

Requérons M. X....., docteur en médecine,

De se transporter immédiatement rue. ... nº.....
(ou village) à l'effet de visiter en notre présence le corps du nommé N..... dont la mort est suspecte, pour ensuite, serment préalablement prêté entre nos mains, nous faire son rapport verbal et écrit sur les causes du décès et sur l'état du cadavre ;

Lui déclarons que, s'il le requiert, il sera taxé conformément à la loi.

Fait à....., le..... 19.....

Le Maire (ou l'Adjoint ou le Commissaire de police),

</td></tr>
</table>

———

<table>
<tr><td>Réquisition pour un travail ou une fourniture urgente.
—</td><td>

Nous (Maire, Adjoint ou Commissaire de police),

Vu l'article 49 du Code d'instruction criminelle,

Vu le décret du 18 juin 1811 et l'article 475 nº 12 du Code pénal ;

</td></tr>
</table>

Requérons M. X.... (de procéder à tel travail, de transporter tel objet ou de fournir tel ustensile).

Lui déclarons qu'il sera taxé conformément à la loi s'il le requiert.

Fait à....., le .... 19....

Le (Maire, Adjoint ou Commissaire),

TAXE

Taxé à M. X....., pour l'exécution du réquisitoire ci-dessus à la somme de (indiquer la somme en toutes lettres), qui lui sera payée par M. le Receveur de l'Enregistrement, conformément à l'article 1er du décret du 18 juin 1811.

Le (Maire, Adjoint ou Commissaire de police),

Nota. — Les frais urgents sont acquittés sur simple taxe et mandat de juge mis au bas des réquisitions, copies de convocations ou de citations, état ou mémoires des parties (Tarif, art. 133).

Il est incontestable, d'ailleurs, que le mot « juge» ne doit pas être pris dans une acception rigoureuse. Ainsi, le Procureur de la République a le droit de taxer les mémoires relatifs à des dépenses qu'il a lui-même engagées, quand il agit au cas de flagrant délit (Chancellerie, août 1813). Cette décision s'applique naturellement aux auxiliaires du Procureur (Maires, Adjoints et Commissaires de police) qui, d'après l'article 49 du Code d'instruction criminelle, peuvent et doivent le suppléer et agir de la même manière que lui, dans le flagrant délit. Elle doit être étendue même au cas où soit le Procureur, soit ses auxiliaires, agissant comme il vient d'être dit, font comparaître devant eux des témoins qui requièrent taxe (Le Poittevin, n° 330).

Mais on doit joindre à la procédure, ou un double des taxes, ou des notes indiquant la nature et le montant des dépenses (Inst. gén., 30 septembre 1826, n° 116).

La Chancellerie a approuvé, le 6 avril 1888, les instructions suivantes du Procureur général d'Angers, qui expliquent pourquoi les Commissaires de police sont admis à réclamer comme frais urgents des frais qui, en réalité, ne le sont pas :

« Pour se conformer au texte et à l'esprit de la circulaire de la Chancellerie du 23 février 1887, on ne doit en principe faire payer, à titre de frais urgents, que les indemnités dues aux jurés et aux témoins. Cependant, il y a des dépenses modiques pour lesquelles on ne peut toujours exiger la production d'un mémoire régulier : telles sont les indemnités dues pour emballage de pièces à conviction et pour ustensiles fournis ou assistance donnée aux médecins légistes et aux autres experts accompagnant des magistrats ou des officiers de police judiciaire dans un transport de justice, lorsque ces indemnités ne peuvent être comprises sans inconvénient dans le mémoire de transport des pièces à conviction, ou dans celui des experts.

Suicide.

L'an..... le..... à..... heures.

Nous, etc

Informé qu'un nommé **Vallon**, vivant seul et demeurant rue de Domfront, 44, n'avait pas été vu depuis deux jours et que ses voisins le croyaient mort dans sa chambre.

Nous sommes transporté à cette adresse. Là, le propriétaire de la maison nous a conduit au deuxième étage à la porte du dit **Vallon**. Après avoir frappé plusieurs fois sans recevoir de réponse, nous avons fait ouvrir la porte par un serrurier et avons pénétré dans le logement. Nous y avons trouvé, au milieu de la chambre à coucher, suspendu au plafond au moyen d'une corde attachée à un clou, le corps d'un individu que le propriétaire nous a dit être celui du nommé **Vallon**. Les pieds étaient à 20 centimètres au-dessus du plancher et à côté d'une chaise renversée. Le corps complètement rigide n'était vêtu que d'une chemise et d'un pantalon.

Le visage et les extrémités violacés par le commencement de la décomposition ne portaient aucune trace de blessures ni de coups.

Nous avons fait couper immédiatement la corde et porter le corps sur le lit à proximité, où nous l'avons examiné minutieusement. Il ne présentait aucune autre trace de violence que le sillon profond d'un centimètre produit autour du cou par la corde qui avait servi à la suspension.

D'autre part, il n'y avait aucun désordre dans la chambre, ni dans les meubles ni dans les objets environnants.

Sur la table de nuit nous avons trouvé une lettre à notre adresse, lettre que nous joignons au présent et dans laquelle le nommé **Vallon** nous fait part de sa résolution de se suicider.

Nous joignons également au présent une autre lettre que le dit **Vallon** nous a adressée il y a huit jours pour rechercher un des membres de sa famille.

Nous avons constaté qu'il y avait identité d'écriture dans ces deux lettres.

Dans un tiroir de commode nous avons trouvé le livret militaire du défunt, sur lequel nous avons relevé l'état civil suivant : (état civil complet).

Nous avons ensuite adressé une réquisition à M. le docteur Dubois à l'effet de visiter le corps du défunt et de nous dresser rapport, sous la foi du serment préalablement prêté entre nos mains, de ses constatations.

Le propriétaire, M. Lehugens, Louis, 50 ans, nous a dit que le nommé **Vallon**, malade depuis longtemps, ne pouvait plus travailler, qu'il était sans famille, sans aucune ressource, et que plusieurs fois il avait manifesté des idées de suicide.

Le Commissaire de Police,

Le même jour,

Vu ce qui précède et le certificat médical de M. le docteur Dubois par nous requis,

Attendu que la mort du nommé **Vallon** est certaine, qu'elle remonte à....., qu'elle est la conséquence d'un suicide par suspension (ou pendaison), et que, par suite, elle n'est le résultat ni d'un crime ni d'un délit ;

Estimons que l'inhumation du défunt peut avoir lieu dans les délais et en la forme accoutumés,

Et nous avons clos le présent procès-verbal qui sera transmis à M. le Procureur de la République, avec le certificat médical et les deux lettres sus-mentionnées, aux fins qu'il appartiendra.

Le Commissaire de Police,

Nota. — L'actualité de la découverte d'un cadavre constitue une sorte de flagrant délit (C. 15 mars 1890), ce qui permet d'agir comme il est dit page 126.

Dans les cas de morts non suspectes, les frais d'examen médical sont à la charge des communes, et non à celle du ministère de la justice. Il en est spécialement ainsi en cas de suicide ou d'accident (circ. Chanc., 4 mars 1851).

La Cour de Cassation a décidé, à propos d'un homme tué par la chute accidentelle d'un ballot sur la voie publique, que le médecin requis en pareil cas par le commissaire de police pouvait refuser son concours.

Dans sa circulaire du 23 février 1887, la Chancellerie a précisé qu'en cas de

mort subite, les maires doivent, une fois le décès constaté, requérir le
le médecin de l'état civil à l'effet de leur indiquer d'urgence si la mort doit
être attribuée à un suicide, à un accident, ou s'il y a des présomptions de
crime. Dans ce dernier cas seulement, ou si la cause de la mort reste inconnue
et semble plus ou moins suspecte, les maires sont tenus d'aviser la justice en
faisant connaître les conclusions du médecin de l'état civil.

Il s'ensuit que, quand les commissaires de police ne sont pas informés les
premiers, et que le décès a été déclaré préalablement à la mairie, ils ne sont
tenus de faire une enquête que si la mairie leur communique les conclusions
du médecin qui a constaté le décès.

Préjugé à détruire. — Par suite d'un préjugé encore trop répandu dans les
campagnes, il arrive souvent, dans les cas de mort violente, qu'on s'abstient
ordinairement de toucher, avant l'arrivée de la police, à un individu qui périt
victime d'un meurtre, d'un accident ou d'un suicide, tandis qu'il serait peut-
être encore possible de le rappeler à la vie avec de prompts secours.

Le premier devoir de tout homme un peu humain est de secourir le malheureux qui se meurt, de couper la corde si c'est un pendu, de dégager le cou
de l'étreinte et d'aller chercher un médecin.

Timbre de quittances.

———

L'an..... le..... à. ... heures.

Nous.....

Certifions qu'en pratiquant une perquisition dans le domicile du nommé **Desbois, Louis**, demeurant rue Angot, n° 2, inculpé de vol, nous avons découvert, dans le tiroir d'un buffet, deux quittances non timbrées ni revêtues de timbres mobiles, délivrées au dit **Desbois, Louis**, par le sieur **Tolem, Honoré**, industriel à Vincennes (Seine) :

La première de 90 francs à la date du 14 janvier 1902 ;

La deuxième de 30 francs à la date du 3 mars 1901.

Ces quittances étant en contravention à l'article 18 de la loi du 23 août 1871, nous les avons saisies et annexées au présent.

De tout ce que dessus,

Nous avons dressé et clos le présent procès-verbal pour être transmis aux fins de droit à M. le Receveur de l'Enregistrement.

Le Commissaire de Police,

Vagabondage.

———

L'an mil neuf cent un, le.....

Nous....., garde champêtre de la commune de...

Exerçant une surveillance aux abords de la gare, avons aperçu un individu, étranger au pays, qui avait des allures suspectes. Nous en étant approché nous l'avons interpellé sur ses moyens d'existence, son domicile et sa profession. En raison de ses hésitations et de son embarras à répondre, nous l'avons invité à nous suivre à la Mairie, ce qu'il a fait sans difficulté.

Fouillé minutieusement il n'a été trouvé porteur d'aucun objet suspect; il était seulement nanti d'un livret d'ouvrier au nom de **Tabot, Lucien**. Ce livret ne portait que des visas de passage donnés par des maires.

Nous avons ensuite procédé à l'interrogatoire de cet individu de la manière suivante :

D. — Votre état civil ?

R. — **Tabot, Lucien**, 20 ans, (état civil complet) et je suis sans domicile depuis deux mois.

D. Quand et pour quelle raison avez-vous quitté vos parents ?

R. — Je les ai quittés il y a deux ans à la suite de violents reproches qu'ils m'ont adressés parce que je refusais de travailler.

D. — Vous recevraient-ils, si on vous rapatriait ?

R. — Non, une démarche dans ce but a déjà été faite par le parquet d'Auxerre il y a six mois, sans succès.

D. — Avez-vous des condamnations ?

R. — J'ai été arrêté plusieurs fois dans différents pays, mais je n'ai été condamné qu'une fois à Auxerre à quinze jours de prison pour vagabondage avec bénéfice de la loi de sursis. Je suis sorti de prison, il y a cinq mois.

D. — Qu'avez-vous fait depuis ?

R. — J'ai travaillé pendant huit jours chez M. Larcher, entrepreneur de travaux publics, rue de l'Ouest, à Rouen. Je l'ai quitté de ma propre volonté il y a deux mois.

D. — Quelle somme d'argent aviez-vous en le quittant ?

R. — Deux francs qui m'ont servi à passer la première journée ; je n'avais pas d'autre argent.

D. — Quels sont vos moyens d'existence ?

R. — Je n'en ai aucun depuis deux mois, c'est-à-dire depuis le lendemain du jour où j'ai quitté mon dernier patron, M. Larcher. A partir de ce moment j'ai vécu de mendicité et de secours obtenus dans les mairies des pays que jai parcourus.

D. — Vous êtes en état de vagabondage ? Depuis deux mois vous n'avez ni domicile ni moyens d'existence et vous n'exercez aucun métier ni profession ?

R. — Je le reconnais.

Lecture faite a persisté et signé.

Tabot   Le Garde champêtre,

Conclusions

Atendu qu'il résulte de ce qui précède que le nommé **Tabot** reste suffisamment inculpé de vagabondage,

Le conduisons devant M. le Maire à qui nous remettons notre procès-verbal.

Le Garde champêtre,

Envoi de l'inculpé au Parquet.

Le même jour,

Nous Maire de la commune de.....

Attendu qu'il résulte du présent procès-verbal du garde champêtre de notre commune que le nommé **Tabot, Lucien**, n'a pas de domicile ni de moyens de subsistance et qu'il n'exerce habituellement ni métier ni profession depuis deux mois,

Vu les articles 269, 270 et 271 du Code pénal ;

Disons que le dit **Tabot** sera conduit devant M. le Procureur de la République de l'arrondissement par les soins de la gendarmerie, à laquelle nous adressons une réquisition à cet effet.

(Cachet)   Le Maire.

VILLE DE

—

Commissariat de Police

—

N° ....

—

Vol domestique.

—

Affaire contre :
1° **Véron Julien.**
2° **Bertrand, Loui-**
se.

(*arrêtés*)

—

Déclaration de **M.**
Schmidt, Joseph.

—

Vol domestique.

———

PROCÈS VERBAL N° 1

L'an..... le.....

Devant Nous..... commissaire de police, etc.,

S'est présenté **M. Schmidt, Joseph,** 42 ans, négociant en bijouterie, demeurant rue des Trois-Cailloux, n° 24.

Qui nous a dit :

« Au mois de juillet dernier, j'ai pris à mon service comme caissier, aux appointements de 150 francs par mois, un jeune homme nommé **Julien Véron**, qui s'était présenté à moi muni d'excellents certificats des autorités de son pays.

« Jusqu'au mois de novembre, la conduite et le travail de cet employé ont été irréprochables, mais à cette époque j'ai constaté qu'il devenait inexact et négligent.

« J'ai remarqué plusieurs fois qu'une femme rôdait aux abords de la boutique et j'en ai conclu qu'il était dérangé dans ses habitudes par une maîtresse.

« Hier matin à huit heures il ne s'est pas présenté au magasin quoiqu'il arrive généralement à cette heure.

« Je suis allé à l'hôtel où il logeait, rue Gloriette, 12, et là j'ai appris qu'il avait déménagé la veille en compagnie d'une femme nommée **Lefort**, sans faire connaître sa nouvelle adresse. En rentrant chez moi j'ai immédiatement vérifié la caisse et constaté qu'il y manquait une somme de 525 francs composée de pièces de 20 francs, de 10 francs et d'environ 40 francs en pièces de 2 francs et de 1 franc.

« Il est évident que cette somme m'a été soustraite par **Véron** et je déclare porter plainte contre lui.

« J'avais tellement confiance dans cet employé que je lui avais confié une clé de la caisse qu'il me remettait le soir. Il n'a donc pas eu recours à l'effraction ni aux fausses clés pour commettre son vol.

Véron, Julien, est âgé de 24 ans, il est grand, maigre, a les cheveux blonds et coupés en brosse, les moustaches et la barbe de la même couleur, les yeux bleus et le nez mince.

« Il est habituellement vêtu d'une redingote noire et d'un pantalon de même couleur. Il a des bottines en cuir à boutons et porte des chemises à col droit. »

Et a signé après lecture.

Le Commissaire de police,

PROCÈS-VERBAL No 2

L'an .... le.....

Nous......,

Vu notre premier procès-verbal,

Attendu que de la plainte de **M. Schmidt** il parait résulter contre le nommé **Véron** inculpation de vol domestique,

Recherches des inculpés.

Avons décerné contre lui et la femme désignée comme l'accompagnant, un mandat d'amener dont nous avons confié l'exécution aux agents de notre commissariat.

Nous nous sommes ensuite transporté à l'ancien domicile de l'inculpé, rue Gloriette, 12. Le logeur le nommé **Verdet**, nous a fourni les renseignements suivants :

« **Véron** logeait à cette adresse depuis environ un an. Il avait toujours mené une conduite régulière et rentrait de bonne heure Il payait exactement et avait des habitudes modestes.

« Depuis trois semaines sa conduite avait changé. Il rentrait tard, découchait quelquefois et amenait avec lui une femme qui devait être sa maîtresse.

« Il a disparu après avoir réglé ses comptes depuis deux jours. En partant il avait laissé voir un porte-monnaie rempli de pièces d'or.

« La fille qui l'accompagnait s'appelle, je crois, Louise. Elle est petite, un peu grosse, les cheveux sont bruns, les yeux sont noirs et brillants. Elle était vêtue d'une robe de laine grise, d'un pardessus en étoffe marron foncé, coiffée d'un chapeau de paille noire à fleurs rouges, chaussée de bottines claquées en drap gris.

« Il me semble l'avoir entendue dire qu'elle demeurait rue Saint-Leu, 40 ou 42. »

Nous avons relevé comme suit sur le livre de police l'inscription concernant le nommé **Véron** : (.....).

Le Commissaire de police.

De retour à notre commissariat, nous avons invité nos agents à continuer les investigations par nous commencées et à exécuter le mandat par nous décerné.

Le Commissaire de police,

PROCÈS-VERBAL N° 3

L'an....., le.....

Devant Nous.......,

Ont été amenés par les agents Thomas et Caron, les nommés :

1° **Véron, Julien**, 26 ans, comptable ;

2° **Bertrand, Louise**, 22 ans, couturière,

Arrestation des inculpés.

Arrêtés en vertu des mandats d'amener par nous décernés.

Les agents nous ont fait connaître que les recherches par eux faites avaient établi que le nommé **Véron** et la fille **Bertrand** logeaient dans un garni non pas au n° 42 mais au n° 62 de la rue Saint-Leu, qu'ils s'étaient transportés à 7 heures du matin au domicile des inculpés et qu'ils les avaient arrêtés.

Nous avons fait immédiatement fouiller les deux inculpés.

Le nommé **Véron** a été trouvé nanti d'un porte-monnaie en cuir rouge, genre portefeuille, à fermoir nickelé, contenant 485 francs en pièces de 20 francs, de 10 francs et cinq francs en menue monnaie.

Nous avons immédiatement saisi le porte-monnaie et la dite somme.

Nous n'avons pas trouvé sur **Véron** d'autres objets suspects ou susceptibles d'examen, mais nous avons constaté qu'il portait un pantalon gris neuf et des chaussures également neuves.

La fille **Bertrand** a été trouvée nantie d'un porte-monnaie neuf en cuir noir se fermant à l'aide d'un caoutchouc et contenant 27 francs.

Nous avons également saisi ce porte-monnaie et la dite somme.

Nous avons de plus constaté que la fille **Bertrand** portait une paire de boucles d'oreilles garnies de perles, paraissant neuves.

L'origine de ces bijoux pouvant être suspecte, nous les avons saisis.

Sans désemparer nous avons fait comparaître le plaignant, **M. Schmidt**, et lui avons représenté les deux inculpés.

M. Schmidt a déclaré reconnaître **Véron** pour l'employé contre lequel il avait porté plainte.

Il n'a pu affirmer que la fille **Bertrand** était la femme qu'il avait quelquefois vue rôder autour de sa boutique.

Le Commissaire de police,

PROCÈS-VERBAL N° 4

L'an..... le.....

Nous....,

Vu nos précédents procès-verbaux,

Avons procédé comme suit à l'interrogatoire du nommé **Véron** :

*Interrogatoire du nommé **Véron**.*

D. — Votre état civil ?

R. — **Véron**, etc..... et je demeure rue Saint-Leu, n° 62.

D. — Votre situation militaire ?

R. — Classe...., n°..... de tirage dans le canton de....., recrutement de.....

D. — Avez-vous déjà été arrêté ou condamné ?

R. — J'ai été condamné à Orléans le 10 juillet 1895 à six mois de prison pour abus de confiance simple.

D. — Reconnaissez-vous avoir été employé chez **M. Schmidt** ?

R. — Oui.

D. — Vous êtes inculpé de vol à son préjudice.

De la plainte qu'il a portée il résulte qu'il y a deux jours vous avez disparu après avoir soustrait dans la caisse une somme de 525 francs. Que répondez-vous ?

R. — Je ne comprends pas l'accusation de **M. Schmidt**. Je ne lui ai rien soustrait.

D. — Comment expliquez-vous votre disparition subite de chez votre patron et de votre ancien domicile de la rue Gloriette. Il vous était dû vingt-deux jours de travail. Pourquoi ne vous êtes-vous pas fait payer ?

R. — Je ne me plaisais plus chez **M. Schmidt**, le travail était fatigant et je lui avais demandé plusieurs fois une augmentation qu'il n'a jamais voulu m'accorder. J'avais l'intention de revenir lui demander ce qu'il me doit.

Je n'ai quitté mon garni de la rue Gloriette que parce que j'y étais mal logé.

D. — Vos explications sont inadmissibles. Vous deviez prévenir votre patron de votre départ ?

R. — C'est un coup de tête de ma part.

D. — D'où provient la somme de 485 francs saisie sur vous ?

R. — C'est le produit de mes économies.

D. — Il y a tout au plus six mois que vous êtes employé chez **M. Schmidt** et ce n'est pas avec vos appointements, que vous avez pu économiser une pareille somme ?

R. — J'avais de l'argent avant d'être employé chez **M. Schmidt**.

D. — D'où proviennent les bottines neuves et le pantalon neuf que vous portez ?

R. — Je les ai achetés hier aux magasins de l'Amiral-Courbet.

D. — Nous vous engageons à dire la vérité. La somme saisie sur vous et le montant des achats que vous avez faits, représentent exactement la somme soustraite dans la caisse de **M. Schmidt**. Il paraît évident que vous êtes l'auteur de ce vol ?

R. — J'aime mieux dire la vérité. Je suis bien l'auteur du vol dont se plaint **M. Schmidt**. Je m'étais toujours bien conduit, mais il y a deux mois j'ai fait connaissance au concert d'une femme qui est devenue ma maîtresse. Cette femme se trouvant sans travail j'ai dû subvenir à ses besoins. Mes dépenses ont vite dépassé mes modestes appointements. C'est alors que j'ai eu la malheureuse idée de puiser dans la caisse de mon patron.

D. — Votre maîtresse connaissait-elle la provenance de l'argent que vous lui donniez ?

R. — Non, je lui ai toujours laissé croire que je gagnais 400 francs par mois.

D. — Nous avons saisi sur elle une paire de boucles d'oreilles qui paraît neuve.

Connaissez-vous la provenance de ces boucles ?

R. — Oui, c'est moi qui les ai achetées hier, rue du Don, chez un bijoutier, pour 15 francs.

J'ajoute que ma maîtresse ignore absolument que l'achat a été fait avec l'argent que j'ai soustrait.

D. — Votre départ furtif de chez votre patron n'a donc pas paru étrange à votre maîtresse ?

R. — Si, mais elle n'a pas insisté parce que je lui ai dit que j'étais parti à la suite d'une discussion.

Lecture faite a persisté dans ses réponses et a signé avec nous.

Le Commissaire de police,

PROCÈS-VERBAL N° 5

L'an.... le......
Nous...., etc.,
Vu notre enquête,

Interrogatoire de la fille **Bertrand**.

—

Avons procédé comme suit à l'interrogatoire de la fille **Bertrand** :

D. — Votre état civil ?

R. — **Bertrand, Louise**.... (état civil complet)..., et je demeure rue Saint-Leu, 62.

D. — Avez-vous déjà été condamnée ?

R. — Jamais.

D. — Quels sont vos moyens d'existence ?

R. — Je suis sans travail depuis deux mois, j'ai travaillé en dernier lieu chez Mme Duval, modiste, rue Grenet, 3. J'ai vécu quelque temps avec les économies que j'avais, puis j'ai fait connaissance du nommé **Véron** qui m'a aidée lorsque j'étais gênée.

D. — Vous êtes inculpée de complicité de vol au préjudice de **M. Schmidt**. De la plainte qu'il a portée, il résulte que votre amant, le nommé **Véron**, lui a soustrait une somme de 525 francs dont il vous a donnée une partie?

R. — J'ignorais que **Véron** eût commis un vol a préjudice de son patron. Il est vrai que quelquefois il m'a donné de l'argent; j'ai toujours cru que cet argent était pris sur ses appointements. Il m'avait toujours dit qu'il gagnait 400 francs par mois.

D. — Nous vous engageons à dire la vérité. L'origine de l'argent que **Véron** vous donnait a dû vous paraître suspecte, de même que son départ subit de la maison **Schmidt**?

R. — Le départ de **Véron** ne m'a pas paru étrange. Il m'a dit qu'il avait eu une discussion avec son patron et qu'il s'était fait régler.

D. — Mais **Véron** s'est livré à des dépenses relativement élevées depuis qu'il a quitté son patron. Il a acheté des effets et vous a fait cadeau de boucles d'oreilles?

R. — C'est vrai, mais, comme je vous l'ai dit, je croyais qu'il gagnait beaucoup d'argent.

Lecture faite a persisté et signé.

Le Commissaire de police.

PROCÈS-VERBAL No 6

L'an.... le.....

Nous.....,

Perquisitions
—

Nous sommes transporté aux fins de perquisition rue Saint-Leu, no 62, au domicile occupé par le nommé **Véron** et la fille **Bertrand**.

Là, dans une chambre au 3e étage, éclairée par une fenêtre donnant sur la rue, nous avons pratiqué une perquisition minutieuse qui n'a amené la découverte d'aucun objet ni indice susceptible d'être mentionné.

Le logeur, le sieur Leroy, nous a fait connaître que les deux inculpés n'avaient apporté avec eux qu'une malle et un sac de voyage. Il a ajouté que leur conduite n'avait donné lieu à aucune remarque particulière.

Nous avons relevé comme suit sur le livre de police l'inscription concernant les deux inculpés :

Véron, etc.

Bertrand, etc.

Le Commissaire de police,

PROCÈS-VERBAL N° 7

L'an.....

Nous.....,

Continuant notre enquête,

Restitution de 485 francs au plaignant.

Sur le consentement du nommé **Véron**, nous avons avons fait remise au sieur **Schmidt** de la somme de 485 francs saisie sur l'inculpé **Véron** au moment de son arrestation.

Le sieur **Schmidt** a signé avec nous pour décharge, ainsi que le nommé **Véron**.

Le Commissaire de police,

Scellés.

Nous avons placé sous scellés et dans l'ordre suivant les objets par nous saisis :

Scellé n° 1. — Le porte-monnaie saisi sur **Véron** et ayant contenu la somme dont nous venons de mentionner la restitution ;

Scellé n° 2. — Les boucles d'oreilles saisies sur la fille **Bertrand** et que **Véron** a reconnu avoir achetées avec l'argent soustrait.

Nous constatons avoir laissé à l'inculpé **Véron**, le pantalon et les bottines qu'il portait au moment de son arrestation, aucun autre effet semblable n'ayant été trouvé dans sa chambre pour le vêtir.

Le Commissaire de police,

PROCÈS-VERBAL N° 8

L'an..... le.....

Nous.....,

Vu nos sept procès-verbaux,

Attendu qu'il en résulte contre le nommé **Véron, Julien**, inculpation de vol domestique, et contre la fille **Bertrand** complicité de vol domestique.

Crime prévu et puni par l'article 386 du Code pénal,

Disons que ces deux individus seront conduits devant M. le Procureur de la République et que la présente information composée de huit procès-verbaux y compris le présent les suivra, ainsi que les deux scellés sus-mentionnés.

Le Commissaire de police,

Sûreté Générale

—

DÉPARTEMENT

DE LA NIÈVRE

—

Commissariat de Police

DE

CHATEAU-CHINON

—

N° ....

———————

*Vol la nuit, en
réunion avec esca-
lade, effractions,
fausses clés et ar-
me.*

—

Affaire contre :

1° **Drahmah** (*Clé-
ment*),
2° **Fuozo** (*Denis*).
3° **Drazev**(*Albert*).
4° **Yram** (*Pierre*).
5° **Loibor** (*Hippo-
lyte*).

(*arrêtés*).

—

Constatations.

—

Vol qualifié.

————

L'an..... le..... à.....

Nous, Georges **Niab**, commissaire, etc.

Informé qu'un vol a été commis la nuit dernière à la conservation des hypothèques,

Nous transportons immédiatement sur les lieux, où étant, nous trouvons avec **M. Bontard**, conservateur des hypothèques, plusieurs personnalités de la ville qui s'entretiennent de l'événement.

M. Bontard nous apprend que le vol a été commis dans ses bureaux, qu'il consiste en une somme de 2.000 francs en billets de 100 francs, que sa domestique, la première, s'en est aperçue ce matin à sept heures, qu'elle l'en a informé aussitôt et qu'il nous a fait prévenir ensuite.

L'immeuble affecté à la conservation des hypothèques forme un vaste quadrilatère entre les rues de la Fonderie et du Parc et comprend deux corps de bâtiments, une cour et un jardin.

Le premier bâtiment, sur la rue de la Fonderie, sert d'habitation à M. Bontard.

Le second, exclusivement réservé aux bureaux, est séparé du premier par une cour de 10 mètres carrés et de la rue du Parc, par un grand jardin clos d'un mur de 2ᵐ50 d'élévation, au milieu duquel se trouve une porte en bois à double vanteaux.

C'est de ce côté que le ou les malfaiteurs sont entrés en franchissant le mur au moyen d'une échelle, que nous retrouvons dans le jardin et qui n'appartient pas à **M. Bontard**. A côté de l'échelle nous relevons une empreinte de pas parfaitement définie et faite, à n'en pas douter, par le malfaiteur qui, en déposant l'échelle contre le mur, à un mètre de l'allée, a mis un pied dans la plate-bande mouvante du jardin.

A l'aide d'un compas, nous mesurons cette empreinte et nous trouvons les dimensions suivantes :

Longueur du pied................ :
Longueur de la semelle............ ;

Longueur de la cambrure..................;
Longueur du talon.....................;
Largeur de la semelle...................;
Largeur de la cambrure..................;
Largeur du talon près de la cambrure. ...;
Hauteur approximative du talon........;

La semelle était garnie de clous à tête plate : deux rangées de quarante clous chaque autour et huit rangées de dix disposées en losange au milieu. A la pointe de la semelle, côté interne, il manquait deux clous au rang en bordure. La partie arrondie du talon, côté externe, était éculée. L'empreinte était celle du pied droit.

Nous reproduisons d'ailleurs sur une feuille de papier jointe au présent, le dessin de cette empreinte avec tous les détails sus mentionnés, et l'indication des points où les mesures ont été prises.

Après l'escalade du mur opérée comme nous venons de l'expliquer, les malfaiteurs ont suivi l'allée sablonneuse du jardin, où les empreintes de pas sont mal définies et mêlées d'ailleurs à celles de personnes étrangères qui nous avaient précédé, et se sont trouvés en face de la porte du bâtiment où sont aménagés les bureaux. Cette porte a été ouverte à l'aide d'effractions. Nous constatons deux traces de pesées, l'une au-dessous et l'autre au-dessus de la serrure, faites avec un outil plat mesurant dix-sept millimètres de largeur et reproduites aussi bien sur le chambranle que sur le cadre de la porte. Ces pesées pratiquées avec une grande violence ont amené le descellement de la gâche et par suite l'ouverture de la porte.

Les malfaiteurs sont ensuite montés au premier étage où se trouvent les bureaux de **M. Bontard** et de son fondé de pouvoirs.

M. Bontard nous dit qu'il a fermé son cabinet hier soir et qu'il l'a trouvé ouvert ce matin, sans remarquer aucune trace de fracture. Nous en examinons attentivement la porte et nous remarquons seulement dans le trou de la serrure des égratignures luisantes, c'est-à-dire récentes. Avec la clef qui nous est remise, nous faisons marcher la serrure et nous nous apercevons qu'il existe une certaine difficulté dans le jeu. Nous prions **M. Bontard** de faire la même épreuve et il trouve, en effet, que sa serrure ne marche plus comme par le passé. Cette constatation nous fait supposer que la porte a été ouverte à l'aide de fausses clés, de crochets ou de rossignols.

Dans le cabinet de **M. Bontard** il existe le plus grand désordre; des papiers, des dossiers, sortis des bibliothèques, gisent sur le tapis. Nous constatons que le tiroir de droite du bureau dans lequel se trouvaient les 2.000 francs, a été ouvert à l'aide de plusieurs pesées faites avec un outil plat, à angles droits et mesurant 17 millimètres de large. Les empreintes sont les mêmes que celles relevées sur la porte communiquant du jardin au rez-de-chaussée. Toujours faites avec beaucoup de force, elles ont eu pour résultat de dégager le pêne de la gâche et d'amener l'ouverture du tiroir.

Dans le bureau du fondé de pouvoirs nous ne relevons aucune trace de violence.

Pour l'intelligence de nos constatations, nous joignons au présent : un plan général de l'immeuble, un plan du rez-de-chaussée des bureaux et un troisième plan des bureaux du premier.

Ces opérations terminées, nous faisons une enquête rapide dans le voisinage, mais nous ne recueillons aucun renseignement utile.

Les voisins disent n'avoir perçu aucun bruit pendant la nuit.

Le Commissaire de police,

Recherche des auteurs du vol.

De retour à notre bureau nous donnons des ordres aux agents de police de notre service pour rechercher dans les garnis, auberges et hôtels les individus suspects et établir scrupuleusement le mouvement des voyageurs pendant ces derniers jours, puis nous nour rendons nous-même à la gare en vue de recueillis des indications sur les personnes qui ont quitté Château-Chinon par les trains du matin. Nos investigations personnelles ne nous ont donné aucune indication utile.

A onze heures du matin,

Les agents de la sûreté **Nitram** et **Telorig** nous rendent compte qu'on vient de leur signaler la présence, dans un hôtel, rue des Etoiles, nº 3, de cinq individus suspects qui se livrent à des dépenses exagérées.

Nous nous y transportons, immédiatement accompagné de dix agents disponibles. Le maître d'hôtel nous conduit dans la salle où ces individus sont attablés.

Nous les faisons conduire l'un après l'autre dans une salle voisine où nous les interrogeons sommairement et les fouillons séparément. Ils disent se nommer :

1º **Drahmah** (Clément), 25 ans;
2º **Fuozo** (Denis), 24 ans;
3º **Drazev** (Albert), 22 ans;
4º **Yram** (Pierre), 19 ans;
5º **Loibor** (Hippolyte) 18 ans.

Ils sont nantis chacun de quatre billets de 100 francs.

Le premier a aussi dans ses poches un os de mouton (1) et un trousseau de dix fausses clés.

Dans la salle où ils se trouvaient attablés nous remarquons un parapluie, maintenu roulé avec un fort caoutchouc et dans lequel nous trouvons, solidement attachée par les deux bouts à la canne, une pince-monseigneur mesurant 17 millimètres de large à l'extrémité la plus forte. Interpellés, ces individus disent que le parapluie appartient au nommé **Fuozo**.

(Arrêter ces individus, les faire conduire au commissariat, les interroger par actes séparés et les mettre à la disposition du Parquet, en ayant soin de saisir et placer sous scellés l'argent et les objets trouvés sur eux. Ne pas négliger de constater que la pince-monseigneur s'adapte bien aux empreintes et vérifier aussi quel est celui des inculpés dont la chaussure se rapporte à l'empreinte relevée.)

Le Commissaire de police,

(1) L'os de mouton est considéré comme une arme prohibée. Nous voulons parler de la palette triangulaire de l'épaule qui est l'arme classique du souteneur parisien.

FIN

TABLE DES MATIÈRES

D

Q

R